Steinebach · Süss · Kienbaum · Kiegelmann

Basiswissen Pädagogische Psychologie

Reihe *Erziehung und Bildung: Wissen für pädagogisches Handeln*

herausgegeben von Sabine Andresen, Uwe H. Bittlingmayer, Klaus Hurrelmann, Christian Palentien, Wolfgang Schröer

Christoph Steinebach · Daniel Süss
Jutta Kienbaum · Mechthild Kiegelmann

Basiswissen Pädagogische Psychologie

Die psychologischen Grundlagen von Lehren und Lernen

BELTZ

Prof. Dr. Christoph Steinebach ist Professor für Angewandte Entwicklungspsychologie und leitet als Direktor das Departement Angewandte Psychologie der Zürcher Hochschule für Angewandte Wissenschaften. Er forscht u. a. zu Psychischer Gesundheit in Schule und Beruf und zu Resilienz im Jugendalter. Er lehrt zudem als Adjunct Professor an der Ryerson University, Toronto.

Prof. Dr. Daniel Süss ist Professor für Medienpsychologie an der Zürcher Hochschule für Angewandte Wissenschaften und Professor ad personam für Publizistikwissenschaft an der Universität Zürich. Er leitet den Bereich Studium & Forschung am Departement Angewandte Psychologie und forscht zum Medienumgang von Kindern und Jugendlichen, Medienerziehung und Jugendmedienschutz.

Prof. Dr. Jutta Kienbaum ist Professorin für Entwicklungspsychologie an der Pädagogischen Hochschule Karlsruhe. Ihre Forschungsschwerpunkte umfassen die Entwicklung von Mitgefühl in der Kindheit und die Entwicklung von Aufteilungsgerechtigkeit über die Lebensspanne. Untersuchungen zu diesen Themen hat sie u. a. in Russland, der Schweiz, Italien und Deutschland durchgeführt.

Prof. Dr. Mechthild Kiegelmann ist Professorin für Sozialpsychologie und Sozialpädagogik an der Pädagogischen Hochschule Karlsruhe. Sie arbeitet u. a. über frühe Sprachentwicklung und die Verwendung von mixed methods designs in der Psychologie.

Dieses Buch ist auch als E-Book erhältlich
(ISBN 978-3-407-29463-0).

FSC www.fsc.org
MIX
Papier aus verantwortungsvollen Quellen
FSC® C089473

Werderstraße 10 · 69469 Weinheim
www.beltz.de

Lektorat: Heike Gras
Herstellung und Satz: Michael Matl
Druck und Bindung: Beltz Bad Langensalza GmbH, Bad Langensalza
Umschlagabbildung: © Nanette Hoogslag, getty images
Reihengestaltung: glas ag, Seeheim-Jugenheim
Umschlaggestaltung: Michael Matl
Printed in Germany

ISBN 978-3-407-34217-1

Inhalt

Vorwort

Lehren und Lernen sind Gegenstand der Pädagogischen Psychologie. Als Gebiet der Psychologie, die sich als Wissenschaft vom Verhalten und Erleben des Menschen versteht, deckt sie damit nur einen Teilbereich ab, wenn auch einen sehr wichtigen. Zunächst kommt uns als »Gegenstand« der Pädagogischen Psychologie Schule in den Sinn. Lehren und Lernen geschehen aber nicht nur in der Schule, sondern auch außerschulisch, nicht nur in der Schulzeit, sondern auch in der Vorschulzeit, im Kindergarten oder später in der Erwachsenenbildung oder Weiterbildung. Außerdem wird nicht nur in Institutionen gelernt oder unterrichtet. Lernen und (Be-)Lehren geschieht ja auch »nebenher«, frei und selbstbestimmt, ungeplant und informell. Damit werden nicht nur unterschiedliche Lernanlässe und -orte angesprochen, sondern auch unterschiedliche Lernformen.

So werden die Perspektiven deutlich, aus denen heraus wir eine Einführung in die Pädagogische Psychologie geben möchten. Ganz allgemein soll dieses Buch aber das Studium unterstützen. Die Wurzel des Wortes »studieren« kommt aus dem lateinischen Wort »studere« und bedeutet »sich bemühen um«. Und dieses Bemühen ist auch nach der Lektüre dieses Buchs sinnvoll. Denn auch in dieser Einführung bleibt einiges offen. Wir hoffen dennoch, dass wir mit unserer Übersicht auch so etwas wie ein Suchraster geben, eine Orientierung, wo die verschiedenen Themen breiter oder tiefer behandelt werden.

Es geht in diesem Buch um Lehren und Lernen (1) nicht nur in der Schule, sondern auch im außerschulischen Bereich, (2) nicht nur in Kindheit und Jugend, sondern auch im Erwachsenenalter und Alter. Lehren und Lernen sollen (3) nicht nur über behavioristische, sondern auch über systemtheoretisch-konstruktivistische Theorien erklärt oder verstanden werden, wobei (4) nicht nur mikro-, sondern auch makrosystemische Bedingungen diskutiert werden sollen.

Die moderne Pädagogische Psychologie ist also mehr als Schulpsychologie, sie hat sich zu einer Psychologie des Lernens über die gesamte Lebensspanne hin entwickelt.

Seit der früheren Einführung in die Psychologie (Steinebach 2003) hat sich viel getan. Aber auch heute noch muss eine Einführung in die Pädagogische Psychologie, trotz aller Aktualität, zunächst Traditionen, Leitbegriffe und Grundkonzepte vorstellen (Teil I). Erst damit lässt sich die pädagogisch-psychologische Praxis verstehen, genauso wie der Transfer, die Anwendung in verschiedenen Lebensphasen und Lebenswelten (Teil II). Lehren und Lernen geschieht heute oft genug unter schwierigen Bedingungen. Lernen mit und für Menschen aus fremden Kulturen, Gesundheitsgefährdung, Probleme mit den neuen Medien, Gewalt und andere Verhaltensprobleme, fehlende Empathie oder die Benachteiligung von Mädchen und Frauen verlangen nach einer theoretisch fundierten pädagogischen Praxis. Es lohnt sich der Blick auf aktuelle Arbeiten, um hier die Pädagogische Psychologie für eine fundierte, nachhaltige und positive Praxis zu nutzen (Teil III). Es ist naheliegend, dass wir bei Lehren und Lernen auf die Begegnung nach außen, den Dialog zwischen Menschen schauen. Die Pädagogische Psychologie mahnt aber auch, den Blick auf sich selbst zu richten, auf das eigene Lernen und die eigene Entwicklung. Wer unterrichtet, wer sich selbst entwickeln und bilden möchte, der steht immer wieder vor großen Herausforderungen. Deshalb ist es notwendig, auf die eigenen Ressourcen zu schauen und achtsam mit sich selbst umzugehen. Mit dem letzten Teil dieses Buches (Teil IV) verbindet sich also der Appell, sich bei allem Bemühen um Best Practice nicht selbst zu vergessen. Im Gegenteil; es geht darum, sich in der Sorge um sich selbst für den pädagogischen Alltag zu wappnen und auch darin ein Vorbild zu sein für all jene, die von uns lernen wollen und sollen.

Zürich und Karlsruhe im Frühjahr 2016

Christoph Steinebach, Daniel Süss, Jutta Kienbaum, Mechthild Kiegelmann

Teil I: Grundfragen

1 Erziehung, Bildung und Psychologie

Die Pädagogische Psychologie steht vor sehr unterschiedlichen Herausforderungen. Vielfältige Erwartungen werden an sie als Wissenschaft gestellt. Ihre Erkenntnisse sollen für verschiedenste Probleme der Praxis nutzbar sein. Dies macht es notwendig, die Bedeutung von Theorie für die Praxis zu klären. Die Theoriebildung der pädagogischen Psychologie greift häufig auf zentrale Leitbegriffe zurück. Abschließend wird auf einführende Bücher zur Pädagogischen Psychologie verwiesen. Fachzeitschriften und Links zu einschlägigen Datenbanken werden genannt.

1.1 Wissenschaft und Praxis

Warum brauchen Fachleute in Erziehung und Bildung die Pädagogische Psychologie? Warum gilt sie als unverzichtbares Fach in den pädagogischen und psychologischen Studiengängen? Die Pädagogische Psychologie stellt Fragen nach den psychologischen Aspekten von Erziehung und Bildung.

Definition

Als Teilgebiet der Wissenschaft Psychologie widmet sich die Pädagogische Psychologie der Aufgabe, Erziehungs- und Lernprozesse zu beschreiben, zu erklären, vorherzusagen und zu verändern.

Tabelle 1: Von der Theorie zur Praxis. Fragen zum Wissenschaftstransfer

Aufgabe	Leitfragen	Transferfragen von der Theorie in die Praxis
Beschreiben	Wie lassen sich die beobachtbaren Phänomene beschreiben? Welche Kategorien machen Sinn? Wie lassen sich die zentralen Begriffe definieren?	Worauf muss ich achten? Kann ich beobachtbare Bedingungen bestimmten Begriffen zuordnen?
Erklären	Welche Bedingungen können als Ursachen oder auch als aufrechterhaltende Bedingungen gelten?	Welche Bedeutung haben Erklärungen zur Entstehung der Probleme? Welche Faktoren unterstützen die aktuellen Probleme, welche die Stärken und Ressourcen?
Vorhersagen	Welche Prognosen können gegeben werden? Unter welchen Bedingungen sind diese Vorhersagen zuverlässig?	Was wird passieren, wenn die Fachleute nichts unternehmen? Welche Folgen hat eine mögliche Intervention? Welche Prognosen sind von daher zu geben?
Verändern	Was kann getan werden? Welche Mittel sind für welche Ziele gut?	Wie ist das ideale Vorgehen auf die konkrete Situation abzustimmen? Ist das Vorgehen ethisch vertretbar? Wie sichern die Fachleute am besten das Commitment der Betroffenen?

In professionellen Erziehungsprozessen möchten die Fachleute das Verhalten und Erleben der Menschen nachhaltig beeinflussen. Dabei kommen ganz unterschiedliche Persönlichkeitsmerkmale oder erstrebenswerte Entwicklungsziele in den Blick. Mal geht es darum, solche Merkmale positiv zu beeinflussen. Immer wieder geht es aber auch darum, problematische Verhaltensweisen einzugrenzen oder die Entwicklung von Verhaltensauffälligkeiten zu verhindern (Brezinka 1990; Krapp et al. 2001; Nolting/Paulus 1999; Seidel et al. 2014).

Auch wenn die Pädagogische Psychologie als empirische Wissenschaft keine Vorgaben machen kann, welche Ziele erreicht und welche Auffälligkeiten vermieden werden sollten, so kann sie doch einen wertvollen Beitrag leisten, um die als wichtig erkannten Ziele zu erreichen. Wenn man die Pädagogische Psychologie in diesem Sinne als Wissenschaft versteht, dann ist damit auch der Gegenstand professionellen Handelns sehr weit gefasst. Es wird nämlich deutlich, dass man sich nicht auf Lehren und Lernen in der Schule oder in Angeboten der Erwachsenenbildung beschränken kann: Als »Erziehung« gelten alle Handlungen, die unter den oben genannten Anliegen geplant sind, aber auch jene, die wenig reflektiert oder unüberlegt ablaufen. Zudem geht es um alle Bildungsprozesse und damit um Lehren und Lernen über die ganze Lebensspanne bis ins hohe Alter. Im Erwachsenenalter findet Lernen nicht nur in Kursen der Volkshochschulen und damit außerhalb des Arbeitsplatzes statt. Auch Lernprogramme und Trainings, Coaching und Beratung am Arbeitsplatz lassen sich als pädagogisch-psychologische Angebote verstehen.

Definition

Für all diese Angebote gilt, dass man mit professionellem Handeln Dispositionen fördern möchte, die man als wertvoll erachtet, und jene verhüten möchte, die negativ sind. Die Entscheidung, was als erstrebenswert gilt, die Entscheidung über Erziehungs- und Bildungsziele verlangt den Bezug zu Normen und Werten.

Aus den Befunden einer empirischen Wissenschaft, die beschreibt, was ist und nicht was sein soll, sind Vorgaben nicht direkt abzuleiten. Allerdings kann die Pädagogische Psychologie als empirische Wissenschaft aufzeigen, welche Ziele als Zwischenziele Sinn machen und welche Mittel und Wege hilfreich wären, um diese Zwischenziele zu erreichen. In der Praxis stehen Expertinnen und Experten für die Pädagogische Psychologie in einem Aushandlungsprozess mit jenen, für die und mit denen sie Erziehungs- und Bildungsprozesse gestalten. Was wollen wir als Fachleute erreichen? Welche Mittel sollen wir dazu einsetzen? Hier stehen die Expertinnen und Experten für Pädagogische Psychologie in einem schwierigen Aushandlungsprozess mit den anderen »Professionals« und »Laien«, die letztlich Expertinnen und Experten für ihren eigenen Berufs- bzw. Lebensalltag sind. Oft wird im Dialog erst deutlich, was dem Einzelnen wichtig ist und wie er oder sie dies erreichen könnte. Erziehung und Bildung sind aber auch häufig unreflektiert oder kaum richtig geplant. Ein wichtiges Ziel professionellen Handelns muss es von daher sein, Menschen in die Lage zu versetzen, selbst ihre eigenen Ziele sozial verantwortungsvoll zu bestimmen und Entscheidungen über Mittel und Wege zur Zielerreichung eigenständig zu treffen. Was in der Forschung zu sehr anspruchsvollen Ansätzen führt, zeigt sich in der Praxis in sehr komplexen sozialen Situationen (Sweeney 2012). Im professionellen Handeln gilt es, die Perspektiven der Eltern, Lehrer und Berater genauso zu berücksichtigen, wie die Perspektiven der Kinder, Schüler oder z. B. der Teilnehmenden eines Weiterbildungskurses. Die Komplexität erhöht sich, wenn man bedenkt, dass zwischen allen Akteuren Interaktionen stattfinden. Darüber hinaus ist auch noch das umfassendere Sozialsystem von Bedeutung. So darf z. B. das Klassenklima, das Schulklima oder die Organisationskultur nicht übersehen werden.

Um zu entscheiden, wozu und wie die Pädagogische Psychologie gebraucht werden kann, muss auch geklärt werden, in welchem Verhältnis Pädagogik und Pädagogische Psychologie stehen. Für die Erziehungswissenschaft als empirische Pädagogik kann die Psychologie eine Grundlagenwissenschaft sein. Psychologische Forschung und Theorien informieren über Bedingungen und Möglichkeiten von Erziehung und Bildung. Beide Wissenschaften können in einer auf die Grundlagen orientierten Forschung neues Wissen generieren. Aber zum Verhältnis von Pädagogischer Psychologie, Pädagogik und Psychologie lassen sich verschiedene Szenarien denken, wie Abbildung 1 zeigt.

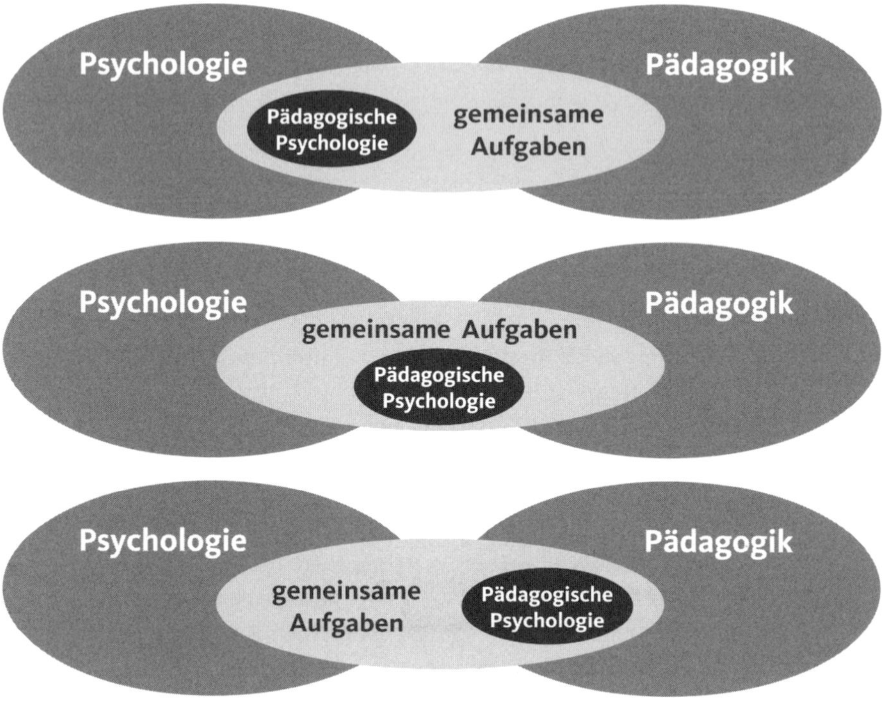

Abbildung 1: Verortung der Pädagogischen Psychologie

Im ersten Teil der Abbildung wird die Pädagogische Psychologie als Teilgebiet der Psychologie verstanden. In der Mitte ist sie Teil der Psychologie, aber zugleich auch Teil der Pädagogik. So als wäre sie integraler Bestandteil von beiden. Und schließlich lässt sich Pädagogische Psychologie als Teilgebiet der Pädagogik verstehen. Dies wäre aus dem Selbstverständnis der Psychologie als Wissenschaft ungewöhnlich, deckt aber oft den Alltag an jenen Hochschulen ab, an denen keine grundständige Lehre im Fach Psychologie angeboten wird. Damit wird deutlich, dass die Frage »Wohin gehört die Pädagogische Psychologie?« unterschiedlich beantwortet werden wird, je nachdem ob man auf die Systematik der Wissenschaften, die Curricula, die Forschungspraxis, oder die Organisationsstrukturen der Hochschulen schaut.

1.2 Der Transfer in die Praxis

Wie steht es um den Transfer von Theorie in die Praxis? Umgekehrt – beim Transfer von der Praxis in die Theorie – sind alle Erfahrungen aus der Praxis wichtig, um zu prüfen, ob der Transfer gelungen ist und die Theorie für die Praxis taugt. Für die Anwendungspraxis, also für den erzieherischen Alltag sind grundlegende psychologische Erkenntnisse hilfreich, wenn sie über Bedingungen und Möglichkeiten erzieherischen Handelns informieren. Damit verstehen die Autorinnen und Autoren dieses Bands zunächst einmal Psychologie als Grundlage für pädagogisches Handeln. Natürlich ist aber auch das Umgekehrte denkbar, nämlich dass erziehungswissenschaftliche Theorien und Modelle wichtige Hinweise geben für psychologisches Handeln. Auch hier gilt, dass die Evaluation theoriebezogenen Handelns eine Überprüfung der theoretischen Grundlagen und des Transfers von Theorie in die Praxis ermöglicht (zu den Problemen des Transfers siehe auch die Beiträge in dem von Bormann/Rürup 2013 herausgegebenen Band).

Unabhängig davon, ob man die Pädagogische Psychologie als Teil der Pädagogik oder der Psychologie versteht, ist die Frage nach den Paradigmen, Theorien und Modellen, genauso wie die Frage nach der Veränderung der theoretischen Perspektiven sicher nicht trivial. Hier stellt sich die Frage nach einer angemessenen Reduktion von Komplexität für die Forschung, aber auch für die Praxis. Bekanntlich können Theorien kaum genau und allgemein sein, dann aber auch noch einfach. Oder sie können kaum genau und einfach und zudem auch noch allgemein sein (vgl. Weick 1995, 2002).

Wäre es dann nicht gut, direkt auf Theorien zu verzichten? Verschiedene Gründe machen es notwendig, sich auf Paradigmen, Modelle und Theorien zu beziehen: Eine wichtige Vorgabe der Berufsethik ist, dass Fachleute ihr berufliches Handeln begründen können. Diese Begründung macht es dann möglich, dass die Klientinnen und Klienten das Vorgehen reflektieren und ihm zustimmen können. Erst unter dieser Maßgabe ist berufspraktisches Handeln ethisch vertretbar. Ein weiteres Argument ist, dass Theorien und Modelle aufzeigen, welche Kriterien Gegenstand der Qualitätsprüfung und Qualitätsentwicklung sein sollten. Dabei hat natürlich auch das Streben um qualitativ hochwertige Angebote eine ethische Dimension und schließlich zeigen Paradigmen, Theorien und Modelle auf, unter welchen Bedingungen die angestrebten Ziele erreichbar sind. Erst mit Blick auf Theorien wird deutlich, welche Mittel gewählt werden können und welche Bedingungen den Erfolg sicherstellen.

1.3 Begriffe als Leitplanken

Im Folgenden geht es um die Grundbegriffe der Pädagogischen Psychologie. Diese Begriffe werden immer wieder benötigt, um die Grundlagen und Praxis pädagogischen Handelns zu beschreiben, zu erklären, vorherzusagen und zu verändern.

Entwicklung:

Definition

Mit Entwicklung bezeichnet man alle Veränderungen des Verhaltens und Erlebens von der Empfängnis bis zum Lebensende. Hierbei ist insbesondere an überdauernde Veränderungen in Verhalten und Erleben zu denken.

Diese grenzt man ab von kurzfristigen Veränderungen. Entwicklungstheorien werden danach geordnet, wo sie hauptsächlich die Triebfeder für Entwicklung sehen, in den sich entwickelnden Personen oder ihrer Umwelt.

Tabelle 2: Zur Rolle von Person und Umwelt in verschiedenen Theoriengruppen

		Umwelt	
		aktiv	**passiv**
Person	**aktiv**	Interaktionistische Theorien betonen z. B. Wechselwirkungen zwischen Person und Umwelt in der Entwicklung.	Selbstgestaltungstheorien betonen die aktive Konstruktion von Schemata durch die Person.
	passiv	Exogenistische Theorien sehen Entwicklung als Ausdruck des Lernens durch äußere Einflüsse.	Endogenistische Theorien betonen die Reifung als wesentlichen Motor in der Entwicklung.

Handlung: Aktuelle Entwicklungstheorien verstehen menschliche Entwicklung als einen im hohen Maß von Menschen selbst gestalteten Prozess. Menschen nehmen handelnd Einfluss auf ihre Entwicklung, sie treffen Entscheidungen über den bestmöglichen Weg um diese Ziele zu erreichen. Sie bemühen sich, ihre Entwicklungschancen zu verbessern (Brandtstädter 2007).

Definition

Handlungen allgemein sind Verhaltensweisen, die sich in bestimmter Weise deuten lassen. Zielbezogenheit, Reflexivität, Abhängigkeit von Überzeugungen und Werten, Charakter der Wahlsituation und erlebte Wahlfreiheit sind solche Merkmale (Werbik 1978; Lenk 1978).

Im pädagogischen Alltag lassen sich sehr unterschiedliche Verhaltensweisen als Handlungen verstehen, nicht nur jene, mit denen Menschen ihre eigene Entwicklung zu beeinflussen suchen.

Von daher ist es auch interessant, einzelne Phasen im Handlungsablauf zu untersuchen und zu fragen, welche Möglichkeiten einer pädagogischen Einflussnahme es gibt (vgl. Tab. 3; vgl. Gollwitzer 2012).

Tabelle 3: Möglichkeiten der pädagogischen Begleitung in verschiedenen Handlungsphasen

Handlungsphase	zentrale Aspekte	Ziele der Förderung	Mittel der Förderung
Abwägephase	Anreiz und Erfolgswahrscheinlichkeit, Bewertung von Alternativen	Erhöhung des Anreizes, hohe Erfolgserwartung	Betonung des positiven Anreizes, Vermeidung von Entwertungen, Verweis auf individuelle Lernfortschritte, Selbstwirksamkeitsüberzeugungen
Handlungsplanung	Handlungsmöglichkeiten	Unterstützung der Handlungsplanung	präzise Handlungsanweisungen, spezifische, naheliegende, herausfordernde Ziele
Handlungsausführung	Schutzbedürftigkeit von Handlungen, abschirmen gegen Ablenkung	Schutz der Handlungsausführung	Vermittlung von Handlungsregulationsstrategien, Lerntechniken, Selbstbeobachtungsfähigkeiten
Handlungsbewertung	Aufwand vs. Anreiz, Korrekturen der subjektiven Erfolgswahrscheinlichkeit	motivational günstige Handlungsbewertung	Reattributionstraining: Erfolg internal der eigenen Tüchtigkeit (stabil) oder Anstrengung (variabel), Misserfolg internal variabel der eigenen Anstrengung zuschreiben, Verankerung des Lernstoffs im Alltagswissen

Sozialisation:

Definition

»Sozialisation bezeichnet den Prozess der Aneignung von und Auseinandersetzung mit gesellschaftlichen Werten, Normen und Handlungsmustern, in dessen Verlauf ein Gesellschaftsmitglied die soziale Handlungsfähigkeit erwirbt und/oder aufrechterhält« (Hurrelmann/Nordlohne 1989, S. 610).

Sozialisationstheorien versuchen insbesondere den Beitrag der Umwelt zur Entwicklung der Persönlichkeit zu erhellen. Mit »Sozialisation« wird der »Prozess der Entstehung und Entwicklung der Persönlichkeit in wechselseitiger Abhängigkeit von der gesellschaftlich vermittelten sozialen und dinglich-materiellen Umwelt« (Hurrelmann 1995, S. 70) bezeichnet.

Enkulturation: In ähnlicher Weise wie der Begriff Sozialisation versucht der Begriff der Enkulturation komplexe soziale Lernprozesse verständlich zu machen.

Definition

Dabei betont Enkulturation, dass die Aneignung von Sprache, Mimik, Gestik, Sitten, Bräuchen und anderem mehr (Claessens 1989) ein Prozess der Anpassung des Menschen an seine Kultur ist.

In diesem Sinn wird Erziehung dann als eine kulturspezifische Transmission in informelle oder formelle Lernkontexte verstanden (Trommsdorff/Dasen 2001). Kinder wachsen in Gruppen und damit in die Gesellschaft hinein. Im Alltag und für die Entwicklung werden Aufgaben gestellt, Hilfen gegeben, Erfahrungen vermittelt und reflektiert. Damit diese Angebote Sinn machen, werden sie auf der Basis der gängigen Deutungssysteme der vorherrschenden Kultur entworfen und bereitgestellt. Erziehung folgt dabei formellen und informellen Wegen. Formelle Erziehungs- und Bildungsprozesse sind zumeist Aufgabe von Institutionen. Hier steht die systematische Vermittlung von Wissen im Vordergrund. Die informelle Erziehung dagegen erfolgt in alltäglichen Situationen und bedient sich dabei zumeist einer impliziten Pädagogik.

Persönlichkeit: Wenn sich ein Mensch in unterschiedlichen Situationen sehr ähnlich verhält, dann wird dies meist auf seine Persönlichkeit zurückgeführt.

Definition

In diesem Sinne ist Persönlichkeit dann ein »einzigartiges, relativ überdauerndes und stabiles Verhaltenskorrelat« (Hermann 1976, S. 25).

Persönlichkeitsmerkmale werden also aus dem Verhalten und Erleben abgeleitet. Es wird angenommen, dass diese Merkmale Schemata oder Dispositionen entsprechen. So lassen sich Gemeinsamkeiten in diesen Dispositionen bei unterschiedlichen Menschen und Personengruppen bestimmen. Trotzdem gelten die beschriebenen Variablen eher als Konstrukte denn als etwas real Existierendes (Schneewind 1982; Stemmler et al. 2011). Wie lassen sich nun Persönlichkeit, Erziehung, Handlung und Sozialisation zusammenbringen? Hurrelmann (1995, 2002) gelingt dies in seinem Modell der produktiven Realitätsverarbeitung. Er bringt hier intrapsychische und erzieherische Prozesse mit sozial-gesellschaftlichen Einflüssen in Zusammenhang. Bindeglied ist das Handeln des aktiven Subjekts in einem konkreten sozialen und logischen Kontext. So entwickelt sich die Persönlichkeit in dauerhafter Abhängigkeit von einer internen und externen Realität mit der sich das Individuum fortlaufend auseinandersetzt.

Motivation:

Definition

»Motivation bezeichnet diejenigen psychischen Prozesse, die die Einleitung und Aufrechterhaltung zielbezogenen Handelns leisten. [...] In der modernen Pädagogischen Psychologie ist die zentrale Analysekategorie motivationaler Prozesse die Handlung in einer bestimmten Situation« (Ziegler 1999, S. 103).

Dabei sind Menschen besonders motiviert, wenn die Handlung der Befriedigung bestimmter Bedürfnisse dient. Auf die Frage, welche Grundbedürfnisse zentral sind, geben unterschiedliche Theorien Antwort (vgl. Tab. 4). Dabei zeigt sich, dass sich die von Ryan und Deci (2000) entwickelte Selbstbestimmungstheorie mit ihren Kernvariablen in verschiedenen Arbeiten anderer Autoren widerspiegelt.

Tabelle 4: Übersicht zu Grundbedürfnissen in verschiedenen motivationspsychologischen, pädagogischen und klinisch-psychologischen Forschungsansätzen (vgl. Steinebach 2015)

Autorinnen und Autoren				Worum geht's?
Ryan/Deci (2000)	Brendtro et al. (2002)	Ryff/Keyes (1995)	Grawe (1998)	
Competence	Mastery	Kontrolle über die Umwelt	Orientierung/ Kontrolle	Kontrolle ausüben und Herausforderungen bewältigen
Relatedness	Belonging	positive soziale Beziehungen	Bindung	in Beziehung stehen mit anderen, sich zugehörig und geliebt fühlen
Autonomy	Independence	Autonomie		sich als eigenständig und selbstbestimmt erleben
	Generosity			für andere eine entscheidende Hilfe sein, ohne Bedingungen zu stellen
		persönliches Wachstum		Optimierung der eigenen Person anstreben und erleben
		Selbstakzeptanz	Selbstwerterhöhung/ -schutz	sich selbst wertschätzen und gegen Abwertungen verteidigen

Autorinnen und Autoren				Worum geht's?
Ryan/Deci (2000)	Brendtro et al. (2002)	Ryff/Keyes (1995)	Grawe (1998)	
		Sinn im Leben		Ereignisse des eigenen Lebens einordnen können
			Lustgewinn/ Unlustvermeidung	Glück und Zufriedenheit erleben

Mit Blick auf die Arbeiten von Ryan und Deci kann man annehmen, dass Menschen besonders dann motiviert sind, mit Ausdauer ihren Zielen nachzugehen, wenn Ziele und Handlungen aus ihrer Sicht der Befriedigung dieser drei zentralen Grundbedürfnisse dienen: Autonomieerleben, Zugehörigkeits- und Kompetenzerleben.

Emotion: Wohl in den meisten pädagogischen Situationen spielen Emotionen eine entscheidende Rolle. In Lehr-Lern-Prozessen wird erwartet, dass die Emotionen im Dienste des Lernprozesses nicht nur kontrolliert, sondern auch positiv beeinflusst werden. Daraus leiten sich Aufgaben und Entwicklungsziele für die Lernenden ab, genauso wie Anfragen an die Beziehungsgestaltung und Didaktik in der Verantwortung der Lehrenden.

Definition

Als wichtige Komponenten von Emotionen gelten die kognitive Einschätzung und Bewertung der Situation, entsprechende körperliche Empfindungen, Handlungstendenzen, Formen des z.B. mimischen Ausdrucks und entsprechende Gefühle (etwa Horstmann/Dreisbach 2012).

Neben den unterschiedlichen Emotionen, die jeweils nie ohne die Bewertung der Situation durch das Individuum, wie auch seine Persönlichkeit und die aktuellen physiologischen Prozesse verstanden werden können, eröffnet ein besseres Verständnis der Phasen der emotionalen Reaktion Möglichkeiten für Interventionen (Stemmler 2009).

Begabung: Wer mit fehlender Begabung argumentiert, um z.B. Lernschwierigkeiten zu erklären, lässt wenig Raum für pädagogische Angebote. Schließlich verbindet sich mit der Zuschreibung von Problemen auf Begabung meist die Annahme großer Stabilität. Dies gilt auch für die Zuschreibung großer Begabung.

Definition

»Damit drückt der *Begabungsbegriff* im allgemeinen den Glauben an eine genetisch festgelegte, durch Umwelteinflüsse nicht veränderbare Potenz aus, durch welche sich individuelle Leistungen ebenso erklären lassen wie Leistungsunterschiede zwischen Menschen« (Weinert 1981, S. 765, Hervorhebung im Original).

Begabung wurde in den frühen Jahren der wissenschaftlichen Psychologie zunächst sehr weit verstanden (etwa Stern 1916; Mönks 1999). Über die Jahre wurde jedoch mit der zunehmenden Forschung der Differentiellen Psychologie und der Begabungsforschung der Begabungsbegriff weiter aufgefächert. Wenn man Begabung auf intellektuelle Fähigkeiten bezieht, wird eine Trennung von Intelligenz und Begabung schwer. Inzwischen gilt Begabung als der umfassendere Begriff, weil die begabungspsychologischen Konzepte sowohl Persönlichkeits- als auch Umweltvariablen oder auch prozessuale Aspekte berücksichtigen (Perleth 1999; Heller 2012).

Interaktion:

Definition

»Interaktion ist die elementare Einheit des sozialen Geschehens, in der Menschen ihr Verhalten aneinander orientieren, gleich ob sie gegenseitigen Erwartungen folgen oder sich widersetzen« (Krappmann 1989, S. 310).

In aller Regel lassen sich bei längerfristigen Interaktionen Muster und Regeln erkennen. Dies gibt uns die Möglichkeit, auf soziale Beziehungen zwischen den Interaktionspartnern zu schließen. Soziale Beziehungen sind insbesondere Merkmale von sozialen Institutionen, da diese längerfristige Interaktionen verlangen. Dies gilt für den Kindergarten genauso wie für die Schule, die Hochschule, den Arbeitsplatz oder das Leben im Altenheim. Institutionen unterscheiden sich dann in der Art und Weise ihrer Interaktionsmuster und -regeln. Zur Beschreibung sozialer Beziehungen wird einerseits auf Interaktionen, andererseits auf Einflussstrukturen geachtet. Soziale Beziehungen bestehen zwischen Personen oder auch zwischen Personen und Gruppen. Soziale Beziehungen unterscheiden sich hinsichtlich Dauer, Inhalten, Konsequenzen, Intensität, Verpflichtungsgrad und der Anzahl der Betroffenen (Six 1989).

Institution: Familien, Kindergärten, Schulen und Hochschulen zählen beispielhaft zu sozialen Institutionen. Was zeichnet diese Institutionen aus?

Definition

Institutionen dienen der Befriedigung von Bedürfnissen der Gesellschaft, sie verlangen die Ausführung bestimmter Verhaltensweisen, die in sozialen Rollen abgebildet sind.

Innerhalb dieser Rollen schaffen sie ein Gefühl der Verpflichtung. Institutionen sind vernetzt. Als Brücke dient die Ausrichtung auf unterschiedliche Bedürfnisse. Institutionen werden über die Gesellschaft und die Kultur definiert (Wössner 1986). Dadurch, dass Institutionen die Befriedigung wichtiger Bedürfnisse sicherstellen, sind sie für den Einzelnen von großem Nutzen. Zugleich formulieren sie aber auch Erwartungen an das Verhalten der einzelnen, die mit Kosten verbunden sind.

Normen: Es gibt gute Gründe, warum man nicht auf Normen verzichten kann und warum sich die Pädagogische Psychologie mit Normen von Erziehung und Bildung beschäftigen muss:

Definition

Normen dienen der Bewertung von Zielen und Mitteln in der Erziehung. Sie helfen Verhaltensweisen zu beurteilen. Aus ihnen lassen sich Empfehlungen ableiten, wann erzieherisches Handeln notwendig wird.

Sowohl im wissenschaftlichen Diskurs, als auch in der Berufspraxis ist die Reflexion von Normen sehr wichtig. Im Diskurs können Normen kritisch hinterfragt werden. Sich auf gemeinsame Ziele zu einigen, ist eine wichtige Voraussetzung für die erfolgreiche Arbeit mit Klientinnen und Klienten. Auch dieser Diskurs wird ohne die Bezugnahme auf Normen kaum möglich sein. Viele pädagogisch-psychologische Interventionen basieren auf Diagnostik. Die pädagogisch-psychologische Diagnostik geschieht oft unter Bezugnahme auf statistische Normen. Gravierende Abweichungen von diesen Normen werden als Argument für Erziehung, Beratung und Begleitung verstanden. Alles in allem dienen Normen der Orientierung und Beurteilung. »Diese Beurteilung kann sich einerseits an Erwartungswerten orientieren, die auf subjektiven oder objektiven statistischen Informationen basieren (Norm in einem *deskriptiv-statistischen Sinne*), sie kann sich andererseits auch an Sollwerten orientieren, die unter bestimmten Wert- und Interessensgesichtspunkten ausgewählt wurden (Norm im *präskriptiv-wertbezogenen* Sinne)« (Brandtstädter 1977, S. 327, Hervorhebungen im Original; 2007).

Erziehung:

Definition

Erziehung dient der grundlegenden und nachhaltigen Beeinflussung der Persönlichkeit und ihrer Entwicklung. Erziehung lässt sich als Handlung verstehen.

In einem sozialen Interaktionsprozess entwickeln sich soziale Beziehungen, die eine wichtige Grundlage erzieherischen Handelns sind. Die Erziehenden wählen bestimmte Erziehungsmittel, um die als gut bewerteten Erziehungsziele zu erreichen. Prinzipiell ist eine Vielzahl von erzieherischen Mitteln denkbar, seien dies kurzfristige Angebote und Maßnahmen oder auch mittel- und langfristige Strategien. Der schulische Unterricht kann als besonderer Fall erzieherischen Handelns verstanden werden. Auch hier zeigt sich, wie unterschiedlich die Maßnahmen, Angebote und Strategien sein können. So unterscheidet Hans Aebli (1923-1990) in seiner allgemeinen Didaktik auf psychologischer Grundlage zwölf Grundformen des Lehrens (Aebli 1983), die er in drei Dimensionen ordnet. Es geht um mediale Vermittlung, Lerninhalte, Strukturen und um die Funktionen im Lernprozess. Am Ende ergeben sich aus seiner Sicht 60 verschiedene Möglichkeiten der Gestaltung von Lehr-Lern-Prozessen.

Lernen: Woran erkennt man, dass jemand etwas gelernt hat? Schließlich kann sich das Verhalten eines Menschen aus sehr unterschiedlichen Gründen verändern. Das Gehirn kann reifen, man kann müde werden oder unter dem Einfluss von Drogen und Medikamenten weniger leistungsfähig sein. In diesen Fällen würde man kaum von Lernen sprechen.

Definition

»Lernen« bezeichnet all jene Prozesse, die zu einer relativ überdauernden Einstellungs- und Verhaltensänderung führen und die das Ergebnis von Üben oder von Erfahrungen sind.

Zur Erklärung von Verhaltensänderungen aufgrund von Üben oder Erfahrungen lassen sich unterschiedliche Paradigmen und Theorien heranziehen: (1) Klassisches Konditionieren durch die Nähe vom zunächst neutralen Stimulus zu einem unkonditionierten Stimulus. (2) Operantes Konditionieren als Lernen durch Versuch und Irrtum. (3) Beobachtungslernen als Lernen durch Vorbild, Nachahmung und Imitation. (4) Kognitives Lernen als Lernen über hypothetisch angenommene vermittelnde Handlungssegmente. (5) In neuerer Zeit werden Theorien situativen Lernens entwickelt. Nach der Kognitiven Wende in den 1960er-Jahren führen sie die Entwicklung fort, hin zu eindeutig konstruktivistischen Theorien.

Mit den neuen Forschungsmöglichkeiten zu den neurophysiologischen Grundlagen des Lernens wird besonders nach den biologischen Grundlagen dieser Verhaltensänderungen gefragt. Neben dem zentralen spielt auch das periphere Nervensystem beim Lernen eine wichtige Rolle. Aus dem Wissen um die biologischen Grundlagen des Lernens in ihrer Bedeutung für Wahrnehmung, Verarbeitung, Speicherung und Erinnern von Wissensinhalten werden auch Empfehlungen abgeleitet, wie man »gehirngerecht lernt« (etwa Hermann 2009). In diesem Forschungszweig werden Arten, Aufbau, Erregung und Leitung bei Nervenzellen, Arbeiten und Wirkungen von Neurotransmittern, der Aufbau des zentralen Nervensystems mit den spezifischen Funktionen der Regionen des Gehirns und ihren Verbindungen Thema. Zugleich erhält man wichtige Hinweise zu dem Beitrag spezifischer Regionen des Gehirns für Gedächtnisprozesse und anderer komplexer Leistungen wie dem Sprechen oder der emotionalen Kontrolle. Dennoch bleiben viele Fragen offen. Mit Skepsis wird auf die Vielzahl von Ratgeberbänden verwiesen. Es wird die Frage gestellt, ob die Kenntnisse zu den neurophysiologischen Grundlagen des Lernens etwas erbracht haben, was für die Praxis des Lernens verwertbar ist.

Die psychologischen Lerntheorien werden später ausführlicher vorgestellt. In Abgrenzung zum Lernbegriff sollen »jene Prozesse Bildungsprozesse heißen, in welchen die unterschiedlichen Lernprozesse in ihrem Ablauf, in ihren Inhalten und Zielen, Niveaus und Zwecksetzungen reflexiv gemacht werden. Der Lernbegriff soll also nicht auch noch für die Metaebene, also die Reflexion der Lernprozesse gebraucht werden. Um der Klarheit des Begriffsgebrauchs willen wird hierfür also der Bildungsbegriff verwendet« (Kron 1994, S. 69; 2009).

Wissen: Wer etwas weiß, ist mit Zusammenhängen vertraut, verfügt über Informationen, über besondere Fähigkeiten und Fertigkeiten, die anderen zeigen, dass er bzw. sie zumindest in diesem Bereich oder dieser Domäne über fundiertes Wissen verfügt. Erziehung, (Selbst-)Bildung und andere Erfahrungen sind die Grundlage von Wissen.

Definition

Nach Gruber und Stamouli (2015, S. 34) »stellt (Wissen) einen relativ dauerhaften Inhalt des Gedächtnisses dar, dessen Bedeutsamkeit durch soziale Übereinkunft festgelegt wird. Vom Wissen eines bestimmten Menschen ist in der Regel nur die Rede, wenn er Überzeugung von der Gültigkeit dieses Wissens besitzt.«

Für die Pädagogische Psychologie ist nun interessant, wie dieses Wissen erworben wurde, wie dieses Wissen im Gedächtnis abgebildet ist, ob und wie es abgerufen werden kann und wie sich Wissensinhalte in den Denkprozessen oder im Handeln der Menschen niederschlagen (vgl. Gruber/Stamouli 2015). So konnten aktuelle Forschungen zeigen, dass die Aktivierung des Vorwissens eine wichtige Grundlage für den weiteren Lernprozess darstellt. Zudem zeigt sich, dass Expertinnen und Experten besonders gut Wissensinhalte aus ihrer Domäne erinnern können. Sie nutzen dabei den Prozess des Chunking. »Durch Chunking wird Information verdichtet, indem ursprünglich separate Informationseinheiten durch allgemeine Ordnungsprinzipien oder durch das Einbeziehen von Vorwissen rekodiert und zu größeren Informationseinheiten [...] zusammengefasst werden« (Gruber/Stamouli 2015, S. 36). So lässt sich die Zahlenfolge 05111414 (8 Chunks) leichter merken, wenn sie aufgeteilt wird in 05.11.1414 (3 Chunks) oder als Beginn des Konstanzer Konzils (1 Chunk; setzt allerdings entsprechende Kenntnisse bzw. eine gewisse Bildung voraus). In der pädagogisch-psychologischen Forschung und Praxis geht es in besonderer Weise um die Frage, wie Wissen, Lernen und Intelligenz miteinander verbunden sind. In dem Maß, indem es auch um die Bedeutung des Wissens für das Handeln im Alltag geht, wird auch die Frage nach Kompetenzen und Kompetenzmodellen wichtig.

Kompetenzen: Zunächst kann man davon ausgehen, dass sich im kompetenten Handeln Lernerfahrungen, Wissen, Intelligenz, Motivation und wohl auch Emotionen widerspiegeln. Wer Kompetenzen zeigt, kann die sich stellenden Herausforderungen meistern, gerade dann, wenn es sich um schwierige Situationen handelt.

Definition

»Kompetenzen schließen somit Fertigkeiten, Wissen und Qualifikationen ein, lassen sich aber nicht darauf reduzieren.« (Steinebach et al. 2014, S. 24). Mit Schaper (2009) können verschiedene Arten des Kompetenzverständnisses unterschieden werden: Kompetenz als (1) Persönlichkeitsmerkmal, (2) Wissens- und Fähigkeitsvoraussetzung, (3) Bewältigung komplexer Anforderungssituationen und als (4) Selbstorganisationsdisposition.

Kompetenzen entwickeln sich in einem Wechselspiel von Selbstentwicklung und sozialer Beeinflussung. Dabei sind Fähigkeiten der Emotionsregulation, der Selbst-, Situations- und Interaktionsregulation wichtige Ressourcen auf Seiten des Individuums. Abbildung 2 unterscheidet verschiedene berufliche Kompetenzen und verdeutlicht, dass diese Stärken des Individuums für die beruflichen Kompetenzen von unterschiedlicher aber gleichwohl großer Bedeutung sind (vgl. Steinebach et al. 2014).

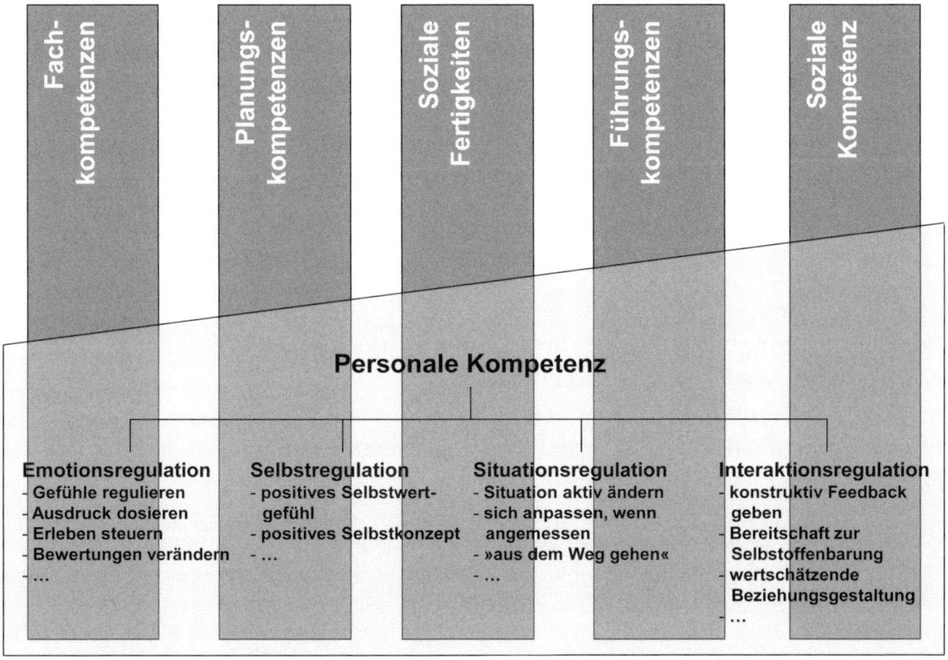

Abbildung 2: Kompetenzen für das Berufsleben

1.4 Wege in die Pädagogische Psychologie

Wo finde ich das, was für die Pädagogische Psychologie wichtig ist? Zur Pädagogischen Psychologie gibt es viele sehr gute Sammelbände und Monographien. Sie informieren über das Selbstverständnis, über die Forschung und Praxis. der Pädagogischen Psychologie. Aus der Vielzahl von Büchern seien hier erwähnt:

- Seidel, T./Krapp, A. (Hrsg.) (2014): Pädagogische Psychologie. Erfolgreiches Lernen und Lehren. 6., vollständig überarbeitete Auflage, Stuttgart: Kohlhammer.
- Hasselhorn, M./Gold, A. (2013): Pädagogische Psychologie. 3., vollständig überarbeitete und erweiterte Auflage, Weinheim: Beltz.
- Wild, E./Möller, J. (Hrsg.) (2015): Pädagogische Psychologie. 2., vollständig überarbeitete und aktualisierte Auflage, Heidelberg: Springer.

- Woolfolk, A. (2014). Pädagogische Psychologie.12., aktualisierte Auflage. Hallbergmoos: Pearson.

Aktuelle Forschungsberichte zur Pädagogischen Psychologie finden sich in nationalen und internationalen Journals. Beispielhaft seien hier genannt:

- Contemporary Educational Psychology
- Educational Psychologist
- Educational Psychology
- Educational Psychology in Practice
- Educational Psychology Review
- International Journal of School & Educational Psychology
- Journal of Educational and Developmental Psychology
- Journal of Educational, Health and Community Psychology
- Journal of Educational Psychology
- Learning and Instruction
- Psychologie in Erziehung und Unterricht
- Teaching Educational Psychology
- Zeitschrift für Entwicklungspsychologie und Pädagogische Psychologie
- Zeitschrift für Pädagogische Psychologie

Für weitergehende Recherchen in der Pädagogischen Psychologie seien die in der Tabelle 5 genannten Datenbanken empfohlen.

Tabelle 5: Datenbanken für Recherchen zur Pädagogischen Psychologie[1]

Dienst	-Link
PsycLIT/PsycINFO	http://www.apa.org/pubs/databases/psycinfo/index.aspx
ZPID/PSYNDEX und PsychSpider	http://www.zpid-psychologie.de
Pädagogik Datenbanken	http://www.fachportal-paedagogik.de/
Sondersammelgebiet Psychologie	http://fips.sulb.uni-saarland.de/
Sondersammelgebiet Bildungsforschung	http://wikis.sub.uni-hamburg.de/webis/index.php/Bildungsforschung_%285.3%29
Psychologische Tests: Information und Verkauf	http://www.testzentrale.de/

1 *Abruf der Internetadressen im Text 05.11.2015.*

2 Grundlagen

Wie eignet man sich neues Wissen an? Wie lernt man neue Verhaltensweisen? Welche Rolle spielen Denkprozesse für Lernen und Entwicklung? Wie können Lehrerinnen und Lehrer die Motivation der Lernenden fördern? Welche Rolle spielen Beziehungen in Lehr-Lern-Situationen? Mit diesen Fragen wollen wir uns in diesem zweiten Kapitel beschäftigen. Dabei werden auch die theoretischen Grundlagen von Lernen, Denken, Motivation und sozialen Beziehungen vorgestellt. So wird deutlich, dass beim Lernen der Einzelne zumeist in einer aktiven Auseinandersetzung mit seiner Umwelt steht. In der pädagogischen Arbeit sehen wir beide, Person und Umwelt, als aktiv an, auch wenn nicht alles im Lernprozess vom Lernenden bewusst gewählt oder gestaltet sein mag. Aber es sind nicht nur die direkten Umwelteinflüsse, die es zu berücksichtigen gilt. Lehr-Lern Prozesse werden immer auch von Einflüssen mitbestimmt sein, die für den Einzelnen nicht oder nur sehr schwer unmittelbar beeinflussbar sind. So spielen eben auch organisationale, gesellschaftliche und kulturelle Aspekte eine Rolle, weil sie direkt oder indirekt wichtige Merkmale der Lernwelten beeinflussen.

2.1 Lernen

Wenn wir relativ überdauernde Änderungen des Verhaltens und Erlebens beobachten, führen wir diese häufig auf Lernen zurück. Damit verbindet sich die Annahme, dass die Verhaltensänderungen mit entsprechenden Erfahrungen in Zusammenhang stehen. Lernen und Entwicklung zeigen sich in eben diesen Veränderungen des Verhaltens und Erlebens. Lernerfolge können die Grundlage für wichtige Entwicklungsschritte sein. Von Entwicklung würden wir jedoch eher sprechen, wenn die Veränderungen in Verhalten und Erleben ein besonderes Format und eine eigene Qualität zeigen. So mag ein Kind neue Kompetenzen gelernt haben. Von Entwicklung würden wir sprechen, wenn sich damit dem Kind neue Perspektiven erschließen und es selbstbewusster geworden ist.

Um Lernen zu erklären, wurden sehr unterschiedliche Theorien entwickelt. Dies ist notwendig, da sich Lernen je nach Gegenstand und Prozess sehr verschieden darstellt (z. B. Steiner 2007; Bouton 2007).

Lerntheorien lassen sich nach verschiedenen Paradigmen zu Gruppen ordnen. Sie haben sich ausdifferenziert, um einerseits komplexere Lerngegenstände, andererseits auch den Beitrag der Lernenden zum Lernprozess und Lernerfolg klarer zu fassen. Abbildung 3 nennt im Überblick verschiedene Lerntheorien.

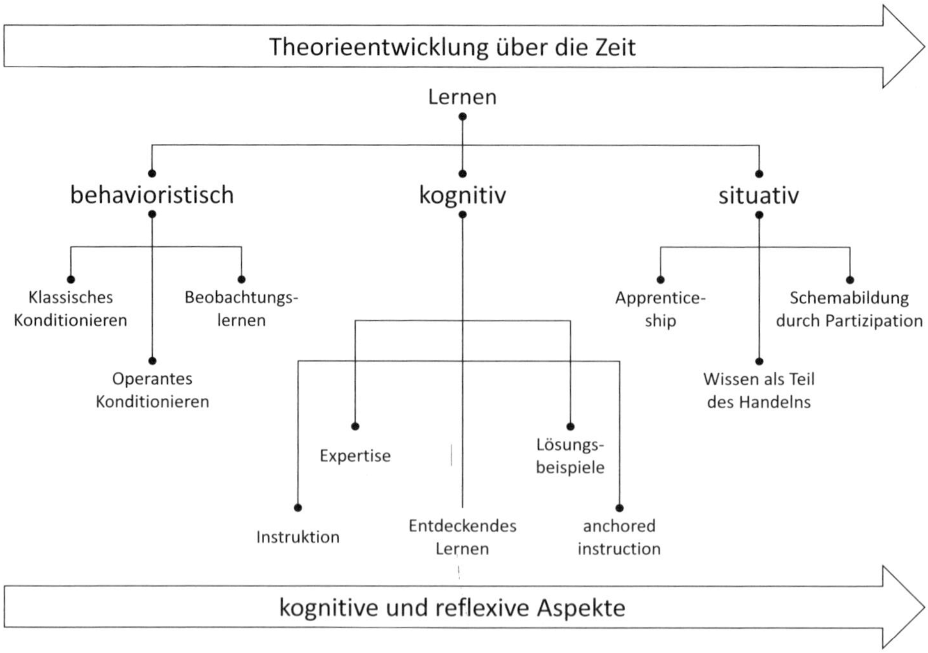

Abbildung 3: Lerntheorien

Auch wenn die Abbildung von links nach rechts in gewisser Weise einen zeitlichen Verlauf widerspiegelt, können frühere Theorien kaum als veraltet gelten.

Behavioristische Lerntheorien

Im behavioristischen Paradigma wird menschliches Verhalten aus einer objektivierenden wissenschaftlichen Perspektive erklärt. Hier beschränkt sich die Psychologie auf jene Verhaltensaspekte, die empirisch erforschbar sind. Um Objektivität sicherzustellen, bleiben Prozesse im Inneren des Organismus, z.B. Gefühle, Ziele und Werte unberücksichtigt. Das Bewusstsein mit allen inneren Prozessen gilt als Black Box (Gräsel 1999). Wegen der Fokussierung auf beobachtbare Phänomene wird versucht, Lernen durch externe Umweltbedingungen zu erklären. Entsprechend werden Empfehlungen gegeben, wie Umweltbedingungen so zu gestalten sind, dass neues Verhalten gelernt oder problematisches Verhalten abgebaut wird. In diesem Anliegen werden auch aus Tierversuchen gewonnene Prinzipien auf Lehr-Lern-Prozesse bei Menschen übertragen. Die Untersuchungen des russischen Neurophysiologen Iwan Petrowitsch Pawlow (1984–1936) eignen sich besonders gut, um Lernen im Sinne der *Klassischen Konditionierung* zu beschreiben. Er führte an Hunden Untersuchungen zum Speichelflussreflex durch. In den Versuchen zeigte sich, dass nach einigen Durchgängen nicht nur Futterreize, sondern auch andere Reize den Speichelfluss auslösen, sofern diese oft genug gemeinsam mit dem ursprünglichen Reiz angeboten worden waren. So konnte Pawlow zeigen, dass auch das Läuten einer Glocke den Speichelreflex auslösen kann. Pawlow unterschied den ursprünglichen so genannten unbedingten Reflex (unkonditionierter Reflex), die angeborene (unkonditionierte) Reaktion und den bedingten Reflex (konditionierte Reaktion, vgl. Abb. 4).

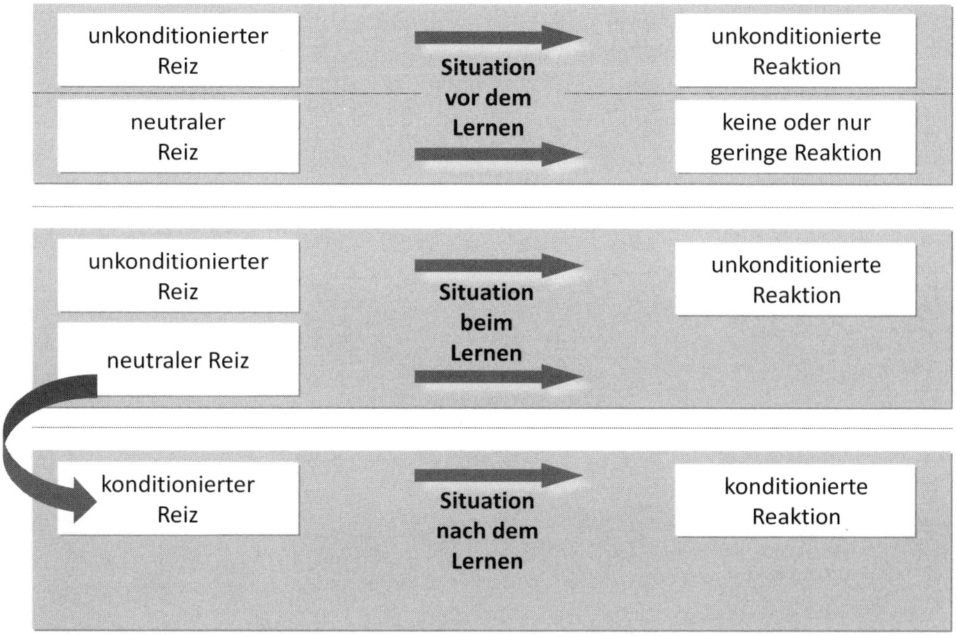

Abbildung 4: Der Prozess des Klassischen Konditionierens

Auch Reize, die dem ursprünglichen neutralen Reiz ähneln, können vergleichbare Reaktionen auslösen. So wurden schon frühzeitig Generalisierungen beobachtet. Es zeigte sich aber auch, dass eine Löschung des gelernten Verhaltens möglich ist, wenn man mehrmals den konditionierten ohne den unkonditionierten Reiz anbietet. Nach einer längeren Pause kann es allerdings auch zu spontanen Erholungen kommen, bei denen die konditionierten Reaktionen zwar schwächer, aber doch wieder beobachtbar sind. Wie Watson und Rayner (1920) zeigten, lässt sich dieses Paradigma auch auf das Konditionieren von Gefühlen anwenden. Dies bietet die Möglichkeit, z. B. die Entstehung spezifischer Angststörungen zu erklären.

Für die Erklärung der Entstehung und Veränderung komplexer Verhaltensweisen ist diese Theoriengruppe nicht hilfreich. Außerdem gibt es viele Verhaltensweisen, für die keine auslösenden Reize zu finden sind. Wie steht es z. B. mit Problemen, die besondere Abläufe verlangen? Um dieser Frage nachzugehen, konstruierte Edward Lee Thorndike (1874–1949) besondere Kästen, in denen Tiere vor einfache Probleme gestellt wurden. Die Tiere zeigten Versuch-und-Irrtum-Verhalten. Erfolgreiches Verhalten nannte Thorndike »instrumentell«. Ähnliches beobachten wir, wenn Menschen versuchen, Geschicklichkeitsaufgaben zu lösen. Auch hier finden wir Probier- und Suchverhalten, wobei die beobachtbare Aktion mit vorangehenden Reizsituationen verbunden wird. Fortschritte sind mit einem guten Gefühl, Fehlschläge mit Unbehagen verbunden. Entsprechend formulierte Thorndike sein »Effektgesetz«, das die Häufigkeit eines Verhaltens mit ihren Konsequenzen verbindet. Ähnlich stellte sich Burrhus Frederic Skinner (1904–1990) der Frage, wie neues Verhalten erworben wird. Auch er betonte die Bedeutung von Verhaltenskonsequenzen für den Lernprozess. Bestimmte diskriminative Reize sind mit bestimmten Konsequenzen verbunden. So kommt der Bekräftigung einzelner Verhaltensweisen eine besondere Bedeutung zu. Skinner spricht von *Operanter Konditionierung*, weil vor der Verstärkung bestimmte Operationen ausgeführt werden. Qualität, Zeit und Dauer der Verstärkung und ihre unterschiedlichen Wirkungen wurden von ihm systematisch untersucht (vgl. Abb. 5).

		Stellenwert des Ereignisses	
		positiv	*negativ*
Ereignis	*Präsentation*	positive Verstärkung	Bestrafung 1
	Entzug	Bestrafung 2	negative Verstärkung

Abbildung 5: Belohnung und Bestrafung

Im Zuge der Arbeiten zur Operanten Konditionierung kam es zu einer Neubewertung von Strafen in der Erziehung. Wie sich zeigte, führt Bestrafung höchstens zu einer Unterdrückung des problematischen Verhaltens. Neue Verhaltensweisen werden erst gelernt, wenn diese unterstützt und bekräftigt werden. Es wäre also beides zu empfehlen: das unerwünschte Verhalten zu ignorieren und positive Verhaltensweisen systematisch aufzubauen.

Skinner und Thorndike konnten zeigen, wie Verhaltensweisen mit bestimmten Umweltbedingungen gekoppelt sind. Aber genauso wie Tiere lernen können, dass bestimmte Verhaltensweisen »Sinn machen«, können sie auch lernen, hilflos zu sein. Statt der Kontingenz, dem Zusammenhang von Verhalten und Ereignis lernen sie –

wie Seligman (1975) in seinen Arbeiten zeigte – die Nicht-Kontingenz ihres Verhaltens. Aufgrund entsprechender Untersuchungen war es möglich, die Entstehung von Depressionen beim Menschen zu erklären. Hier unterscheidet Seligman (1) das Bemerken von Nicht-Kontingenz, (2) die Sensibilisierung für die Unkontrollierbarkeit von Ereignissen, (3) Ursachenzuschreibung, (4) den Aufbau von Erwartungen und (5) die gelernte Hilflosigkeit und ihre Symptome. Entsprechend den Phasen lassen sich pädagogische und psychologische Angebote zur Prävention von und Intervention bei Depression entwickeln. Die Veränderung von Ursachenzuschreibungen und die Korrektur von Erwartungen stehen im Vordergrund. Für die Bewertung der Erfahrungen ist von großer Bedeutung, ob die Umweltereignisse prinzipiell als kontrollierbar bewertet werden (vgl. Tab. 6).

Tabelle 6: Ursachenzuschreibungen bei Schulleistungen

Dimension	**internal**		**external**	
	stabil	**variabel**	**stabil**	**variabel**
global	Fehlen der Intelligenz	Erschöpfung	In der Schule wird zu viel verlangt.	Freitag, der 13.
spezifisch	Fehlen mathematischer Begabung	Ich hatte einfach keine Lust.	Die Anforderungen in Mathematik sind zu hoch.	Der Lehrer war »schlecht drauf«!

Wie kam es zu der schlechten Note in der Mathearbeit? Die Antworten des Schülers auf die Frage der Eltern kann unterschiedlich ausfallen: »Ich bin zu dumm« hat eine andere Bedeutung als »Mathe liegt mir halt nicht«. Hier werden generelle oder spezifische Aspekte angesprochen. Und die Aussagen haben durch ihre Zuschreibung auf die Person unterschiedliche Tragweite und Bedeutung. Dramatisch ist, dass in beiden Fällen stabile, also scheinbar nicht oder nur schwer zu ändernde Umstände als Ursachen angeführt werden. Anders ist es, wenn »Ich war halt nicht fit« oder »Kein Bock« angeführt wird. Bei diesen Aussagen hatte der Schüler sich selbst im Blick. Anders ist es, wenn die Ursache der Umwelt (also external) zugeschrieben wird. Auch hier lassen sich Faktoren anführen, die Perspektiven für eine Kontrolle dieser oder ähnlicher Ereignisse eröffnen oder erschweren.

Die Übernahme komplexer Verhaltensweisen erfolgt häufig über Beobachtung. Für Albert Bandura (1976) waren dabei drei Prozesse wichtig: (1) die Nachahmung des beobachteten Verhaltens, (2) das Erkennen und Übernehmen der aus der Beobachtung abgeleiteten Regeln und (3) die Selbstverstärkung. Für den Lernerfolg ist es wichtig, dass der Beobachtende seine Aufmerksamkeit auf das Modell richtet. Dies geschieht am ehesten, wenn das beobachtete Modell eine emotionale Bedeutung und einen besonderen sozialen Wert für den Beobachtenden besitzt. Wichtig ist auch, dass die beobachteten Handlungen eines Modells kodiert werden und innerlich reproduziert werden können. Der bzw. die Beobachtende erfährt dabei stellvertretende Verstärkung. Im Beobachtungslernen laufen also vielfältige kognitive und emotionale Prozesse ab. Wir können deshalb kaum noch vom Menschen und seinen intrapsychischen Prozessen als einer »Black Box« sprechen. Innere Prozesse finden in der Theorie des Beobachtungslernens Berücksichtigung, genauso wie die Selbstregulation der Person und die soziale Dimension von Umweltaspekten. Mit seiner sozial-kognitiven Lerntheorie überwindet Bandura also die anthropologische Engführung des frühen Behaviorismus und bereitet die Hinwendung zu den neuen Lerntheorien vor.

Kognitive Lerntheorien

Sie versuchen sehr grundlegende Kompetenzen zu beschreiben und zu erklären, z.B. die Konstruktion neuen Wissens, den Erwerb spezifischer Fähigkeiten und Fertigkeiten, die schlussfolgerndes Denken und soziales Urteilsvermögen verlangen, die Entwicklung neuen Wissens, wie auch die Anwendung gerade gewonnenen Wissens in neuen Situationen (vgl. Seel 2000; Hecht/Desnizza 2012). Geht es z.B. um das Lösen eines komplexen Problems, könnten uns Versuch und Irrtum mit entsprechender Ausdauer dem Ziel näher bringen. Mit Thorndike könnten wir annehmen, dass sich erste Erfolge gut anfühlen und Misserfolge Unbehagen auslösen. Mit Miller, Galanter und Pribram (1960) könnten wir aber auch annehmen, dass Teilerfolge und Misserfolge Informationen liefern, die als Rückmeldung für den Lernprozess dienen (Steiner 1988). Hier werden Lösungsprozesse in einer komplexen hierarchischen Struktur von Plänen gesehen, die aus Operations- und Testphasen zusammengesetzt sind. Entsprechend bilden sich TOTE-Einheiten von wiederholten Tests (T) und Operationen (O), wobei erst die Lösung zum Ende (Exit [E] für Ausgang) führt.

Instruktionen: In vielen Lernsituationen ist es nicht notwendig, sich das Wissen selbst zu erschließen. Oft geschieht Lernen, indem eine Person ihr Wissen einer anderen Person zur Verfügung stellt. Reinmann-Rothmeier und Mandel (1999) machen deutlich, dass man diese Vermittlungsprozesse aus einem eher traditionellen Ansatz oder aus einer konstruktivistischen Perspektive verstehen kann. In traditionellem Verständnis ist der Lernende eher passiv, während der Lehrende versucht, mit geschickter Präsentation, Erklärung und Anleitung die Lehrinhalte zu vermitteln. Die Schwächen solcher Bemühungen sind bekannt: Passivität erschwert die Aufnahme, fördert Vergessen und schwächt die Motivation. In der konstruktivistischen Perspektive steht der Lernende im Mittelpunkt. Im Lernprozess soll der Lernende die Wissensinhalte aktiv erarbeiten.

Expertenwissen: Aus konstruktivistischer Sicht könnten wir davon ausgehen, dass sich in Lernsituationen Experten treffen. In diesem Fall wäre der Lehrende ein Experte für den Lernprozess und die Lerninhalte, der Lernende wäre der Experte für seine Lebenswelt. Ihm wäre es ein Anliegen, das neue Wissen zu entwickeln, zu festigen und für seinen Alltag nutzbar zu machen (vgl. etwa Heller et al. 2005). Experten verfügen nicht nur über deklaratives Faktenwissen, sondern auch über umfängliches prozedurales Wissen. Theorien der Informationsverarbeitung legen nahe, dass das Faktenwissen als semantisch assoziatives Netzwerk aufgebaut ist. In diesem Netzwerk werden Begriffe als Knoten verstanden, die über Verbindungslinien als Kanten mit anderen Knoten verknüpft sind. Erfahrungen führen zu einer entsprechenden Zunahme von Knoten und Kanten im Netz und zu einer Verkürzung der Verbindungslinien. Das prozedurale Wissen verbindet Bedingungen und Handlungen. Diese Verbindungen wiederum werden als Algorithmen oder Heuristik verstanden. Je nachdem, wie weit sich die Expertise ausgebildet und gefestigt hat, wird zwischen kognitiver, assoziativer und autonomer Stufe unterschieden. Steht am Anfang noch das Bemühen um Verständnis, so zeigt sich auf assoziativer Stufe bereits zunehmende Effizienz, der die weitgehende Automatisierung auf der autonomen Stufe folgt (Schneider 1999).

Entdeckendes Lernen: Wie können wir im Lernprozess offene Fragen aufwerfen und zum Nachdenken anregen? Im besten Fall durch entdeckendes Lernen und damit in Situationen, die es notwendig machen zu explorieren und zu experimentieren. »Durch induktive Prozesse wird klassifikatorisches und theoretisches Wissen über beobachtete Daten konstruiert.« (Neber 1999, S. 228; Gudjons 2014; Merriam et al. 2012). Später geht es darum, durch Üben das erworbene Wissen zu festigen. Ob entdeckendes Lernen gelingt, hängt ganz wesentlich von den individuellen Voraussetzungen, von der begleitenden Unterstützung und den kreativ experimentierenden Aktivitäten im Lernprozess ab. Eine gute Didaktik kann versuchen, diese Faktoren einzeln oder gemeinsam zu beeinflussen.

Lösungsbeispiele: Im Lernprozess Lösungen vorzugeben, kann durchaus hilfreich sein und die Qualität des Lernprozesses nachhaltig positiv beeinflussen. Dies setzt allerdings voraus, dass sich der Lernende um den Lerngegenstand bemüht. Lösungen geben dem Lernenden zunächst einen Gesamteindruck vom Problem und seiner Lösung. Das Verständnis für die Lösung wird unterstützt, wenn Teilschritte und ihre Zusammenhänge aufgezeigt werden (Renkl 1999, 2009).

Anchored Instruction: Die Gestaltung der Lernsituation als Bedingung für die Möglichkeit gelingender Konstruktion gilt als Königsweg guter Instruktionen. Das Wechselspiel von Instruktion und Konstruktion findet seine Entsprechung in dem Appell, problemorientiert zu unterrichten und zu lernen (Reinmann-Rothmeier/Mandl 1999). Verlangt werden authentische, möglichst realitätsnahe, vielseitige und unterschiedliche, interaktive und kooperative sowie aktiv begleitete Kontexte. Als Beispiele für diese Formen von Wissensvermittlung können insbesondere »Apprenticeship« und »Anchored Instruction« gelten. Dies leitet über zu Ansätzen situierten Lernens.

Situative Ansätze

Die vorher genannten theoretischen Perspektiven unterscheiden sich darin, wie sehr es ihr Anliegen ist, die Lernsituationen möglichst realitätsnah zu gestalten. Am deutlichsten wird dies in den Theorien situativen Lernens gefordert. Lernen wird keineswegs als kontextfreie Wissensvermittlung verstanden. Stattdessen gilt Wissen als in einer besonderen Situation ko-konstruiert. Die konkrete Lernumwelt findet hier also besondere Berücksichtigung. Auch Lernprozesse, die im Sinne des Apprenticeships (wörtlich: Lehrlingslehre) gestaltet sind, lassen sich als Situiertes Lernen verstehen. In diesen Ansätzen wird Lernen in die Lebenswelt der Lernenden eingebunden. Der gemeinsame Handlungsraum mit den Lehrenden bietet den Rahmen für die Ko-Konstruktion des Lerngegenstands. Weitergehend könnte man dann aber auch annehmen, dass Wissen Teil von Handlungen ist und nicht von ihnen getrennt gespeichert wird (Clancey 1997).

Wie sind die »neuen Lerntheorien« zu bewerten? Franz E. Weinert (1930–2001) wies darauf hin, dass bereits schon früher die Bedeutung der Lebenswelt mit ihren Handlungsräumen für das Lernen erkannt worden war. Reformpädagogik und Projektunterricht sind hier wichtige Stichworte. Aber mit Weinert (1996) müssen wir auch fragen, wie bei diesem Lernen Systematik, Ordnung und Automatisierung neuen Wissens unterstützt werden können. Zu bedenken ist auch, dass nicht jeder Lernende bereits in der Lage ist, eigenständig neue Lerninhalte zu erarbeiten. Je nach Ausgangslage und Aufgabenstellung kann es schnell zu Überforderung kommen. Oft sind zudem externe Anreize notwendig, damit die Lernenden dauerhaft motiviert sind. Natürlich wird es das Ziel sein, dass die Lernenden nach und nach weniger auf externes Lob und mehr auf interne Selbstbekräftigung ausgerichtet sind. Wenn man all dies bedenkt, so Weinert, können wir sicher Aufgabenstellungen ausmachen, die mehr als andere eine enge Begleitung durch den Lehrenden, eine zielführende Anleitung und motivationale Unterstützung benötigen. Aber auch dies sollte schülerzentriert erfolgen. Dass Lernen in Gruppen besonders attraktiv sein kann, ist hinlänglich bekannt. Es gibt aber sicher auch Bedingungen, unter denen die Lernenden für sich alleine den Lehrstoff erschließen sollten. In diesem Sinne sind beide Lernformen komplementär zu verstehen (vgl. Weinert 1996).

2.2 Denken

Lernen und Denken benötigen Aufmerksamkeit und Konzentration. Auch wenn der Begriff »Denken« auf kognitive Prozesse fokussiert, sind Kompetenzen der Selbstregulation wichtig, um »klar denken« zu können.

Definition

Unter »Kognition« wird eine Vielfalt von Prozessen verstanden, die mit der Aufnahme von Informationen beginnen und über die Verarbeitung und Speicherung dieser Information im Gedächtnis bis hin zur Anwendung reichen (Seel 2000).

Die Gedächtnispsychologie geht in aller Regel von einem Mehrspeichermodell aus, das die Informationsverarbeitung erklärt. Dabei wird zwischen dem sensorischen Register, dem Kurzzeitgedächtnis und dem Langzeitgedächtnis unterschieden. Das sensorische Register ist im eigentlichen Sinne ein Ultrakurzzeitgedächtnis. Es liefert neuronale Erregungsmuster als Material für die weitere Verarbeitung von Information. Das Kurzzeitgedächtnis ist in der Lage für ca. 10 bis 50 Sekunden etwa sieben Elemente zu speichern. Die Leistung kann gesteigert werden, wenn es gelingt, Einheiten in Blöcken zusammenzufassen, den so genannten Chunks. Das Kurzzeitgedächtnis stellt Informationen für das Langzeitgedächtnis zur Verfügung und prüft, ob im Langzeitgedächtnis geeignete Strukturen verfügbar sind, um der Information Bedeutung zu geben (Seel 2000). Das Wissen ist dauerhaft und vergleichsweise verlässlich im Langzeitgedächtnis abgelegt. Das deklarative Wissen repräsentiert verfügbare Informationen über Fakten, das prozedurale Wissen steht für das Wissen über Prozesse und den Umgang mit dem deklarativen Wissen.

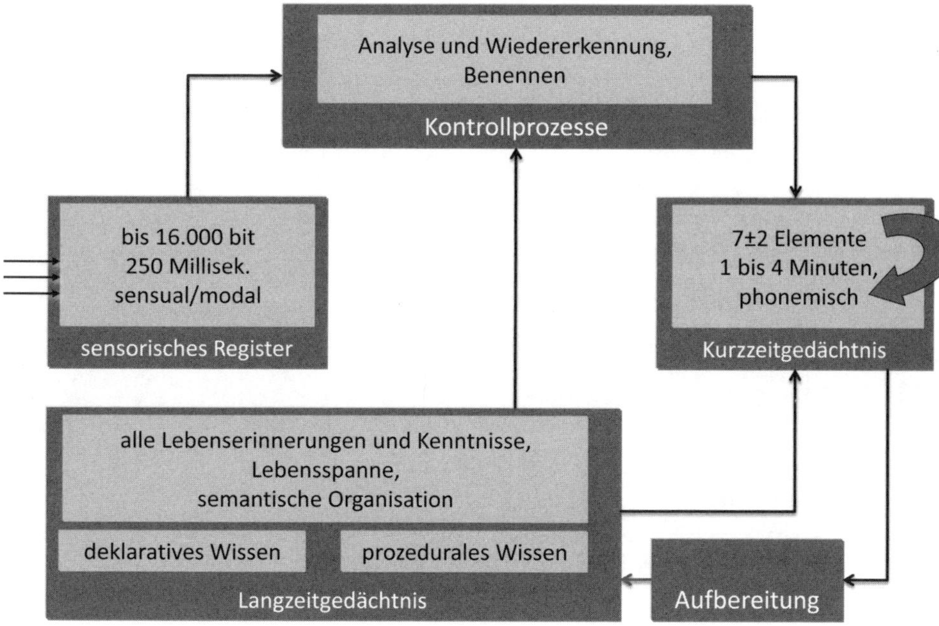

Abbildung 6: Denken und Lernen im Mehrspeichermodell

Dem Modell mit verschiedenen Speichern entsprechen die Funktionalitäten unterschiedlicher Gehirnregionen (Bierbaumer/Schmidt 2010). Aufmerksamkeit, Verarbeitung visueller und akustischer Information, Wiedererkennung von Objekten oder z.B. die motorische Kontrolle sind in der Großhirnrinde verortet. Hier finden auch die höheren Formen des Lernens und des schlussfolgernden Denkens ihre neurophysiologische Entsprechung. Der Hippocampus bietet dagegen kurzzeitig gespeicherte Information immer wieder dem Kortex zur Verarbeitung und damit zur dauerhaften Speicherung an. Neurophysiologische Untersuchungen legen zudem nahe, dass semantische Gedächtnisinhalte eher auf der linken Hemisphäre, episodische eher auf der rechten Hemisphäre des Großhirns verortet sind. Limbische Strukturen und das Kleinhirn prüfen Informationen auf ihre emotionale Bedeutung. Diese und ähnliche Befunde führen zu dem Schluss, dass Lernen und Problemlösen mit der Ausbildung und Nutzung der Struktur neuronaler Netzwerke einhergeht. Lernen steht dann für den Prozess der Entwicklung und Organisation von Netzwerken (Bednorz/Schuster 2002). Dabei werden Schemata als Teile semantischer Netzwerke verstanden. In ihnen bildet sich das Wissen über einen Gegenstand ab. Lernfortschritte stehen für die Anreicherung der Schemata mit neuer Information und die Veränderung ihrer Vernetzung. Wer z.B. das in der Abbildung 7 dargestellte Streichholzproblem lösen möchte, muss ein bewegliches Netzwerk von Operationen aufbauen »in dem die gegenseitigen Relationen und Abhängigkeiten der Operationen [...] repräsentiert sind« (Steiner 1988, S. 319), um durch Verschieben von drei Streichhölzern die ursprünglichen fünf Quadrate auf vier zu reduzieren.

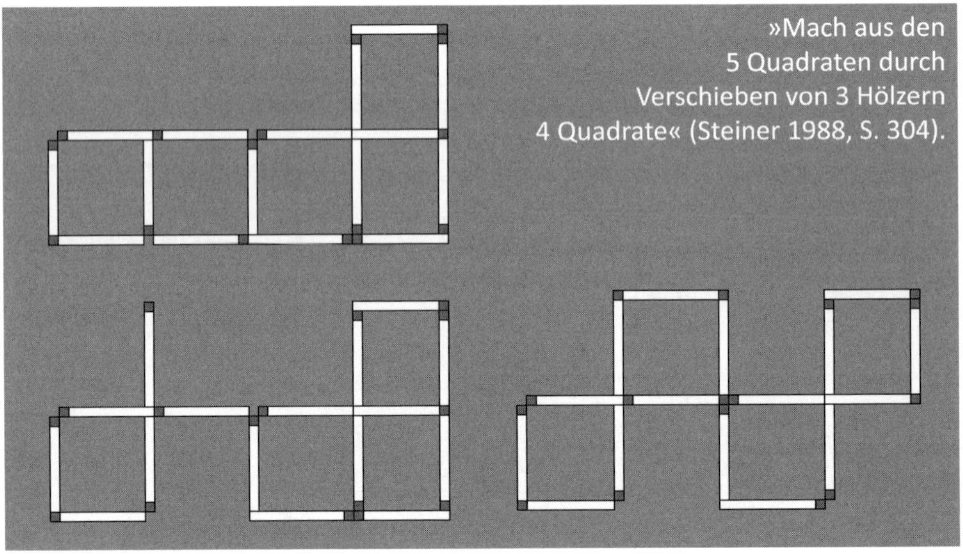

Abbildung 7: Das Streichholzproblem

Für die Strukturen und Prozesse muss festgehalten werden, dass sich Denken und Gedächtnis mit ihren neurophysiologischen Grundlagen über die Lebensspanne verändern. Es macht also durchaus Sinn, bei Angeboten, die das Lernen unterstützen sollen, den Entwicklungsstand zu berücksichtigen, genauso wie mögliche Einschränkungen durch pathologische Prozesse (etwa in Verbindung mit Alzheimer-Krankheit; vgl. Beiträge in dem von Lindenberger et al. 2010 herausgegebenen Band).

2.3 Motivation

Motive und Motivation sind in Lehr-Lern-Prozessen von besonderer Bedeutung. Motive zeigen sich in der Bereitschaft, bestimmte Gegebenheiten eher durchgängig in spezifischer Weise zu bewerten.

Definition

»Von daher sind Motive hypothetische Konstrukte, denen als Persönlichkeitsmerkmale Konstanz zugeschrieben wird. Entsprechend den unterschiedlichen Grundsituationen können wir Motive wie Aggression, Macht, Hilfe, Leistung u. a. m. unterscheiden. Mit Motivation ist das situationsabhängige und kurzfristige Geschehen gemeint.

Abraham Maslow (1908–1970) ordnete Motive in einer Rangreihe, die schon recht bald als Pyramide dargestellt wurde. Er unterschied Defizitmotive wie biologische Bedürfnisse, das Streben nach Sicherheit oder das Bedürfnis nach Liebe und sozialer Bindung. Diese wurden ergänzt um Wachstumsmotive, wie dem Bedürfnis nach Selbstverwirklichung, Wertschätzung und Selbstachtung. Defizitmotive nehmen durch Befriedigung ab, Wachstumsmotive erfahren jedoch dann eher eine Steigerung. In späteren Arbeiten differenzierte Maslow die Bedürfnishierarchie aus. Zusätzlich stellte er die Transzendenz an die Spitze der Bedürfnishierarchie. Er unterschied nun physiologische Bedürfnisse, Sicherheitsbedürfnisse, soziale Bedürfnisse, Individualbedürfnisse, kognitive Bedürfnisse, ästhetische Bedürfnisse, die Selbstverwirklichung und die Transzendenz. Werden Wachstumsmotive auf Dauer übergangen, kann dies nach Maslow zu existenziellen Krisen führen (Maslow 1977). Für die Pädagogik bietet sich die Möglichkeit, Methoden in der Erziehung mit Blick auf die von Maslow genannten Motive kritisch zu hinterfragen. Pädagogisches Handeln kann selbst auf die Befriedigung von Motiven zielen oder dem Anliegen folgen, das Individuum im Streben nach einer angemessenen Befriedigung dieser Bedürfnisse zu unterstützen.

Ausgehend von Maslows Bedürfnispyramide entwickelten Richard Ryan und Edward L. Deci ihre Selbstbestimmungstheorie. Wie Maslow gehen sie von einer Wachstumstendenz der Persönlichkeit aus. Diese ist auf die Befriedigung dreier Grundbedürfnisse hin ausgerichtet. Menschen sind demnach besonders motiviert, wenn eine Handlung der Befriedigung dieser Grundbedürfnisse dienen kann. Die Handlung wird dann quasi aus sich heraus als in besonderer Weise erfüllend erlebt. Das Gegenteil stellen von außen vorgegebene Ziele dar, bei denen das zielbezogene Handeln external motiviert ist. Kompetenz, Autonomie und Zugehörigkeit gelten als jene drei Grundbedürfnisse, deren Befriedigung seelische Gesundheit und Wohlbefinden eines Menschen fördern. Der Spannungsbogen zwischen intrinsischer und extrinsischer Motivation wird als Kontinuum verstanden, an dessen einen Ende die Handlung selbst bestimmt wird und an dessen anderen Ende das Fehlen jedweder Motivation steht. Innerhalb der Selbstbestimmungstheorie werden fünf Subtheorien unterschieden: Dabei geht es zum einen (1) um die Theorie der Grundbedürfnisse selbst. (2) Die organismische Integrationstheorie unterscheidet vier Formen extrinsischer Motivation. (3) Einflüsse der sozialen Umwelt auf die intrinsische Motivation werden in der kognitiven Evaluationstheorie beschrieben und erklärt. (4) Persönlichkeitsunterschiede bezüglich der Tendenz, Selbstbestimmung einzufordern, werden in der Theorie der kausalen Orientierung erklärt. (5) Die Zielzufriedenheitstheorie hebt die Bedeutung der intrinsischen Ziele für das Wohlbefinden allgemein, aber auch für die Handlungsmotivation hervor.

Wie die aktuelle Forschung zeigt, beeinflussen spezifische Bedingungen des Unterrichts und organisationale Merkmale der Schule, aber auch die Lehrer-Schüler-Beziehung und die Peerbeziehungen die Motivation der Lernenden. Mit Blick auf die Selbstbestimmungstheorie lassen sich Angebote entwerfen, die die intrinsische Motivation der Lernenden nachhaltig positiv beeinflussen. Hier spielt z. B. die Art der Aufgabenstellung, aber auch die Qualität der Rückmeldung im Lernprozess eine entscheidende Rolle (Wigfield et al. 2012).

Diese Befunde verweisen einmal mehr auf die besondere Bedeutung der Leistungsmotivation. Wir sprechen von Leistungen, wenn wir ein besonderes Ergebnis sehen, wenn sich zeigt, dass besondere Schwierigkeiten gemeistert wurden, wenn die Bemühungen auch hätten scheitern können, wenn die Leistungen unter Bezug auf einen Maßstab bewertet werden können, wenn das Ergebnis dieser Person zugeschrieben werden kann und es auf die Fähigkeit oder das Bemühen des Handelnden zurückgeführt werden kann. Die frühe Motivationsforschung zeigte, dass sich Menschen danach unterscheiden, ob sie eher Erfolg suchen oder Misserfolg meiden. Erfolgsmotivierte stellen sich mehr Herausforderungen mit einem mittleren Schwierigkeitsgrad. Hoffnung auf Erfolg oder Furcht vor Misserfolg spielen wohl eher eine besondere Rolle im Hier und Jetzt als bei mittel- oder langfristigen Zielen. Die Leistungsbereitschaft ist auch ganz wesentlich dadurch beeinflusst, welchen Anreizwert das Ziel hat und ob das Erreichen dieses Ziels für wahrscheinlich gehalten wird. Unter Bezugnahme auf diese grundlegenden Überlegungen der Erwartungs-x-Wert-Theorien wäre zu überlegen, wie der Aufforderungscharakter pädagogischer Situationen gesteigert werden kann. So könnte die pädagogische Begleitung darauf abzielen, die Erwartungen durch Rückmeldungen zu Teilerfolgen positiv zu beeinflussen (Lund et al. 2001; Schmitz 2001; Wigfield et al. 2012; Beiträge in Zimmermann/Schunk 2011).

Von entscheidender Bedeutung ist, ob die Lernenden den Lernerfolg sich selbst oder anderen Faktoren zuschreiben. Die internale Zuschreibung könnte einerseits stabil auf die eigene Begabung und Fähigkeiten erfolgen, oder variabel auf die Anstrengung oder die eigene Tagesform. Wurden dagegen eher die Schwierigkeit der Aufgabe oder die Launen der Lehrenden als Argumente angeführt, würde es sich dabei um eine entweder stabile oder variable, dann allerdings externale Zuschreibung handeln. Ob ein Schüler einen Misserfolg auf seine mangelnde Begabung oder seine ungenügende Anstrengung zurückführt, wird erhebliche Auswirkungen auf sein zukünftiges Verhalten haben. Im ersten Fall dürfte er es für sinnlos halten, sich um eine Verbesserung zu bemühen, im zweiten Fall hat er einen ganz konkreten Ansatzpunkt, seine Leistungen zu steigern.

Mit der Frage nach der Zuschreibung von Erfolg und Misserfolg stehen wir am Ende des Handlungsprozesses. Heckhausen und Gollwitzer unterscheiden in ihrem »Rubikonmodell« zum handlungspsychologischen Prozess vier Phasen: (1) Zunächst gilt es in der prädezisionalen Phase, Handlungsmöglichkeiten und Handlungsfolgen einzuschätzen. Das Ergebnis ist die Intentionsbildung. (2) In der präaktionalen Phase geht es jetzt mehr um die Realisierung der entworfenen Möglichkeiten. Es geht nun weniger um das »Was« sondern mehr um das »Wie« und »Wann«. Ziele und Intentionen werden geordnet. Wichtiges rückt in der Rangreihe auf die ersten Plätze. (3) Das Engagement der aktionalen Phase hängt von der Volitionsstärke ab. Wird das Ziel erreicht, nimmt die Intention ab. (4) Anschließend folgt eine Bewertung des Handelns und seiner Ergebnisse (s. Abb. 8). Wurde das Handlungsziel nicht erreicht, kann es zu einer Rückkopplung auf die erste Handlungsphase kommen. Möglichkeiten und Folgen des Handelns müssen allenfalls neu bewertet werden. Wie sich zeigt, sind Menschen in der prädezisionalen Handlungsphase noch offen für neue Informationen. Beratung zu Handlungszielen, zu Optionen und Grenzen ist möglich. Wird bereits die Umsetzung in den Blick genommen, ist die Bereitschaft, neue Informationen aufzunehmen, eher begrenzt. Auch in diesem Sinn ist eine Grenze überschritten, in der es nun eher darum geht, die getroffene Entscheidung zu verteidigen als weiterhin offen abzuwägen. Die Entscheidung für ein bestimmtes Ziel gilt als der »Rubikon« (Heckhausen/Gollwitzer 1987; Heckhausen/Heckhausen 2006).

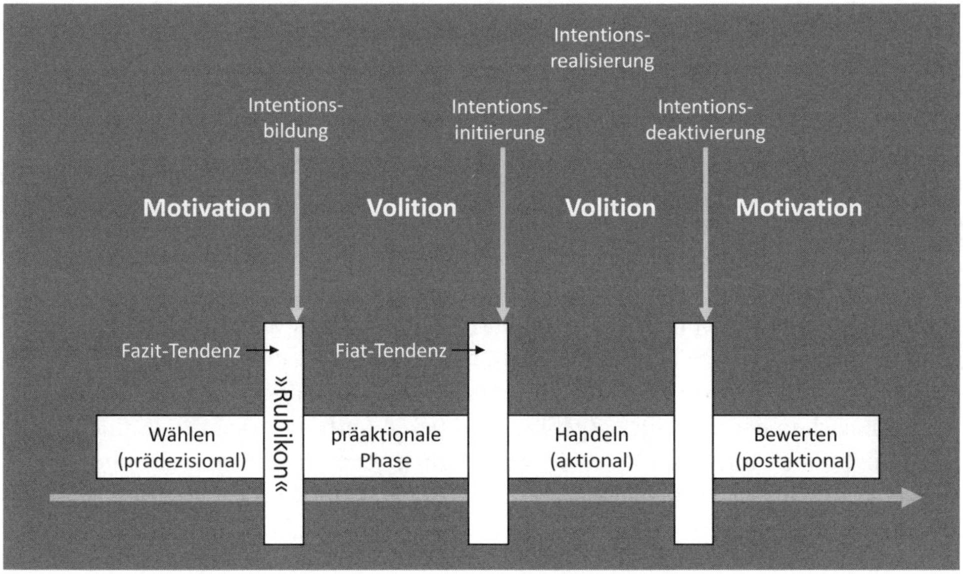

Abbildung 8: Rubikonmodell, nach Heckhausen/Gollwitzer 1987, Gollwitzer 1987

Begleitende Angebote sollten sich darauf beschränken, Störungen auszuschließen und Konzentration und Ausdauer zu erhalten. In der Bewertung des Handlungsprozesses und der Handlungsfolgen kann es hilfreich sein, noch einmal einen Blick auf die verschiedenen Phasen zu werfen. Um Selbstbild und Selbstwert positiv zu stabilisieren, könnte hier eine Attribution des Handlungserfolgs auf eigene Stärken oder die Zuschreibung eines Misserfolgs auf variable und kontrollierbare Faktoren nahegelegt werden (Heckhausen/Gollwitzer 1987; Gollwitzer 1987).

2.4 Umwelten

Sowohl im Lernen, wie auch im Denken und in der Motivation spielen Umwelteinflüsse ganz allgemein, dann aber auch soziale Beziehungen eine wichtige Rolle (Oishi 2014; Gifford 2014). Mit der Frage nach der Bedeutung sozialer Beziehungen für Lehren und Lernen über den Entwicklungslauf verbindet sich auch die Frage, inwiefern wichtige Grundlagen des Lehrens und Lernens angeboren sind oder im Laufe der Entwicklung durch äußere Einflüsse und eigenes Tun erworben werden.

Definition

Inzwischen konnte die Forschung zeigen, dass sowohl Gene als auch Umweltfaktoren die Entwicklung der Intelligenz entscheidend beeinflussen. Zudem wurde deutlich, dass es zwischen Genotyp und Umwelt vielfältige Interaktionen gibt.

Schließlich sind es die biologischen Eltern, die in den allermeisten Fällen eine bestimmte Erziehungsumwelt gestalten und damit die Entwicklung des Kindes beeinflussen. Gruber et al. (2001) spricht hier von einem passiven Zusammenhang. Kinder werden aber auch selbst als Akteure ihrer Entwicklung verstanden. Entsprechend ihrer auch genetisch bedingten Merkmale nehmen sie Einfluss auf ihre soziale Umwelt. Zum Beispiel lernen Eltern auf ihre neugeborenen Kinder einzugehen. Dies ist für Gruber ein Beispiel für einen evozierenden Zusammenhang. Und schließlich scheinen, als aktiver Zusammenhang, Kinder insbesondere auf jene Anregungen zu fokussieren, die am ehesten ihrem Genotyp entsprechen. Es ist davon auszugehen, dass der Einfluss genetischer Faktoren im Lauf der Ontogenese, also über die individuelle Entwicklung hinweg abnimmt. Entsprechend formulierte Baltes (1997), dass im Alter die Vorteile der evolutionären Selektion abnehmen, dass Bedarf an Kultur zunimmt, dass aber zugleich auch die Effektivität von Kultur als Einflussgröße über den Lebenslauf nachlässt. Um sich in den Bedingungsgefüge orientieren und entwickeln zu können, muss das Individuum zunehmend Entwicklungsverluste ausbalancieren. Baltes beschreibt dies in seiner allgemeinen und systemischen Entwicklungstheorie als selektive Optimierung mit Kompensation (S.O.K.). Dabei bezieht sich Selektion auf die denkbaren Entwicklungsziele, z.B. die Bildung und Auswahl von Zielen. Optimierung zielt auf die Verbesserung der Ressourcen und Mittel, etwa wenn es um die Aneignung von

Fähigkeiten und Fertigkeiten oder um den Einsatz von Zeit und Engagement geht. Kompensation steht für die adaptive Reaktion auf den Verlust, etwa durch den Einsatz von Ressourcen, Mobilisierung von Reserven, eine gesteigerte Aufmerksamkeit und das Annehmen von Hilfen und Unterstützung. Bei alldem geht es um persönliches Wachstum, um die Aufrechterhaltung der Lebensperspektiven und die Regulation von Verlusten (Lang/Scheel 2012).

Bereits mit dem bisher Gesagten wird deutlich, dass es eine Vielzahl relevanter Umweltfaktoren gibt. Mit unserem Anliegen, Lehren und Lernen über die Lebensspanne zu verstehen, muss man zudem fragen, wie sich diese Faktoren über den Lebenslauf verändern. Um mögliche Einflussgrößen zu ordnen, ist das von Bronfenbrenner (1917–2005; 1979, 1999) entwickelte Modell hilfreich (s. ausführlicher Kap. 12). Er unterscheidet unterschiedliche Umweltsysteme, die in einer verschachtelten Struktur einander zugeordnet sind. Das ort- und zeitspezifische tätigkeits- und rollenabhängige Beziehungsgefüge zwischen Person und Umwelt bezeichnet er als Mikrosystem. Das Mesosystem besteht aus den wichtigen Settings, in denen sich eine Person zu einem bestimmten Zeitpunkt ihres Lebens befindet. Dabei sind Vernetzungen zwischen den Mikrosystemen für die Entwicklung förderlich. Veränderungen im Entwicklungslauf entsprechen oft Übergängen von einem Mikrosystemen zum nächsten. Solche ökologischen Übergänge versteht Bronfenbrenner als Motor für die Entwicklung. Mikro- und Mesosystem sind von weiteren formellen und informellen sozialen Strukturen beeinflusst, dem Exosystem. Übergeordnete Muster der Kultur sind dem Makrosystem zugeordnet. Später fügte Bronfenbrenner seiner Systematik noch das Chronosystem hinzu, indem sich besondere biografische Übergänge abbilden. Aus pädagogischer Sicht ist die Gestaltung der entwicklungsrelevanten Settings von besonderer Bedeutung. Dies betrifft die Gestaltung der sozialen Beziehungen genauso wie die der physischen und symbolischen Aspekte der Umwelt. Diese Merkmale des Settings müssten zunehmend komplexere und anspruchsvollere Interaktionen und Handlungen ermöglichen (Bronfenbrenner 1979, 1999). Inzwischen haben wir ein recht gutes Verständnis davon, was dies für die Gestaltung angemessener Settings in Kindertagesstätte oder Schule heißen könnte. Für die Hochschule als Lernumwelt, für die betriebliche Bildung, für die Erwachsenen- und Altenbildung sind hier jedoch noch viele Fragen offen. Erste Antworten werden wir dazu in den später folgenden Kapiteln geben.

Teil II: Praxis

3 Pädagogisch-psychologische Praxis

Welche Aufgaben haben Psychologinnen und Psychologen in Tätigkeitsfeldern der Pädagogischen Psychologie? In diesem Kapitel wollen wir uns mit Diagnostik, Förderung, Beratung und Training in den Arbeitsfeldern der Pädagogischen Psychologie beschäftigen. Eine Profession definiert sich ganz wesentlich über ihre berufliche Praxis. Aber auch für Mitglieder anderer Professionen mag ein Blick auf die pädagogisch-psychologische Praxis interessant sein. Schließlich wird so klar, was z. B. im schulischen Alltag von Psychologinnen und Psychologen erwartet werden kann, wie sich die Professionen unterscheiden und welche Anregungen sich aus der pädagogisch-psychologischen Praxis für die eigene Tätigkeit ableiten lassen.

3.1 Diagnostik

Ziele der Diagnostik

Ganz allgemein geht es in der Diagnostik darum, ein Bedingungsmodell zu erstellen, das die relevanten Faktoren benennt, sie beschreibt und dabei auch die Zusammenhänge zwischen den Variablen berücksichtigt. Es werden also Informationen gesammelt, damit sie später als Arbeitsgrundlage genutzt werden können. Um sicherzustellen, dass es sich um wertvolle Informationen handelt, muss der diagnostische Prozess verschiedenen Standards genügen. Mit dem Ziel, eine Arbeitsgrundlage zu entwickeln, die auch von den Klientinnen und Klienten mitgetragen wird, sind vielfältige Entscheidungen zu treffen (Pawlik 1982a, 1982b; Reinecker 1994; Wild/Krapp 2001; Wilhem/Kunina 2009): Sollte in der Diagnostik auf Aspekte der Leistungsfähigkeit fokussiert werden, oder sollen eher Einstellungen Thema werden? Geht es eher darum, den Ist-Stand zu erheben, oder sollen Prozesse eingeschätzt werden? Sollen die Daten mit entsprechenden Normwerten verglichen werden oder soll unabhängig von einer Norm geprüft werden, ob ein bestimmtes Kriterium erfüllt wurde? Soll mit den gewählten Aufgaben eine Stichprobe möglicher Verhaltensweisen gezogen werden, oder soll alles, was relevant sein könnte, dokumentiert werden? Wie kann Objektivität bei der Durchführung und Auswertung sichergestellt werden? Inwiefern können wir davon ausgehen, dass die gewählten Verfahren reliabel sind? Und wie sicher können wir sein, dass ein Verfahren auch wirklich das misst, was es messen soll? Welche Kombination von verschiedenen Verfahren kompensiert am ehesten mögliche Schwächen einzelner Methoden?

Gütekriterien: Objektivität, Reliabilität und Validität sind wichtige Gütekriterien psychologischer Diagnostik. Als Qualitätsmerkmale stehen sie für Idealnormen. Schließlich müssen wir bedenken, dass Klientinnen und Klienten eine eigene Sicht auf den Prozess und die Ergebnisse haben. Wenn es darum geht, am Ende des diagnostischen Prozesses über ein Bedingungsmodell zu verfügen, das von beiden Seiten getragen wird, so müssen wir den gesamten Verlauf als Prozess der Ko-Konstruktion verstehen. Statt um Objektivität aus Sicht des Diagnostikers geht es um Intersubjektivität aus der Perspektive aller Beteiligten. Dass Reliabilität und Validität in einem widersprüchlichen Verhältnis stehen, erschwert die Auswahl geeigneter Verfahren. Denn je genauer ein Verfahren ist, umso weniger valide sind die Resultate. Es mag sein, dass bestimmte Parameter, etwa neurophysiologische Werte exakt zu bestimmen sind. Es ist jedoch nicht immer leicht zu entscheiden, welche Bedeutung diese Daten dann für die Fragestellung haben. Umgekehrt können bestimmte diagnostische Fragen oder Items geradezu auf der Hand liegen, es ist jedoch Skepsis angesagt, ob ein solches Vorgehen dann auch valide ist. Ein weiteres Problem mahnt zur Vorsicht bei der Auswahl und Interpretation. Aufgrund von gesellschaftlich-historischem und kulturellem Wandel können diagnostische Verfahren an Aussagekraft verlieren. So genannte Kohorteneffekte verlangen, dass testdiagnostische Verfahren immer wieder neu standardisiert werden.

Die psychologische Diagnostik kann einerseits genutzt werden, um Personen für spezifische Bedingungen auszuwählen. Diese Selektionsstrategie versucht dann z.B. in der Schulpädagogik Kinder entsprechend ihrem Leistungsprofil bestimmten Schulformen zuzuweisen. Im Unterschied dazu strebt die Modifikationsstrategie eine Verbesserung von Verhalten und/oder den externen Bedingungen an (Pawlik 1982a; Stegie 1988; Rentzsch/Schütz 2009)

Gängige Verfahren

Üblicherweise ist psychologischen Diagnostik ein Prozess, an dessen Beginn die Anamnese steht. Dabei muss das anamnestische Gespräch nicht bereits beim ersten Kontakt oder im Erstgespräch erfolgen. Während das erste Gespräch dem gegenseitigen Kennenlernen dient und nur eine erste Orientierung gibt, verfolgt die Anamnese das Anliegen, gezielte Informationen zum Vorstellungsgrund zu erheben. Dies kann anhand eines mehr oder weniger standardisierten Ablaufs erfolgen (vgl. Tab. 7).

Tabelle 7: Beispiele anamnestischer Fragen

Daten zur Person	Name, Geburtsdatum, Anschrift, Eltern, ...
Vorstellungsgrund	Weswegen kommen Sie zu uns? Was haben Sie bisher wegen des Problems unternommen?
Überweisende/Ansprechpartner	Wer hat Sie auf uns aufmerksam gemacht?
familiäre und soziale Situation	Wer gehört zur Familie? Wie sind die Kontakte z.B. zu Großeltern oder anderen Verwandten?
Wohnumwelt	Wie wohnen Sie (Lage der Wohnung, Räume, Platz zum Spielen ...)?

Schwangerschaft	Wie war die Schwangerschaft? Wie gelang es Ihnen, sich auf das Kind einzustellen? Gab es besondere Vorkommnisse?
Neugeburtsperiode	Wie war die erste Zeit mit dem Kind? Was fiel leicht? Was war eher schwer?
Säuglingsalter	Wie waren die ersten Monate? Wurde das Kind gestillt?
motorische Entwicklung	Wann konnte das Kind in Bauchlage den Kopf heben? Wann konnte es sitzen, laufen, Dreirad fahren, Fahrrad ohne Stützräder fahren, ...? Wie steht es mit der Entwicklung der Feinmotorik?
aktuelle Kompetenzen in der Motorik	Welche Bewegungen beherrscht Ihr Kind besonders gut?
sprachliche Entwicklung	Wann kamen die ersten Worte, Zweiwortsätze und erste längere Sätze?
aktuelle Kompetenzen im Sprachverständnis und im Sprechen	Was spricht Ihr Kind (Länge der Sätze, Qualität von Grammatik und Aussprache ...)
Konzentration/Wahrnehmung	Kann sich Ihr Kind gut konzentrieren? Was macht es gerne, womit beschäftigt es sich lange?
aktuelle Kompetenzen	Spielt Ihr Kind gerne Spiele, die besondere Konzentration oder genaue Wahrnehmung verlangen – oder meidet es solche Spiele?
Kindergarten	Wie war der Start im Kindergarten? Gab es Schwierigkeiten bei der Eingewöhnung? Was hat den Eintritt in den Kindergarten erleichtert, was hat ihn erschwert? Hatte oder hat Ihr Kind im Kindergarten Freundinnen und Freunde, ist es sozial integriert?
Schule	Wie war der Start in der Schule? Gab es Probleme beim Übergang? Geht Ihr Kind jetzt gerne in die Schule? Gibt es Aufgaben oder Fächer, die ihm Freude machen? Wie würden Sie die Beziehung zur Lehrerin oder zum Lehrer beschreiben? Wie stehen Sie selbst zur Schule und zum Unterricht? Sind Sie mit den Leistungen Ihrer Tochter bzw. Ihres Sohnes zufrieden?
Beruf	Welche Wünsche haben Sie für Ihr Kind? Was soll es später werden? Äußert Ihr Sohn oder Ihre Tochter bereits Wünsche bezüglich des späteren Berufs?
Sozialverhalten	Wie geht Ihr Kind mit Ihnen, den Geschwistern, Freunden oder Erwachsenen um?
Medien	Wieviel Zeit verbringt Ihr Kind mit Fernsehen, PC, Smartphone und Internet? Welche Sendungen dürfen zu welchen Zeiten angeschaut werden? Welche Spiele werden wie lange gespielt? Welchen Stellenwert haben andere Beschäftigungen und Interessen (Sport, Spiel im Freien, Kinder- und Jugendgruppen etc.) neben den Medien?
Tagesablauf	Wie würden Sie den Tagesablauf Ihres Kindes beschreiben? Wie sieht der Alltag Ihres Kindes aus? Ist dieser Ablauf so die Regel? Welche Ausnahmen gibt es, wann? Wie sind Ausnahmen begründet?
Krankheiten	Welche Krankheiten hat Ihr Kind bisher durchmachen müssen? Welche Kinderkrankheiten und welche besonderen Erkrankungen? Waren medizinische Eingriffe und Operationen notwendig?

frühere und laufende Therapien	Hat Ihr Kind bereits Therapien oder andere Förderangebote besucht? Welche Angebote laufen momentan (Bereiche, Zeitaufwand, Bereitschaft des Kindes, fachliche Begründungen oder persönliche Sichtweisen der Eltern)?
Absprachen	Wie soll es weitergehen (Absprachen bezüglich Diagnostik, Erhebung von Fremddaten, nächsten Terminen, Finanzierung ...)?

Es ist wichtig, dass sich das anamnestische Gespräch nicht nur auf Probleme und Defizite bezieht. Genauso wichtig wie Schwächen sind die Stärken und Ressourcen. Schließlich könnten sie im weiteren Verlauf von Beratung und Förderung von entscheidender Bedeutung sein. Wichtige Informationen können auch Verhaltensbeobachtungen geben. Diese können frei und unstrukturiert sein, von kurzer Dauer sein oder längere Sequenzen umfassen, auf bestimmte Aufgaben und Anforderungen fokussieren oder die freie Beschäftigung in den Blick nehmen. Denkbar ist auch, dass eine bestimmte Situation vorgegeben wird oder man z. B. Leistungssituationen im alltäglichen Handeln beobachtet. Genauso wie in der Anamnese sollten auch in der Verhaltensbeobachtung neben den Schwächen, Stärken und Ressourcen deutlich werden (Kubinger 1995; Steinebach 2003, 2006b; Petermann/Lohbeck 2013; Lohbeck/Petermann 2015).

Tabelle 8: Begriffe zur Beschreibung beobachteten Verhaltens

Aspekt	Skala, defizitorientiert	Belege für Kompetenz
Leistungsmotivation	lustlos vs. übertrieben	zuversichtlich, engagiert
Arbeitseinstellung	sozial- vs. sachorientiert	angemessen balanciert
Aufmerksamkeit	leicht ablenkbar vs. rigid	positiv fokussiert
Ausdauer	ermüdet schnell vs. verbissen	prozessorientiert
Arbeitsgenauigkeit	flüchtig vs. pedantisch	effizient
Arbeitstempo	langsam vs. hektisch	angemessen
Selbstständigkeit	sucht Hilfe vs. lehnt Hilfe ab	bedarfsorientiert
Selbsteinschätzung	unsicher vs. überschätzt sich	positiv wertschätzend
Frustrationstoleranz	regrediert vs. wird aggressiv	belastbar
Aufgabenkritik	überkritisch vs. unkritisch	angemessen reflektierend
Grundstimmung	traurig vs. ausgelassen	zufrieden, interessiert
Antrieb	träge vs. getrieben	neugierig
Kontaktverhalten	gehemmt vs. distanzlos	offen, kontrolliert
Wahrnehmung	ungeordnet vs. detailfokussiert	angemessen fokussiert
Grobmotorik	schwerfällig vs. zappelig	flexibel angepasst
Feinmotorik	zittrig vs. verkrampft	ruhig, kraftvoll
Händigkeit	wechselnd vs. festgelegt	flexibel mit Dominanz
Sprachverhalten	wortkarg vs. gesprächig	situationsangemessen

Aspekt	Skala, defizitorientiert	Belege für Kompetenz
Lautbildung	stottert vs. undeutlich	moduliert
Ausdrucksvermögen	einfach vs. gekünstelt	differenziert

Es ist zu bedenken, dass Beobachtungen von Fehlern in der Wahrnehmung beeinflusst sind. Mit Greve und Wentura (1991, 1997) können wir verschiedene Fehlerquellen unterscheiden. Die Tabelle 9 gibt dazu eine Übersicht.

Tabelle 9: Beobachtungsfehler (Auswahl, vgl. Greve/Wentura 1991, 1997; Steinebach 2003, S. 119–120).

Primäre Quelle	Bereich	Fehler
Fehler des Beobachters	Wahrnehmung	*Konsistenzeffekte* aufgrund des Strebens, zu in sich stimmigen, widerspruchsfreien Urteilen zu gelangen.
		Einfluss vorangehender Information, die entsprechende Erwartungen schafft.
		Projektion als Ausdruck der Tendenz, das zu sehen, was man bei sich wahrnimmt oder für sich befürchtet.
		Erwartungseffekte im Sinne einer primären Wahrnehmung dessen, was erwartet oder gewünscht wird.
		Emotionale Beteiligung führt zu einer Verzerrung der Wahrnehmung aufgrund von persönlichen Interessen.
		Logischer oder theoretischer Fehler als Ausdruck einer Tendenz, entsprechend den eigenen Überzeugungen und naiven Theorien zu urteilen.
		»*Observer drift*«, indem sich die Beobachtungskriterien im Laufe der Beobachtung schleichend ändern.
	Interpretation	*Zentrale Tendenz*, weil Personen in der Regel extreme Wertungen meiden.
		Persönliche Tendenzen oder Dispositionen, etwa als Neigung zu »milden« Urteilen, zum »Ja-Sagen«, zur Kontrastbildung oder zur sozialen Erwünschtheit.
	Erinnerung	*Kapazitätsgrenzen* führen u. U. zu »primacy-recency«-Effekten. Man merkt sich eher die ersten und letzten Begriffe oder Begebenheiten einer längeren Reihe.
		Erinnerungsverzerrungen und -selektionen, indem das Gedächtnis gespeicherte Sachverhalte bei Abruf modifiziert und umbaut.
	Wiedergabe	Mögliche Verzerrungen bei der Wiedergabe etwa aufgrund von *Konformitätsdruck*.
Fehler der Beobachtung	Aktivitäten der Beobachteten	*Reaktivitäts- und Erwartungseffekte*, indem sich die Beobachteten aufgrund der Beobachtung anders verhalten, z. B. in Richtung auf phantasierte Erwartungen der Beobachtenden (Hawthorne-Effekt).
	Situation	*Beobachtungs- und Untersuchungsbedingungen*, indem z. B. eine Beobachtung in der Laborsituation zu Verzerrungen führt.

Primäre Quelle	Bereich	Fehler
Fehler der Beobachtung	Verfahren	*Probleme des Beobachtungssystems*, indem durch die ungeschickte Wahl von Gegenstand, Prozess, Kategorien und Skalen Validität, Reliabilität und Objektivität gefährdet werden.

Anamnese und Verhaltensbeobachtung scheinen mit Blick auf ihre möglichen Fehlerquellen in vielerlei Hinsicht problematisch. Von daher ist es naheliegend, auch psychologische Testverfahren einzusetzen. Bei der Auswahl geeigneter Tests sollte darauf geachtet werden, dass (1) die Normierung des Tests noch aktuell ist und die Normstichprobe repräsentativ ist. (2) Die resultierenden Testwerte sollten die empirischen Verhaltensrelationen angemessen wiedergeben (Gütekriterium der Skalierung). (3) Das Verfahren sollte ökonomisch sein, d.h. Aufwand und Ertrag sollten ausgewogen sein. (4) Außerdem sollte die Durchführung zumutbar und (5) die Ergebnisse sollten von Nutzen sein. (6) Die Testergebnisse sollten nicht durch die Probandinnen und Probanden verfälscht werden können. (7) Schließlich sollte die Anwendung des Tests für jeden Einzelfall fair sein, d.h. niemand sollte aufgrund von Eigenheiten benachteiligt sein (vgl. ausführlicher Kubinger 1995). Die Tabelle 10 nennt einige der gängigen testdiagnostischen Verfahren der Pädagogischen Psychologie.

Tabelle 10: Auswahl testdiagnostischer Verfahren

Test	Gegenstand	Zielgruppe
1. Interessenstests		
Allgemeiner Interessen-Struktur-Test mit Umwelt-Struktur-Test (AIST-R; Bergmann/Eder 2005)	Berufsorientierung, Berufsentscheidung, innerbetriebliche Laufbahn- und Personalentscheidungen	Jugendliche ab dem 14. Lebensjahr und Erwachsene
Kompetenzanalyseverfahren (KANN, Petermann et al. 2012)	Anwendung u.a. in der Kinder- und Jugendhilfe, Schulpsychologie sowie Sonderpädagogik	Fremdbeurteilung von Kindern und Jugendlichen im Alter von 6 bis 18 Jahren
2. Intelligenztests		
Wechsler Intelligence Scale for Children/Fourth Edition (Petermann/Petermann 2011)	Intelligenzdiagnostikum mit 15 Untertests, es lassen sich Kennwerte für unterschiedliche Aspekte bilden	Kinder und Jugendliche der Altersgruppe von 6;0 bis 16;11 Jahren
3. Leistungstests		
Test d2 Aufmerksamkeits-Belastungs-Test, Revision (Brickenkamp et al. 2010)	Tempo und Sorgfalt, Aufmerksamkeit und Konzentration	9 bis 59 Jahre
Konzentrationstest für 3. und 4. Klassen (KT 3–4, Nell et al. 2004)	Genauigkeit, Arbeitstempo und Art der Fehler bei Konzentrationsleistungen	3. und 4. Klassen

Test	Gegenstand	Zielgruppe
4. Persönlichkeitstests		
Fragebogen zu Kompetenz- und Kontrollüberzeugungen (FKK, Krampen 1991)	Kompetenz- und Kontrollüberzeugungen	Jugendliche ab 14 Jahre und Erwachsene
Aussagenliste zum Selbstwertgefühl für Kinder und Jugendliche (ALS, Schauder 2011)	dient der differenzierten Erfassung des Selbstwertgefühls von Kindern und Jugendlichen	Kinder und Jugendliche im Alter von 8;0 bis 15;11 Jahren
5. Entwicklungstests		
Skala zur Einschätzung des Sozial-Emotionalen Entwicklungsniveaus (SEN, Hoekman et al. 2012)	Einschätzung des sozial-emotionalen Entwicklungsniveaus, in Entwicklungsjahren ausgedrückt	Entwicklungsalterspanne von 0 bis 14 Jahren.
Der Wiener Entwicklungstest (WET, Kastner-Koller/Deimann 2012)	relevante Funktionsbereiche, allgemeiner Entwicklungsstand	3 bis 6 Jahre
6. Schultests		
Mathematisches Strategiewissen für 5. und 6. Klassen (MAESTRA 5–6+, Lingel et al. 2014)	enthält charakteristische Anforderungssituationen des Mathematikunterrichts am Beginn der Sekundarstufe I und dient der Erfassung von Strategiewissen im Bereich des mathematischen Problemlösens	vom 2. Halbjahr Jahrgangsstufe 5 bis 1. Halbjahr Jahrgangsstufe 7
Kreativitätstest für Vorschul- und Schulkinder (KVS-P, Krampen 1996)	verschiedene Dimensionen kreativen Verhaltens	Kinder von 4 bis 11 Jahren
7. Verfahren zur Beziehungsdiagnostik		
Strukturiertes Interview zur Erfassung der Kind-Eltern-Interaktion (Skatche et al. 2013)	Diagnostik der emotionalen Beziehungen zu den primären Bezugspersonen	Kinder von 4 bis 7 Jahren
Familiensystemtest (FAST, Gehring 1998)	Kohäsion und Hierarchie im Familiensystem	Probanden ab 6 Jahren

Von diesen testdiagnostischen Verfahren, die sich im Wesentlichen an den Vorgaben der klassischen Testtheorie orientieren und anhand der Kriterien von Objektivität, Reliabilität und Validität entwickelt wurden, unterscheiden sich die so genannten Lerntests. Hier geht es darum, in einer in besonderer Weise gestalteten Anforderungssituation etwas über Lern- und Denkprozesse und über die benötigten Lernhilfen und Feedbacks zu erfahren. Zudem soll nicht nur die aktuelle Leistungsfähigkeit, sondern auch die Fähigkeit zur Leistungssteigerung erfasst werden. Im Vordergrund steht also die Lernprozessdiagnostik, die in vielerlei Hinsicht den Anliegen der Förderdiagnostik folgt (Guthke 1999; Kornmann 1999).

3.2 Beratung

Definition

»Allgemein können wir sagen, dass Beratung ein bevormundungsfreier Prozess ist, indem Probleme im Verhalten, Handeln und Erleben der Ratsuchenden unter Bezugnahme auf Theorien in einem als Beratung ausgewiesenen Setting durch Information und Reflexion geklärt und Lösungsversuche begleitet werden« (Steinebach 2013, S. 55).

Demnach ist Beratung ein kommunikatives Geschehen, in dem die Ratsuchenden als Experten für ihre Lebenssituation gelten und die Beratenden Expertinnen und Experten für den Prozess und das Setting sind. Auch für die Beratung gilt die ethische Forderung nach einem »informed consent«, d.h. nach Transparenz von Zielen und Mitteln der Beratung und der freiwilligen Zustimmung zur Beratung. Professionelle Beratung zeichnet sich durch die Bezugnahme auf Theorien aus. Im Umfeld von Lehren und Lernen können dies die in diesem Buch bisher angesprochenen Theorien sein und viele andere mehr.

Beratungstheorien

Psychologische Beratungstheorien geben eine grundlegende Orientierung zum Beratungsprozess. Üblicherweise werden hier psychodynamische Theorien, verhaltensorientierte, humanistische und systemische Beratungstheorien unterschieden.

Die psychodynamischen Beratungstheorien beziehen sich unter anderem auf das freudsche Instanzenmodell und erklären die bestehenden Probleme aus den Spannungen und Konflikten zwischen Es, Ich und Über-Ich. In der Beratung finden Übertragung und Gegenübertragung besondere Beachtung. Zu den systemisch-kommunikativen Weiterentwicklungen dieser Theoriengruppe zählt auch die Transaktionsanalyse.

Verhaltensorientierte Beratungsansätze verstehen das Problemverhalten als erlernt. Die Lerngeschichte wird Thema, genauso wie Möglichkeiten des Aufbaus neuer Verhaltensweisen. Kognitive und emotionale Aspekte werden in der Gestaltung von Lernprozessen zur Verhaltensänderung mitberücksichtigt.

Dass der Mensch im Kern gut ist, ist die zentrale Annahme humanistischer Beratungsansätze. Ganzheit, Individualität, Bewusstheit, Freiheit und Verantwortung, aber auch Intentionalität werden als wesentliche Merkmale eines Menschen verstanden. Ziel ist es, die Aktualisierungstendenz und in einer offenen, echten Haltung und positiven Wertschätzung, Selbstakzeptanz und Selbstaktualisierung zu fördern.

In der systemischen Beratung liegt der Fokus auf der Bedeutung des sozialen Systems, auf der individuellen und sozialen Konstruktion des Problems und möglicher Verhaltensalternativen. Störungen verweisen auf Probleme im System. Problematische Kommunikationsstrukturen und -muster sollen erkannt, reflektiert und verändert werden. Im schulischen Umfeld und bei Erziehungsfragen kann dies die Einbeziehung des ganzen Familiensystems, der Freunde oder auch des Klassenverbandes notwendig machen.

Beratungspraxis

In aller Regel finden wir in der Beratungspraxis eine zumeist implizite Bezugnahme auf alle vier Grundtheorien. Die Beziehungsgestaltung erfolgt häufig mit Blick auf humanistische Beratungskonzepte, mögliche Kommunikationsprobleme werden nicht selten als Probleme von Übertragung und Gegenübertragung angesprochen, die Entstehung konkreter Verhaltensprobleme wird häufig mit Blick auf die unterschiedlichen Lerntheorien gedeutet, aber unter Beteiligung des ganzen Systems, z. B. der Familie, reflektiert. Es muss das Anliegen der Beratung sein, nachhaltig Veränderungen zu ermöglichen. Um dies zu erreichen, sollte die Problemorientierung um die Ressourcen- und Bedürfnisorientierung erweitert werden (vgl. Abb. 9 in Anlehnung an Steinebach 2013, S. 59).

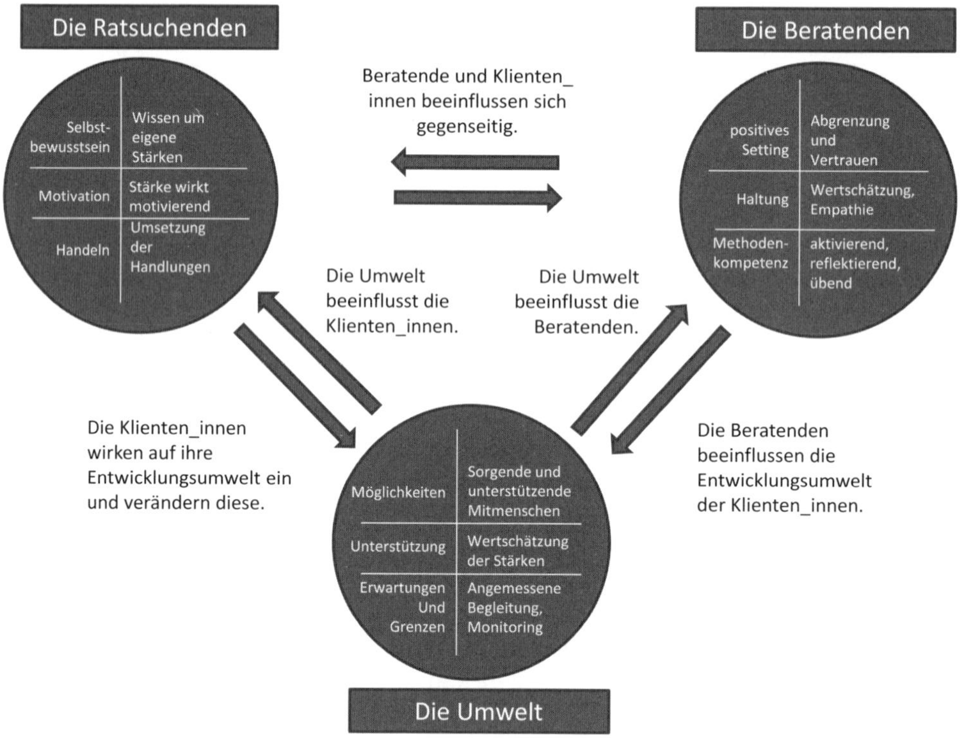

Abbildung 9: Stärkenorientierung in der Beratung

Gute Alternativen bekommen oft erst eine Chance, wenn allen Beteiligten deutlich wird, dass die neue Situation viel eher ihren Bedürfnissen gerecht wird und die verfügbaren Ressourcen besser nutzt (Steinebach 2013).

In den Feldern der Pädagogischen Psychologie sind unterschiedliche Beratungsangebote zu unterscheiden. So versucht die Entwicklungsberatung Informationen über Entwicklungsstand, mögliche Ziele und angemessene Angebote zur Entwicklungsförderung zu geben. Eine solche Beratung begleitet oft die spezifische Förderung von Kindern. In der Erziehungsberatung geht es um die Reflexion des Erziehungsverhaltens und der Verhaltensweisen des Kindes. In der Familienberatung wird dieses Anliegen fortgeführt, allerdings steht nun die familiale Kommunikation im Mittelpunkt. Familienstruktur und Kommunikationsmuster werden zum Gegenstand.

Neben diesen Beratungsansätzen für Kinder, Jugendliche und Eltern ist aber auch an Beratungsangebote für die Fachkräfte zu denken, z.B. an das Coaching von Leitenden in Bildungseinrichtungen. Hier wird u.a. das Führungsverhalten reflektiert, um die Entwicklung einer positiven Kultur der Einrichtung zu fördern. Fallbezogene Reflexionen im Kollegenkreis oder Angebote zur Teamentwicklung erfolgen meist in der Supervision. Hier sind unterschiedliche Beratungsmodelle denkbar. So auch die kollegiale Fallberatung oder andere Gesprächsangebote in der kollegialen Peer-Group.

Die lebensbezogene Beratung stellt ein weiteres wichtiges Beratungsangebot im Erwachsenenalter dar. So entsteht ein zunehmender Bedarf im Bereich der psychologischen Lebensberatung, welche nicht erziehungs- oder arbeitsbezogen sein muss, sondern der Life Domain Balance dient, der Förderung von Selbststeuerung und Wohlbefinden.

3.3 Förderung

Definition

Pädagogisch-psychologische Angebote zur Entwicklungsförderung umfassen vielfältige Erziehungs- und Bildungsangebote. Sie dienen der primären, sekundären und tertiären Prävention und basieren auf psychologischen Theorien.

Probleme wie Aggression, Hyperkinese, Drogenkonsum oder soziale Ängste verlangen sicher eine umfassende Diagnostik und ein Arbeitsmodell, das von den Klientinnen und Klienten mitgetragen wird. Ziel der Maßnahmen ist der Ausgleich von Benachteiligungen, das Aufholen von Entwicklungsrückständen und die Ermöglichung einer nachhaltigem Selbstoptimierung. Die Maßnahmen gelten für Kinder, Jugendliche und Erwachsene. Hier ist also an frühpädagogische Angebote genauso zu denken, wie an Maßnahmen der Erwachsenen- oder Altenbildung. In aller Regel werden pädagogisch-psychologische Förderangebote zielorientiert umgesetzt. Unter Bezugnahme auf die kybernetische Theorie adaptiv-selbstoptimierender Systeme können wir ganz allgemein sagen, was notwendig ist, um selbst gesteckte Entwicklungsziele möglichst eigenständig zu verfolgen.

Förderung als Hilfe zur Selbstoptimierung

Im Rahmen dieser Theorie unterscheiden wir jene Systemelemente, die (1) der Wahrnehmung dienen, (2) die eingehende Informationen verarbeiten, diese benennen und bewerten, (3) die externe und interne Prozesse abbilden, die (4) Werte generieren und damit ein Ideal entwerfen und die (5) Handlungen umsetzen in konkretes Verhalten (vgl. Abb. 10).

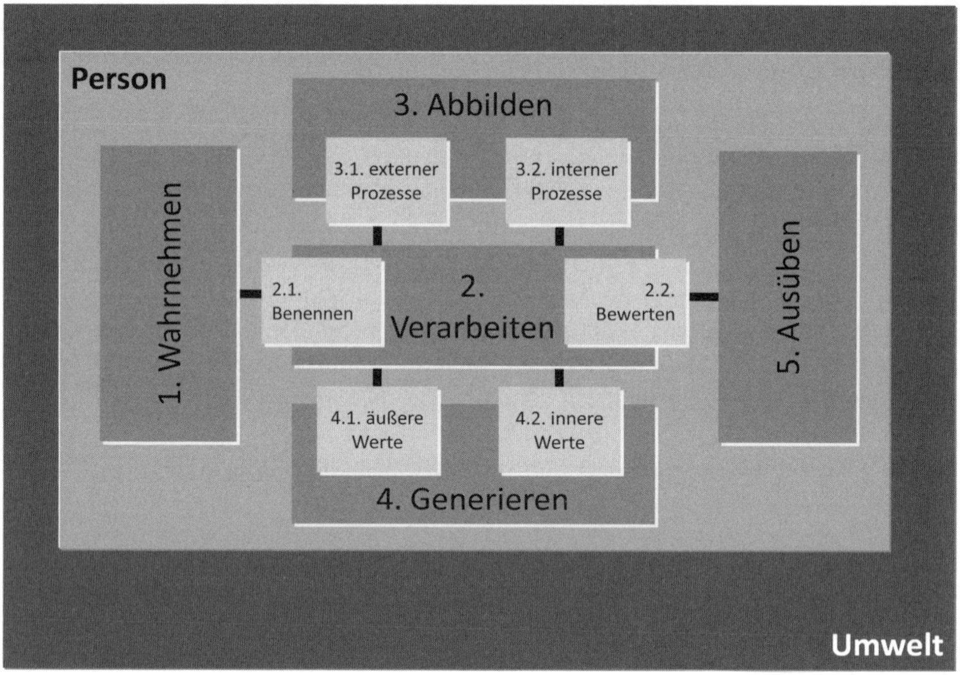

Abbildung 10: Modell eines adaptiv-selbstoptimierenden Systems

Einerseits können wir nun spezifische Probleme als Ausdruck von Schwächen einzelner Systemelemente verstehen. Wir können zusätzlich Teilregelkreise bestimmen und mit ihnen spezifische Probleme erklären. Oder wir können Hypothesen für Stärken formulieren, die eine Kompensation bestehender Probleme ermöglichen. Andererseits lässt sich sagen, was gebraucht wird, damit dieses System Herausforderungen der Entwicklung gut meistern kann (Brandtstädter 1980; Steinebach 2000, 2006a, 2013). Hierzu zählt eine fortlaufende und differenzierte Überprüfung des eigenen Verhaltens, ein internes Umweltmodel, das die Umwelt differenziert wiedergibt und erklärt, eine selbstkritische und erfahrungsoffene Einstellung als Voraussetzung für flexible Änderungen des internen Umwelt- und Selbstmodells, große Variabilität, die Fähigkeit zur Selbstverstärkung, eine weitgehende Unabhängigkeit von fremden Bewertungen, eine kritische Distanz gegenüber Handlungsanweisungen, die Bereitschaft, eigene Ziele in

Frage zu stellen, eine positive Selbsteinschätzung und die Fähigkeit, auf andere zuzugehen und sich in andere einzufühlen (Brandtstädter 1980).

Förderpraxis

Die vielfältigen Ergebnisse der human-, sozial- und bildungswissenschaftlichen Forschung geben Hinweise, wie Bedingungen einer nachhaltigen Selbstoptimierung über den Entwicklungslauf gefördert und gestützt werden können. So empfiehlt es sich z. B., Förderangebote so auszuwählen, dass sie fordern, ohne zu überfordern. Dies entspricht dem Konzept der »Zone der nächsten Entwicklung« (Wygotski1987), bei dem der Bereich zwischen dem, was das Kind bereits ohne Hilfe zeigen kann, und dem, was es mit Unterstützung Erwachsener gerade eben erreicht, als angemessenes Lern- und Übungsfeld gilt. Damit führt bereits Lew Semjonowitsch Wygotski (1896–1934) die interpsychischen Bedingungen von Austausch und Kooperation mit den intrapsychischen Bedingungen der Nachahmung und dem interpsychischen Geschehen der Ko-Konstruktionen zusammen.

3.4 Training

Definition

Trainings mit pädagogisch-psychologischer Grundlage wollen zumeist die Entwicklung ganz allgemein fördern oder aber helfen, spezifische Kompetenzen auszubilden. Dabei geht es z. B. um die Förderung von Gesundheit und Resilienz, um die Stärkung des Selbstbewusstseins oder um Hilfen bei der Berufswahl im Jugendalter (Petermann/Schultheiß 2013; Steinebach 2012 zu Resilienz).

Tabelle 11: Verhaltenstherapeutisch fundierte Programme für Jugendliche (nach Petermann/Schultheiß 2013, S. 151)

Programm	Ziele	Methoden
Berliner Präventionsprogramm für Haupt- und Gesamtschüler (Manns/Schultze 2004)	Training sozialer Kompetenzen	Arbeitsblätter, Rollenspiele, Übungen
Cognitive Therapy for Adolescents in School Settings (Creed et al. 2011)	Vermittlung von kognitiv-verhaltenstherapeutischen Methoden für die Arbeit mit Jugendlichen	Arbeitsblätter, Übungen
Fit for Life (Jugert et al. 2011)	Training sozialer Kompetenzen	Arbeitsblätter, Rollenspiele, Übungen

Programm	Ziele	Methoden
Gruppentraining Sozialer Kompetenzen (GSK) (Hinsch/ Pfingsten 2007)	Training sozialer Kompetenzen	Arbeitsblätter, Rollenspiele, Übungen
JobFit-Training (Petermann/ Petermann 2010)	Training sozialer Kompetenzen zur Unterstützung des Berufseinstiegs	Arbeitsblätter, Rollenspiele, Übungen, Videofeedback
PFADE (Jünger 2010; deutsche Adaptation des amerikanischen PATHS von Kusché/ Greenberg 1994)	Förderung alternativer Denkstrategien, Prävention von Verhaltensauffälligkeiten	Arbeitsblätter, Übungen
SELBST (Walter/Döpfner 2007)	Therapieprogramm für Jugendliche mit Selbstwert-, Leistungs- und Beziehungsstörungen	Arbeitsblätter, Übungen
Training mit Jugendlichen (Petermann/Petermann 2010)	Therapieprogramm zum Abbau von aggressivem und initiativlosem Verhalten	Arbeitsblätter, Rollenspiele, Übungen, Videofeedback

Merkmale erfolgreicher Trainingsangebote

Wie empirische Forschung zeigt, zeichnen sich gute Angebote durch den Einbezug der Zielgruppe, durch ein gutes Curriculum, eine kompetente methodologische Umsetzung und den Transfer in die Lebenswelt der Teilnehmenden aus (Steinebach et al. 2012). Für Angebote im Jugendalter heißt das ganz konkret, dass insbesondere jene Jugendlichen von Trainings profitieren, die in ihrem Lebensalltag von Erwachsenen unterstützt werden, von ihren Freundinnen und Freunden Hilfe erfahren und in einer wertorientierten sozialen Umwelt eingebunden sind. Es ist aber auch wichtig, dass die Jugendlichen in einer anregenden und schützenden physikalischen Umwelt leben. Sofern sich die Angebote durch gute Planung, Wahlfreiheit und eine hohe Akzeptanz in der sozialen Umwelt auszeichnen, sofern sie didaktisch durchdacht sind, zeigen die Jugendlichen besonderes Engagement. Die Folge sind umfassende Verhaltensänderungen, die sich nicht nur in der Lernbereitschaft oder im prosozialen Verhalten zeigen, sondern auch in zunehmender Selbstkontrolle und in einem stabileren Selbstwert (Grossman et al. 2009; Steinebach et al. 2012).

Mit Blick auf die Selbstbestimmungstheorie von Ryan und Deci, (2000; vgl. Abschnitt 2.3) können wir zudem annehmen, dass Probandinnen und Probanden am ehesten verlässlich an einem Training teilnehmen werden, wenn diese Angebote ihre Grundbedürfnisse treffen. Zugehörigkeit, Kompetenzerleben und Autonomie sollten angesprochen werden.

4 Erziehung und Bildung über die Lebensspanne

Es ist naheliegend, dass sich die Pädagogische Psychologie traditionell in besonderer Weise mit Lehr-Lern-Prozessen im Schulalter beschäftigt. Inzwischen wissen wir aber auch, dass wichtige Lernprozesse bereits wesentlich früher einsetzen und dass auch die Kindertagesstätte und die Krabbelgruppe wichtige Sozialisationsinstanzen sind. Lernen hört aber nicht mit dem Schulalter auf. Berufliche Bildung und berufliche Weiterbildung, Angebote der Erwachsenenbildung und Bildungsangebote im Alter begleiten die Entwicklung im weiteren Lebenslauf. Zu Recht wurde deshalb im Umfeld der Lebensspannenentwicklungspsychologie eine Erweiterung und Fortführung der Pädagogischen Psychologie über die Lebensspanne gefordert (etwa Reinert 1979).

In diesem Kapitel betrachten wir nun verschiedene Stationen im Lebenslauf und fragen, welche gesicherten Erkenntnisse über Lehren und Lernen im jeweiligen Lebensabschnitt vorliegen. Wir werfen einen Blick auf das Kleinkindalter, die Kindheit, das Jugendalter, das Erwachsenenalter und das Alter. Insbesondere in Kindheit und Jugend wird es um die Frage der Förderung der kognitiven Entwicklung und des Sozialverhaltens gehen. Im Erwachsenenalter und Alter werden wir der Frage nachgehen, welche Bildungsangebote die Entwicklung unterstützen können und welche Konsequenzen für die Didaktik in diesen Lebensphasen zu ziehen sind.

4.1 Kleinkindalter und frühe Kindheit

Bereits mit der Geburt verfügen Kinder über vielfältige Kompetenzen, die es ihnen ermöglichen, Informationen aufzunehmen und mit ihrer Umwelt in Dialog zu treten. Das Resultat sind Entwicklungsfortschritte, die allerdings nicht nur auf Lernen, sondern auch auf Reifung beruhen – bzw. auf einer Interaktion dieser beiden Einflussgrößen. Von daher ist es schwer auszumachen, was Ursache und Wirkung von Lernprozessen im frühen Kindesalter sind. Ungeachtet dessen sind die oft zu beobachtenden Fortschritte durchaus beeindruckend: in der Grobmotorik mit Krabbeln, Sitzen, Laufen, in der Feinmotorik mit der Entwicklung des Greifens und allgemein der Handmotorik, in der Wahrnehmung, im Sprechen, aber auch im Sprachverständnis, in der Selbstständigkeit und im Sozialverhalten. Entsprechend markieren wichtige Entwicklungsaufgaben spezifische Entwicklungsphasen: physiologische Regulation (2 bis 3 Monate), affektive Regulation (7 bis 9 Monate), intersubjektive Regulation (12 bis 13 Monate), symbolische Integration (18 bis 20 Monate) und schließlich die sprachliche Integration (von Wyl 2015). Bindung und erfolgreiche Exploration (12 bis18 Monate) bzw. Abhängigkeit und Autonomie (18 bis 20 Monate), die Geschlechtsrollenidentifikation und der Aufbau von Beziehungen zu Gleichaltrigen (30 bis 54 Monate; vgl. Waters/Sroufe 1983; von Wyl 2015) stehen parallel für die Entwicklung der Beziehung zur sozialen Umwelt.

Entwicklung und Förderung des Denkens

Durch systematische Beobachtungen und Experimente konnte Jean Piaget (1896–1980) seine umfassende Theorie der Denkentwicklung erarbeiten. Schema, Struktur, Assimilation und Akkomodation sind zentrale Begriffe seiner Theorie. Die Struktur eines Verhaltens wird als die allgemeine Form einer spezifischen Erkenntnistätigkeit verstanden. Strukturen fassen vergleichbare Handlungen zusammen. Der Schemabegriff bezieht sich auf die Handlungen wie auch auf die ihnen zugrundeliegenden kognitiven Muster. Im Laufe der Entwicklung bilden sich Einheiten höherer Ordnung, die als Strukturen aufeinander bezogene Ganzheiten bilden. Das Verhalten und die ihnen zugrunde liegenden kognitiven Prozesse verändern sich über Adaptation, also einerseits über Assimilation, der Anpassung des Gegenstands an die eigene Struktur und andererseits der Akkomodation, der Veränderung der eigenen Struktur im Sinne einer Angleichung an die Umwelt (Hoppe-Graff 2014). Die Tabelle 12 gibt die Phasen der Denkentwicklung nach Piaget für diesen Entwicklungsabschnitt wieder.

Tabelle 12: Die frühen Phasen der Denkentwicklung nach Jean Piaget

Phase 1: Sensumotorische Intelligenz (0 bis 2 Jahre)		Das Geschehen dieser Phase wird ganz wesentlich durch die Wahrnehmung und die Motorik bestimmt. Ihre Wechselbeziehung und Koordinierung macht den grundlegenden Teil der Intelligenzentwicklung nach Piaget aus.
Stadium 1: Einfache Reflexhandlungen	*(0 bis 4 Wochen)*	Das Kind ist von Geburt an mit einer Vielzahl von Reflexen ausgestattet. In diesem Stadium werden Reflexe weitgehend unverändert ausgeführt. Eine Akkomodation an bestehende Umweltbedingungen findet nur begrenzt statt.
Stadium 2: Primäre Kreisreaktion	*(1 bis 4 Monate)*	Zufälle führen zu einer Ausweitung der bestehenden Assimilationsschemata auf immer neue Gegenstände. So entstehen differenzierte und angepasste Verhaltensmuster, die sich durch ständiges Wiederholen stabilisieren. Assimilationsschemata werden verbunden.
Stadium 3: Sekundäre Kreisreaktion	*(4 bis 8 Monate)*	Nun wird der Zusammenhang zwischen eigenen Aktivitäten und ihren Effekten in der Umwelt entdeckt. Hier werden Vorformen des Mittel-Zweck-Schemas erworben.
Stadium 4: Koordinierung und Anwendung der sekundären Kreisreaktion	*(8 bis 12 Monate)*	Jetzt kann eine Zielhandlung erfolgen, bevor eine Mittelhandlung realisiert wird (Mittel-Zweck-Verhalten). So wird ein Ball zur Seite gerollt, um zum Schaukelpferd zu gelangen. Mehrere Assimilationsschemata können nun auch auf den gleichen Gegenstand angewandt werden. Dabei kann die Koordination dieser Schemata besser an den Gegenstand angepasst werden.
Stadium 5: Tertiäre Kreisreaktion	*(12 bis 18 Monate)*	Neben der Anwendung und Kombination vorhandener Mittel-Schemata zur Zielsetzung kann das Verhalten in diesem Stadium bewusst variiert werden. Die unterschiedlichen Effekte werden beobachtet. Neue Mittel-Zweck-Handlungen werden entdeckt, und Akkomodationen werden nun aktiv angestrebt.

Stadium 6: Erfinden neuer Handlungsmuster durch verinnerlichtes Handeln	*(18 bis 24 Monate)*	Nun können Handlungen »im Kopf« ausgeführt werden. Das Bezeichnete kann vom Bezeichnenden unterschieden werden. Damit ist der Übergang vom äußeren repräsentativen Handeln zum verinnerlichten Denken geschaffen.
Phase 2: Vorbegriffliche Intelligenz (2 bis 7 Jahre)		In diesem Stadium wird die zuvor erworbene Kompetenz der Unterscheidung zwischen Bezeichnetem und Bezeichnendem durch den systematischen Spracherwerb verstärkt. So wird die Symbolfunktion erlangt. Wörter haben jedoch noch nicht den Charakter von Begriffen, sodass die Zuordnung von Teilmengen zu übergeordneten Mengen noch nicht möglich ist (Katze zu Tieren oder Autos zu Fahrzeugen).
Stadium des symbolischen Denkens	*(2 bis 4 Jahre)*	Als wesentliche Merkmale des symbolisch vorbegrifflichen Denkens werden Animismus (alles, was sich bewegt, lebt), Egozentrismus (alles Wahrgenommene wird auf die eigene Person bezogen) und Irreversibilität (beobachtbare Abläufe sind nicht umkehrbar) genannt.
Stadium des anschaulichen Denkens	*(4 bis 7 Jahre)*	In diesem Stadium sind auch weiterhin die Begriffe an die Anschauung gebunden. Das Denken erfolgt in Bildern. Beobachtete Ereignisse können in ihrem Ablauf gedanklich nicht umgekehrt werden. Es können immer nur einzelne Handlungen ausgeführt werden. Verschiedene Aspekte eines Gegenstands können nur nacheinander beachtet werden.

Zumindest drei Punkte sind kritisch anzumerken: (1) Piaget hat die Kompetenzen in der frühen Lebensphase wohl unterschätzt. (2) Zudem sind die Phasen der Denkentwicklung doch wohl nicht so klar und eindeutig voneinander zu trennen, weder theoretisch noch im Alltagshandeln der Kinder. Zumal sich in einzelnen Bereichen besondere Leistungsspitzen zeigen können. (3) Aus Sicht Piagets ist die Entwicklung des Denkens ganz wesentlich abhängig von den eigenen Aktivitäten des Kindes. Genauso sind aber auch Bedingungen der Entwicklungsumwelt von Bedeutung, die diese Aktivitäten unterstützen und fördern (Sodian 2012). In diesem Sinne leisten die Bezugspersonen des Kindes schon früh einen wichtigen Beitrag zur Förderung der Denkentwicklung. Sie sind sensibel für die unwillkürlichen Signale und Aktivitäten des Kindes, treten in ein Wechselspiel ein, stimulieren das Kind und schaffen so Reizsituationen, die Verarbeitung und Integration verlangen. Eine abwechslungsreiche Entwicklungsumwelt, die in ihren Angeboten auf den Entwicklungsstand des Kindes abgestimmt ist, bietet vielfältige Möglichkeiten zur Gestaltung. Durch diese in den Alltag integrierten Angebote werden gleichzeitig verschiedenste Entwicklungsbereiche gefördert. Von daher sind die Entwicklungsangebote ganzheitlich zu konzipieren, genauso wie auch die Reaktion des Kindes auf diese Angebote ganzheitlich ist.

Entwicklung und Förderung des Sozialverhaltens

In diesem Lebensabschnitt fußen Fortschritte im Sozialverhalten ganz wesentlich auf den frühen Erfahrungen mit der Bindung an enge Bezugspersonen. Diese Erfahrungen fördern Mitgefühl, Hilfsbereitschaft und später auch freundschaftliche Nähe zu Gleichaltrigen. Die Trennung zwischen Selbst und Anderen und das Verstehen Anderer sind wichtige Voraussetzungen für Mitgefühl (s. Kap. 10). Besonders jene Kinder zeigen sich eher mitfühlend, die von den Eltern Zuneigung erfahren haben, einfühlsame Modelle kennen, einen induktiven Erziehungsstil erlebt haben, die über ein positives Selbstkonzept verfügen und sich mit anderen, insbesondere mit ihren Bezugspersonen verbunden fühlen. Die kognitive Kompetenz, andere zu verstehen und Annahmen über ihr Verhalten und Erleben zu formulieren, ist eine wichtige Grundlage für das eigene Verhalten. Solche Annahmen im Sinne einer »theory of mind« werden von Kindern bereits früh formuliert (Sodian 2012). So zeigen schon Kinder im ersten Lebensjahr angemessene Verhaltensweisen auf soziale Anforderungen, im zweiten Lebensjahr Symbolspiel und Empathie und im dritten Lebensjahr entsprechende soziale, sprachliche und kognitive Leistungen. Vierjährige können falsche Annahmen als Grundlage fremden Verhaltens vorhersagen, sie können täuschen und Perspektiven übernehmen. Diese Befunde stellen die Annahme Piagets zum Egozentrismus in Frage (Bischof-Köhler 1998). Wir können annehmen, dass die sozialen Deutungsmuster der Kinder von ihren Bindungserfahrungen beeinflusst sind. Diese spiegeln sich in ihrem internalen Arbeitsmodell, das sich auf der Basis ihrer Erfahrungen entwickelt hat. Entsprechend wird im Zürcher Modell der sozialen Motivation die Bindungstheorie in Richtung auf eine allgemeine Theorie der sozialen Motivation erweitert (Steinebach 2000).

4.2 Kindheit

Der Eintritt in die Schule wird als besondere Entwicklungsaufgabe verstanden. Er verlangt von den Kindern, aber auch von ihren Bezugspersonen, besondere Anstrengungen. Mit Blick auf die Schulzeit wird erwartet, dass Motorik, Wahrnehmung, Konzentration, Sprechen und Sprachverständnis, Sozialverhalten und Selbstständigkeit den gesellschaftlich formulierten Erwartungen entsprechen. Aufgabe der Eltern ist es, diesen Übergang vorzubereiten und zu begleiten. Genauso unterstützt der Kindergarten durch allgemeine und spezifisch vorschulische Lernangebote die Vorbereitung auf die Schulzeit. Neben entsprechenden Lernangeboten im Kindergarten wie auch zu Hause, neben Informations- und Beratungsangeboten für Eltern wird besonderer Wert auf die Zusammenarbeit zwischen Kindergarten, Schule und Elternhaus gelegt (Walper/Wild 2014).

Schulisches Lernen wird ganz wesentlich durch frühere Lernerfahrungen des Kindes beeinflusst, aber auch von der Lernmotivation, von den emotionalen und kognitiven Kompetenzen und von den sozialen Fähigkeiten. Zudem zeigen Kinder schon früh individuelle Strategien des Wissenserwerbs. Auch die Erziehungshaltungen, die bevorzugten Erziehungsziele und -mittel der Eltern beeinflussen das schulische Lernen. Didaktische Konzepte und Kompetenzen der Lehrenden, Merkmale der Interaktion zwischen Lehrenden und Lernenden, das Klassenklima, das Schulklima und Merkmale der physikalischen Umwelt »Schule« beeinflussen nicht nur die Zeit des Schuleintritts, sondern auch den weiteren Verlauf des Schulbesuchs.

Hier wird deutlich, dass eine Reflexion des Schulalltags, die im Wesentlichen nur die Inhalte, die Beziehungen und Rollen der Beteiligten berücksichtigt, der Komplexität des Systems Schule nicht gerecht wird (vgl. Abb. 11, linke Spalte). Es bedarf stattdessen einer Strategie, die den gesellschaftlichen Wandel und die institutionellen Notwendigkeiten abbildet und ein angemessenes Selbstverständnis als Bildungseinrichtung, eine positive Identität entwickelt (mittlere Spalte). Damit werden in der Steuerung auch die Kultur der Einrichtung, Ressourcen und schließlich auch die Qualität der Angebote zum Thema (rechte Spalte).

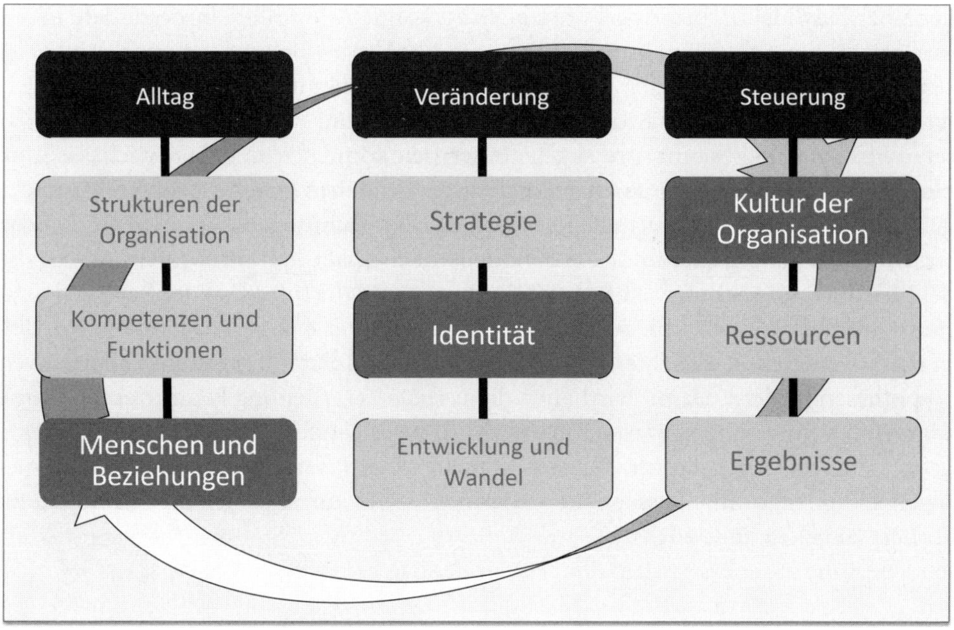

Abbildung 11: Management schulischer Prozesse

In Tabelle 13 wollen wir die Darstellung der Denkentwicklung nach Jean Piaget fortführen und anschließend nach möglichen Konsequenzen für das schulische Lernen fragen.

Tabelle 13: Denkentwicklung im Schulalter (7 bis 11 Jahre) nach Jean-Piaget

Phase 3: Konkrete Operationen	(7 bis 11 Jahre)	Hier löst sich das Denken nach und nach von den konkret beobachtbaren Abläufen und wird komplexer. Handlungen werden prinzipiell gedanklich umkehrbar. Mehrere Aspekte des Geschehens können nun gleichzeitig berücksichtigt werden. Kinder in dieser Phase können jetzt aus Beobachtungen Sachverhalte erschließen, Aspekte gleichzeitig beachten, Abläufe oder Sachverhalte transformieren und beobachtbare Abläufe gedanklich umkehren. Auch wenn sich Begriffe wie Menge, Gewicht, Raum, Zeit etc. herausbilden, bleiben die Operationen immer noch auf prinzipiell sichtbare Gegenstände oder zumindest in der Vorstellung gegebene Handlungen bezogen. Gage und Berliner (1996) erläutern das Klassifikationsschema von Operationen, die das Denken auf dieser Stufe kennzeichnen: Das Kind ist nun in der Lage, im logischen Denken Komposition, Austauschbarkeit und Reversibilität von Klassifikationen zu beachten.

Mit Gage und Berliner (1996) können wir verschiedene Empfehlungen für den Schulunterricht formulieren. Dies betrifft zunächst die intellektuelle Einfühlung, da die Lehrenden ein Gespür für den Stand der Denkentwicklung des Kindes entwickeln müssen. Möglichkeiten und Grenzen müssen erkannt werden, um angemessene Entscheidungen über die didaktischen Angebote treffen zu können. So sollten insbesondere in der Vor- und Grundschule konkrete Gegenstände zur Verdeutlichung der Lern- und Wissensinhalte verwendet werden. Ihr Einsatz sollte von einer induktiven Didaktik begleitet werden, damit aus der Arbeit mit den Objekten und der Reflexion der beobachteten Phänomene Erkenntnisse abgeleitet werden können. Von daher macht es Sinn, einzelne Lerneinheiten in Phasen aufzugliedern, bei denen dem Ausprobieren und der genauen Beobachtung die verbale Reflexion der Beobachtungen folgt. Da Lernen ganz wesentlich abhängig ist von den individuellen Schemata und Strukturen, sollten die Schülerinnen und Schüler selbst den Zeitrahmen und die Intensität der Beschäftigung mitbestimmen können. Die gemeinsame Reflexion über den Lerngegenstand soll den Perspektivenwechsel erleichtern und Flexibilität und Toleranz gegenüber alternativen Hypothesen fördern. Damit wird auch die verbale Verarbeitung kognitiver Probleme unterstützt. Immer weniger ist dann das Denken des Kindes an die konkreten Objekte gebunden. Der Übergang zur nächsten Stufe der kognitiven Entwicklung wird so vorbereitet (vgl. zusammenfassend Gage/Berliner 1996; zur allgemeinen Schuldidaktik Terhart 2005; Gudjons 2014).

4.3 Jugendalter

Die Jugendzeit ist durch vielfältige körperliche, emotionale, kognitive und soziale Veränderungen geprägt. Diese Veränderungen stehen in enger Verbindung miteinander. Die Bildung einer positiven Identität gilt als wichtige Aufgabe des Jugendalters. Mit ihr verbinden sich Selbstakzeptanz, eine positive Einschätzung der eigenen

Kompetenzen, eine positive Einstellung gegenüber dem eigenen Körper, Selbstkontrolle, soziale Zugehörigkeit zu anderen, genauso wie persönliche Autonomie und Selbstbestimmung. Das Jugendalter ist kein einfacher Entwicklungsabschnitt. Die Jugendlichen sind mit umfassenden gesellschaftlichen Erwartungen konfrontiert, denen wichtige Entwicklungsaufgaben entsprechen. Körperliche Veränderungen zeigen sich in der Geschlechtsreifung, sie werden aber auch in umfassenden neurophysiologischen Veränderungen deutlich. Diese erschweren zunächst die Selbstkontrolle und die Handlungsplanung. Belohnungsorientierung und Risikobereitschaft nehmen zu (Casey et al. 2008; Steinberg 2008, 2009; Steinebach et al. 2012). Individuelle Stärken und soziale Ressourcen unterstützen eine positive Entwicklung in dieser Zeit der Veränderung. Die Schule, das betriebliche Umfeld und die Angebote in der Gemeinde, können die Entwicklung im Jugendalter nachhaltig positiv beeinflussen.

Schulisches Denken und Lernen

In diesem Entwicklungsabschnitt erweist sich das Denken als abstrakter, mehrdimensionaler und reflektierter als in den früheren Entwicklungsabschnitten. Damit erschließen sich für die Jugendlichen neue Möglichkeiten, eigene Lernprozesse zielorientiert zu steuern.

Tabelle 14: Denkentwicklung im Jugendalter (ab 12 Jahre) nach Jean Piaget

Phase 4: Formale Operationen	(ab 12 Jahre)	Auf der höchsten Stufe der kognitiven Entwicklung sind gedankliche Abläufe unter Bezugnahme auf komplexe Operationen möglich. Zugleich nimmt die Systematisierung und Integration der Operationen in komplexen Gesamtstrukturen zu. Folgende Merkmale zeichnen das Denken dieser Phase aus: (1) Das Denken wird abstrakt. (2) Es erfolgt unabhängig von konkreten Beobachtungen in Form von Hypothesen. (3) So werden auch Vorhersagen formuliert und an Beobachtungen geprüft. (4) Zwischen Aussagen werden logische Verknüpfungen hergestellt. (5) Zur Bewertung von Variablen oder Teilaspekten sind systematische Kombinationen und Permutationen möglich. (6) Zur Kausalanalyse sind Merkmalsvariationen unter Beibehaltung anderer Aspekte möglich. (7) Reversibles Denken zeichnet sich nun durch eine Integration von Rückgängigmachen und Kompensieren aus.

Als Entwicklungsaufgabe gilt es, eine positive Identität zu formulieren, mit der sich ein stabiles Selbstwertgefühl, Kompetenzerleben und die Fähigkeit, Nähe und Distanz angemessen zu regulieren, verbinden. Dies alles steht oft in deutlichem Gegensatz zu den schulbezogenen Erfahrungen. Eltern, Lehrer, Freunde und Mitschülerinnen und -schüler beeinflussen ganz wesentlich, wie Lernerfahrungen in der Schule bewertet werden (Steinebach/Steinebach 2013). Didaktische Angebote, die die Eigenverantwortung für den Lernprozess einfordern, die Rückmeldungen ermöglichen, die sich auf den Lerngegenstand beziehen und Freiräume lassen für die Gestaltung des Prozesses und des Zeitrahmens können nicht nur den Lernerfolg, sondern auch die Bildung einer positiven Identität fördern. Empirische Untersuchungen zeigen, dass Lernfreude und Anstrengungsbereitschaft zu Beginn des Jugendalters eher abnehmen. Dieser Trend kehrt sich erst wieder bei den 16- bis 18-Jährigen um (Fend 2000; Zinnecker et al. 2002). Lehrende können die Lernfreude fördern mit einem gut organisierten und verständlichen Unterricht, mit der Förderung eines positiven sozialen Klimas, mit Freiräumen und der Vermeidung von Überforderung und Unterforderung (Fend 2000).

Soziales Lernen

Im Jugendalter nimmt die Bedeutung Gleichaltriger deutlich zu. Die eigene Identität wird über die Gemeinsamkeiten mit anderen und in Abgrenzung zu anderen formuliert. Dies gilt auch für die Ausbildung der Geschlechtsrolle, für erste romantische Beziehungen und das Sexualverhalten. Die biologische Entwicklung steht hier in enger Wechselwirkung mit Entwicklungsaufgaben, die die eigene Sexualität und die Gestaltung sozialer Beziehungen betreffen (Fend 2000). Dabei geht es um die Akzeptanz des eigenen Körpers, die Entwicklung einer sexuellen Orientierung, die Aufnahme neuer Beziehungen, die kritische Auseinandersetzung mit vorgegebenen Geschlechterrollen und die Integration dieser Teilidentität in die schulische und berufliche Perspektive und um die Definition späterer familiärer Rollen. Mit äußeren Aspekten wie der Kleidung oder der Frisur, mit Bewegungen und Gesten kommen erste Selbstdefinitionen zum Ausdruck. Auch wenn dadurch der Eindruck entsteht, als seien die Peer-Beziehungen im Jugendalter die einzig wichtigen, bleiben die Eltern für die allermeisten Jugendlichen wichtig (Steinebach/Steinebach 2013). Allerdings bezieht sich der elterliche Einfluss nun auf andere Themen. So wird mit den Eltern eher über die Berufswahl gesprochen oder auch über Streitigkeiten mit Freundinnen und Freunden.

Auch wenn häufig auf die Risiken verwiesen wird, die sich mit Gruppen von Gleichaltrigen verbinden, erweisen sich diese oft als wichtige emotionale Stützen.

4.4 Erwachsenenalter

Entwicklungsziele im Erwachsenenalter

Im Folgenden gehen wir davon aus, dass Lernen im Erwachsenenalter die Entwicklung über den weiteren Lebenslauf unterstützen soll. Aus Sicht des Einzelnen ist Lernen wichtig, um sich eigene Wünsche zu erfüllen und selbst gesteckte Ziele zu erreichen. Es geht aber auch darum, Erwartungen gerecht zu werden. Eigene Stärken und Ressourcen helfen, Entwicklungsziele zu erreichen, genauso wie die Unterstützung durch die soziale Umwelt, die sich z. B. in der Bereitstellung von Lernangeboten zeigt. In diesem Sinne verstehen wir einmal mehr Entwicklung als einen vom Menschen gestalteten Prozess. Die Wahl von Zielen, Entscheidungen über geeignete Maßnahmen zur Zielerreichung und die Bewertung des Entwicklungserfolgs beeinflussen Entscheidungen auch über Lernangebote. Gesundheit, Ausgeglichenheit, ein kluges Lebensverständnis, Selbstachtung, soziales Ansehen, beruflicher Erfolg, Durchsetzungsvermögen, Harmonie in der Partnerschaft, Einfühlungsvermögen, persönliche Freiheit, Sicherheit der Familie, Wohlstand, geistige Leistungsfähigkeit, Selbstentwicklung, körperliche Fitness, Freundschaften und Engagement für Ideale gelten nach Brandtstädter als wichtige Zielbereiche (Steinebach 2000).

Dabei erweisen sich die Entwicklungsbedingungen für den Einzelnen als so komplex und widersprüchlich, dass es nicht nur schwer ist, von außen Vorgaben zu machen und Empfehlungen zu geben, es ist auch für den Einzelnen schwer, Entscheidungen zu treffen. Orientierungskrisen können die Folge sein, in denen der Bedarf an Beratung oder Bildungsangeboten steigt. Aus Sicht des Einzelnen wird es dann ganz wesentlich darum gehen, Kontrolle über die eigene Entwicklung zu erlangen. Dazu bietet sich einerseits die Möglichkeit, die Kontrollbemühungen zu intensivieren oder zu optimieren oder andererseits die Ziele den neuen Bedingungen anzupassen und gegebenenfalls eigene Ansprüche zu verringern (Brandtstädter 2011; Lindenberger/Staudinger 2012; Lang/Scheel 2012). Lernprozesse können wir so als Voraussetzungen für die Bewältigung normativer und nicht-normative Ereignisse im Leben verstehen.

Lehren und Lernen im Erwachsenenalter

Die konstruktivistische Didaktik geht davon aus, dass Lernen ein biografisch verankerter Prozess der Aneignung von Wissen und Kompetenzen ist und die/der Lernende in diesem Prozess nur das verarbeitet, wofür sie/er kognitiv und emotional aufgeschlossen ist und was aus ihrer/seiner Sicht Sinn macht. Von daher müssen neue Lerninhalte für die Vorerfahrungen der Lernenden anschlussfähig sein. Zudem können nur die Lernenden selbst entscheiden, welche Wissensinhalte in welcher Form verwertet werden können. Die Lernenden sind Expertinnen und Experten ihrer Lebenswelt, die sie als Lernwelt in den Lernprozess einbringen. Die Lehrenden sollten anspruchsvoll aber nahe an der Praxis Lerngelegenheiten anbieten und den Lernprozess begleiten ohne zu dominieren. So soll ein Dialog gefördert werden, der eine offene und bevormundungsfreie Kommunikation unterstützt. So werden unterschiedliche Wirklichkeitskonstruktionen und Deutungsmuster reflektiert (Arnold 1996; Kösler 2003, Balgo 1997; Merriam et al. 2012). Mit diesen Überlegungen wird eine Didaktik der Erwachsenenbildung entworfen, die auf den neuen Lerntheorien fußt. Lernen ist hier ein adaptiver Prozess, der über die metakognitive Kontrolle der Lernenden selbst gesteuert wird. Insbesondere Lernen mit neuen Medien soll generative Lernprozesse, Networking, Mapping, und Schematizing erleichtern. Zugleich erschließen neue Medien variable Lernorte und Lerngruppen und flexible Zeitstrukturen. Von daher erscheint das Lernen als weniger »schulisch«, weniger geplant oder strukturiert. Nicht zuletzt ist auch die Rolle der Lehrenden flexibler an den Bedarfen der Lernenden ausgerichtet.

4.5 Alter

Im Folgenden nehmen wir jene Entwicklungsphase in den Blick, die sowohl das höhere Erwachsenenalter als auch das hohe Alter umfasst (Lindenberger/Staudinger 2012; Wahl/Schilling 2012). Auch hier gestalten Menschen in ihrer Entwicklung das Wechselspiel von gesellschaftlichen Forderungen und Hilfen und individuellen Zielen und Möglichkeiten.

Entwicklung gestalten

Entwicklungsprobleme entstehen, wenn es zu einer mangelhaften Passung zwischen Wünschen und Ressourcen beziehungsweise Anforderungen und Unterstützung kommt. Auch im Alter sind entwicklungsbezogene Wahrnehmung und Überzeugungen, Wert- und Zielvorstellungen und persönliche Möglichkeiten, die Entwicklung zu kontrollieren, entscheidend (Heckhausen/Mayr 1998; Faltermaier et al. 1992; Brandtstädter 2011). So gilt es, Anforderungen und Ressourcen zu balancieren. Dies kann durch die Auswahl bestimmter Entwicklungspfade geschehen, also durch Selektion. Der Entscheidungsdruck erhöht sich durch Probleme aufgrund altersgradienter Einflüsse, historisch-gesellschaftlicher Einflüsse und kritischer Lebensereignisse (vgl. Heckhausen/Mayr 1998). Neben der Selektion besteht die Möglichkeit, Misserfolge zu kompensieren. Hier ist zunächst an besondere Bemühungen zu denken, negative Ereignisse oder Entwicklungen zu kontrollieren. Dies könnte z.B. durch eine gezielte aktive Beeinflussung der Umwelt geschehen. Alternativ zu diesem Weg der sogenannten primären Kontrolle bietet sich an, die eigenen Einstellungen an die Probleme anzupassen und so Zufriedenheit und Wohlbefinden zu erlangen (sekundäre Kontrolle, siehe auch die Konzeption assimilativer und akkomodativer Entwicklungskontrolle nach Brandtstädter/Rothermund 1998). Wie sich zeigt, nimmt die primäre Kontrolle im Alter eher ab, während die sekundäre Kontrolle, wenn auch in geringerem Umfang, zunimmt.

Erschwernisse

Veränderungen, die verstärkte Bemühungen verlangen, die Entwicklung zu kontrollieren, betreffen Bereiche der Wahrnehmung, der Motorik, des Denkens, der Einstellungen und der sozialen Umwelt. Mögliche strukturelle Veränderungen des Auges können dazu führen, dass die Sehfähigkeit abnimmt. Bereits zwischen dem 35. und 45. Lebensjahr kann eine Verdichtung der Linse im Zentrum, Verhärtungen der Linsensubstanz und Eintrübung beobachtet werden. Hinzu kommen zwischen dem 50. und 60. Lebensjahr mögliche Veränderungen der Retina. Im Alltag erhöht sich der Lichtbedarf, die Blendempfindlichkeit ist erhöht. Zugleich kann sich die Farbwahrnehmung verschlechtern. Vielfältig wird zudem eine Beeinträchtigung der Akkomodationsfähigkeit der Linse, die Begrenzung des Gesichtsfelds und abnehmende Sehschärfe beschrieben. Strukturelle Veränderungen betreffen auch das Gehör. Solche Verschlechterungen sind bei Männern ab circa dem 32. Lebensjahr und bei Frauen ab dem 37. Lebensjahr beobachtbar. Besondere Probleme können bei hohen Frequenzen und bei der Ausgrenzung von Hintergrundgeräuschen bestehen. Probleme der Motorik betreffen im Allgemeinen eine verlangsamte Reaktionsgeschwindigkeit. Verlangsamte Reizverarbeitung, aber auch Übungsmangel, große Vorsicht oder Gelenkschmerzen gelten als Gründe. Nachlassende Gedächtnisleistungen werden oft für Veränderungen des Denkens angeführt. Aber auch andere Bereiche kognitiver Fähigkeiten unterliegen einem altersbezogenen Wandel. Konzentrations- und Aufmerksamkeitsstörungen, verkürzte Gedächtnisspanne, verlängerte Aufnahme- und Verarbeitungszeiten und die falsche Wahl von Denk- und Merkstrategien werden hier angeführt. Allgemein fällt jedoch der altersbedingte Abbau im Bereich des Denkens weniger dramatisch aus, als dies üblicherweise angenommen wird. Altern bedeutet nicht zwingend Abbau. So ist z.B. bei Motivation und Einstellung durchaus auch Stabilität oder eine Erweiterung von Interessensbereichen zu beobachten.

Pädagogisch-psychologische Angebote im Alter

Demnach müssen wir die Annahme, Altern sei mit negativen Gewinn-Verlust-Bilanzen verbunden, kritisch hinterfragen. Wenn aber im Alter eher negative Bilanzen erwartet werden, muss dies auch bedeuten, dass gerade in dieser Lebensphase Angebote zur Entlastung und zur Unterstützung des Lernens notwendig sind. Wo müssen pädagogisch-psychologische Beratung, Förderung und Training ansetzen? Probleme in den psychischen Grundfunktionen, schwierige Veränderungen in Mikrosystemen, begrenzte Möglichkeiten, die Ressourcen am Wohnort und in der Gemeinde zu nutzen und negative Vorurteile in der Gesellschaft gegenüber älteren Menschen führen zu einem Lebensgefühl bedrohter Integrität und Identität. Pädagogisch-psychologische Angebote sollten hier einerseits direkt an einer Förderung der Grundfunktionen ansetzen, andererseits die aktive Teilhabe an sozialen Beziehungen fördern und darüber hinaus das Bild vom Alternsprozess als pathologischem Abbau zu ändern suchen (Schmugge 2012).

5 Lernwelten aus psychologischer Sicht

In Bildungsforschung und -politik wird gerne zwischen formalem Lernen, nicht formalem Lernen und informellem Lernen unterschieden. Diese Differenzierung sensibilisiert für die Tatsache, dass Lernen nicht nur in Schule und Ausbildung, sondern in vielen anderen Settings einerseits systematisch, andererseits aber auch unsystematisch geschieht. Damit werden Lebenswelten wie Familie und Freizeit auch zu Lernwelten. Es ist nicht einfach, diese Lernformen im Alltag voneinander zu unterscheiden. Schließlich gibt es zwischen den Lebenswelten Familie, Schule und z. B. Sportverein Überschneidungen. Und natürlich finden wir auch in der Schule informelles Lernen. Zugleich wird die Forderung lauter, informell erworbene Kompetenzen auch für formelle Bildungsprozesse anzurechnen (Europäische Union 2012). All dies müssen wir im Blick behalten, wenn wir im Folgenden auf verschiedene Lernwelten schauen.

5.1 Kindergarten

Psychologische Grundlagen: Immer wieder beeindrucken Kinder im Kindergartenalter mit neuen Kompetenzen, Fähigkeiten und Wissen. Diese Fortschritte führen wir heute weniger auf Reifung zurück, sondern auf Lernprozesse, die allenfalls im Zusammenhang mit anderen Entwicklungs- und Reifungsprozessen entstehen. Unter Berücksichtigung der modernen Lerntheorien und der Forschung zu den neurophysiologischen Grundlagen des Lernens und der Entwicklung können wir sagen:

- Neuronale Schaltkreise und damit die physiologischen Grundlagen für Lernen und Wissen entstehen, wenn die Lernerfahrung eine Überraschung enthält.
- Bindung und die Erfahrung von Zugehörigkeit stellen eine zuverlässige soziale und emotionale Grundlage dar für die Bereitschaft des Kindes, die eigene Welt zu erforschen.
- Wissen im Sinne der Aneignung der eigenen Lebenswelt entsteht auch im Kindesalter über Prozesse kognitiver Konstruktion.
- Die Aufgabe der Fachkräfte ist es, auch das Lernen im Kindesalter zu begleiten, zu moderieren und den Lernprozess nicht zu dominieren.
- Der Bildungsauftrag des Kindergartens liegt ganz wesentlich in der Befähigung des Kindes zur Selbstbildung (vgl. Steinebach 2006).

Mit alldem kommt auch zum Ausdruck, dass das Kind in seiner Aneignung der Welt aktiv lernt, von den Erwachsenen gefordert, aber auch gefördert wird. Die Qualität dieses Lernens hängt davon ab, wie soziale, gesellschaftliche und kulturelle Bedingungen die Prozesse des Lernens positiv beeinflussen.

Entwicklungslinien: Anhand der Geschichte von Frühförderung und Früherziehung lässt sich recht deutlich zeigen, welchen Einfluss Entwicklungs- und Lerntheorien auf die pädagogische Praxis hatten und haben (Aden-Grossmann 2014; Franke-Mayer 2014). So blieb in den1950er-Jahren, als Entwicklung ganz wesentlich noch als Reifung verstanden wurde, nur die Empfehlung, auf Fortschritte in der Entwicklung zu warten und den Kindern bei Bedarf mit Krippe und Kindergarten Orte anzubieten, in denen sie verlässlich betreut wurden. In den 1960er-Jahren fanden Forschungsbefunde verstärkt Beachtung, in denen sensible Phasen in der Entwicklung nachgewiesen wurden. Im Wechselspiel mit Reifungsprozessen sind stimulierende äußere Einflüsse unverzichtbar, damit sich in einem bestimmten Zeitfenster Kompetenzen entwickeln können. Um dies zu ermöglichen, galt es, Eltern und Fachkräfte entsprechend anzuleiten. In den 1970er-Jahren wurden verstärkt lerntheoretische Konzepte eingebracht, um Benachteiligung bei den Bildungschancen auszugleichen. Lerntheorien lieferten Gründe für das Warum und auch das Wie. In den 1980er-Jahren wuchs die Unzufriedenheit mit einem kausalen-mechanistischen Verständnis von Lernprozessen insbesondere im Kindesalter. Das Kind wurde mehr und mehr als Akteur seiner Entwicklung verstanden. In handlungstheoretischen Konzepten werden auch Emotionen, Motivation und soziale Beziehungen in ihrer Bedeutung für den Lernprozess Thema. Dies führte dazu, dass in den 1990er-Jahren immer stärker die Entwicklungsumwelt Thema wurde. Der Blick richtete sich nun auf eine Intensivierung der Arbeit mit den Eltern, mit den Familien bis hinein ins Wohnquartier.

Leitbild heute: Es erscheint von daher stimmig, wenn seit 2000 Frühförderung und frühkindliche Bildung mit den folgenden Leitkonzepten verbunden werden:

- Frühzeitigkeit: Förderung und Bildung sind nachhaltiger, wenn sie frühzeitig, aber entwicklungsangemessen angeboten werden.
- Empowerment: Schon früh sind die Kinder zu ermutigen, sich aktiv ihre Lebenswelt zu erschließen.
- Inklusion: Jede Form von Benachteiligung und Ausgrenzung muss verhindert werden. Vielfalt und Unterschiedlichkeit der Menschen gilt als wichtige Ressource, um Lernen und Entwicklung der Kinder zu fördern.
- Interdisziplinarität: Die Komplexität der Entwicklungsbedingungen macht es immer wieder notwendig, interdisziplinär zusammenzuarbeiten, wenn besondere Hilfe und Unterstützung benötigt wird.
- Familienbezogenheit: Eltern und Geschwister sind wichtige Partner in der Entwicklung des Kindes. Kindergarten und Familie sollten in engem Austausch stehen und bereit sein, voneinander zu lernen.
- Gemeinwesenorientierung: Mit seiner Verortung im Quartier ist der Kindergarten eine wichtige soziale Ressource. Er sichert Lebens- und Wohnqualität und kann als Lernort für das Quartier verstanden werden.
- Lebensweltbezug: Lernen geschieht im Wechselspiel vielfältiger Bedingungen, die nicht alleine auf die Familie und den Kindergarten beschränkt sind. In der Lebens-

welt der Kinder finden sich vielfältige Anregungen und Möglichkeiten, Lernen mit hohem Alltagsbezug zu ermöglichen.

Vernetzung und Kooperation: Unter dem Einfluss systemischer Denkmodelle gelten Verhaltensauffälligkeiten nicht als Merkmale oder Probleme des Kindes. Sie werden vielmehr als Ausdruck von Störungen im Sozialsystem verstanden. In der Förderung von Kindern mit Verhaltensproblemen bedeutet dies zunächst eine verstärkte Berücksichtigung der Familie als Ganzes, nicht nur in der Beratung sondern auch in der Diagnostik. Damit können die Organisation der Familie, die Rollen der Familienmitglieder, die Familienstruktur und die familiären Interaktionsmuster insbesondere im Umgang mit den Verhaltensproblemen Thema werden. Darüber hinaus müssen aber auch Erschwernisse wie Ressourcen in der Lebenswelt der Familie berücksichtigt werden. Infolge dessen erweitern sich dann auch familienbezogene Angebote, sie gehen über die Beratung der Eltern und die Arbeit mit dem Familiensystem hinaus und betreffen gegebenenfalls auch die sozialen Beziehungen der Familie, die Nachbarschaft oder das Wohnquartier. Für Diagnostik, Beratung und Förderung kann es notwendig werden, mit Fachkräften unterschiedlicher Profession zusammenzuarbeiten. Nach Behringer und Höfer (2005) ist gute Kooperation möglich, wenn sie als Basis einen klaren Auftrag hat. Als definierte Kriterien nennen sie z. B. auch Regelmäßigkeit und Verbindlichkeit, adäquate Rahmenbedingungen, die sich auf den Zeitrahmen und die Finanzen beziehen, eine gute Kommunikation, geregelte Kompetenzen, definierte Informationswege und definierte Schlüsselprozesse. Wichtig ist aber auch, dass die Kooperation mit einer angemessenen Intensität gelebt wird. Oft ist der Kindergarten ein Ort, an dem die unterschiedlichen Informationen und Prozesse zusammengeführt werden.

Qualität: Pädagogisches Handeln im Kindergarten steht vor vielfältigen Herausforderungen. Mit der Abkehr von einer Fürsorgepädagogik hin zu einer Pädagogik, die die Selbstentwicklung aller Akteure ermöglicht, von einer autoritären Erziehungshaltung zu dem Bemühen, das professionelle Handeln an den Bedürfnissen der Kinder auszurichten, von einer Defizitorientierung hin zu einer Stärkenorientierung und nicht zuletzt von einer betreuenden Einrichtung für Kinder hin zu einem qualifizierten Angebot für Familien verbinden sich vielfältige Erwartungen. Um diesen Ansprüchen gerecht zu werden, wurden die Curricula der Ausbildung der Fachkräfte optimiert, Standards für die Praxis definiert und Wege des Qualitätsmanagements festgelegt. Ziel ist, dass Input und Prozessqualität so gestaltet werden, dass nachhaltige Ergebnisse für die Entwicklung des Kindes, seiner Familie und für das familiäre Umfeld zu erwarten sind (vgl. Abb. 12).

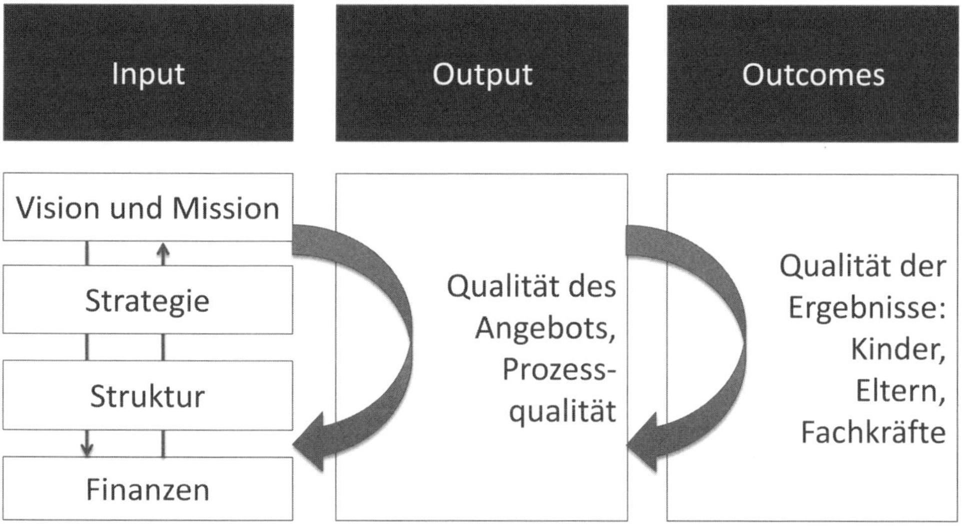

Abbildung 12: Qualitätsmanagement in Kindergärten

Die nationale Untersuchung zur Bildung, Betreuung und Erziehung in der frühen Kindheit (NUBBEK, Tietze et al. 2013) machte deutlich, dass die Prozessqualität für die Ergebnisse der pädagogischen Arbeit von Kindertagesstätten eine sehr große Bedeutung hat. So ist es besonders wichtig, dass sich die Erzieherinnen und Erzieher feinfühlig zeigen gegenüber den Signalen der Kinder und einfühlsam auf die Äußerungen der Kinder eingehen. Bereits Untersuchungen von Roux (2002) und König (2011) zeigten, dass ein solches Erzieherverhalten nur selten zu beobachten war. Stattdessen dominierten Erzieherinnen und Erzieher den Alltag, bestimmten die Kommunikation und versuchten Lernen und Problemlösungen der Kinder zu steuern. Da es ihnen oft schwerfiel, an die Erfahrungen und das Wissen der Kinder anzuknüpfen, konnten sie oft auch nicht die Ideen der Kinder aufgreifen. Um jedoch feinfühlig auf das Verhalten der Kinder eingehen zu können, gilt es, ihre nonverbalen Signale zu lesen, ihre emotionalen Reaktionen zu deuten und ihnen aktiv zuzuhören. Dies bedeutet auch, sich nonverbal und verbal auf das Kind hin auszurichten, direkt zu reagieren, die eigenen und die Emotionen des Kindes zu beobachten und Wertschätzung zu zeigen gegenüber dem Kind. Es geht also um ein wertschätzendes und unterstützendes »Monitoring« des Handelns der Kinder, unabhängig davon, ob die gewählte Aktivität aus Sicht des Kindes selbst- oder fremdbestimmt ist und ob die Aktion im Vordergrund steht oder das Nachdenken, die Reflexion (vgl. Abb. 13).

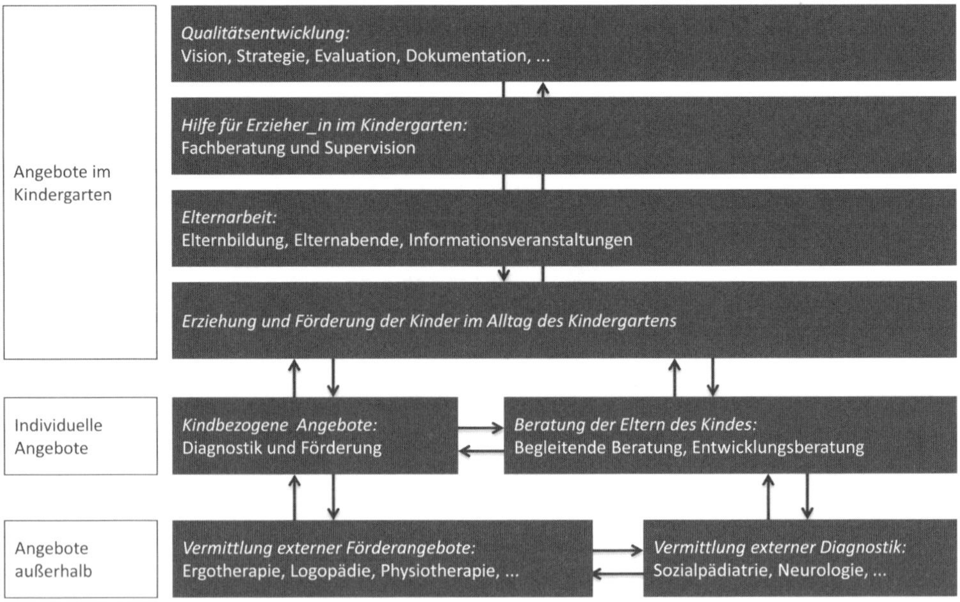

Abbildung 13: Aktivitäten im Kindergartenalltag

5.2 Schule

Schule aus Sicht der Lernenden: Aus Sicht der Schülerinnen und Schüler mag ihr Handeln im schulischen Kontext ganz wesentlich davon bestimmt sein, über welche Stärken und Schwächen sie verfügen, körperlich, emotional, kognitiv und sozial. Diese Stärken und Schwächen stehen natürlich in enger Wechselwirkung mit den sozialen Umweltsystemen von Familie, Schulklasse und Freundinnen und Freunden (etwa Calmbach et al. 2012). Damit ist aus Sicht der Schülerinnen und Schüler schulisches Lernen eng verbunden mit der Entwicklungsaufgabe »Identität«. Eine positive Identität liegt dann vor, wenn sie eine Selbstdefinition ermöglicht, die Kompetenzerleben, Zugehörigkeit und Autonomie umfasst. Der Wunsch, eine Identität zu formulieren, die die Grundbedürfnisse widerspiegelt, steht in vielerlei Hinsicht im Widerspruch zum gesellschaftlichen Auftrag von Schule als Sozialisationsinstanz. Schule steht nicht nur für gesellschaftliche Ressourcen zur Aneignung von Wissen und Bildung, sie steht auch für Selektion und die Zuweisung von Berufschancen. Defizitorientierung und Leistungsbeurteilung erschweren den Aufbau einer positiven Identität. Häufig gelingt es nicht, Lernprozesse in einer Weise zu individualisieren, sodass Erschwernisse kompensiert werden können. Der Forderung nach Eigenständigkeit und Verantwortung für den Lernprozess, für das Lernverhalten und den Lernerfolg steht im Widerspruch zu einem engen Zeit- und Inhaltsrahmen schulischen Lernens. Konflikte mit Lehrerinnen und Lehrern, mit Eltern, aber auch mit anderen Schülerinnen und Schülern in der Schulklasse bleiben nicht aus.

Schule aus Sicht der Eltern: Die eigenen Kinder auf ihrem Weg durch die Schulzeit zu begleiten, sehen viele Eltern als wichtige Aufgabe (Walper/Wild 2014). Oft fehlen Erfahrungen, die helfen, mit den Herausforderungen konstruktiv umzugehen. Eltern, die sich engagieren möchten, können dies häufig nur indirekt tun, da sie kaum Möglichkeiten sehen, den Alltag der Schule zu beeinflussen. Häufig wird aber auch beklagt, dass Eltern zu wenig Interesse an der schulischen Entwicklung ihre Kinder zeigen. Ungeschicktes Verhalten der Eltern würde zudem eher die schulische Bildung behindern als diese zu unterstützen. Gerade in solchen Fällen erweist sich aber die Kooperation von Schule und Beratungsdiensten, Schulpsychologie und anderen Angeboten als schwierig, da es nicht gelingt, die Eltern angemessen einzubeziehen.

Schule aus Sicht der Lehrenden: Für die Lehrerinnen und Lehrer ist es oft schwer, dem einzelnen Kind in der Schulklasse gerecht zu werden. Curriculare Vorgaben machen es notwendig, der Klasse als Ganzes Lernziele vorzugeben. Die Individualisierung des Unterrichts stößt bei der großen Zahl von Kindern mit ihren ganz unterschiedlichen Lernvoraussetzungen an ihre Grenzen. Auch der Anspruch, die Lebenswelt und Bildungswelt für die Kinder zusammenzuführen, scheint überzogen. Zugleich eröffnet aber die Idee der Bildungslandschaft neue Perspektiven: Mit ihr bietet sich die Möglichkeit, verschiedene Angebote, die zum Lernen anregen und Lernen unterstützen, zusammenzuführen. Damit wird das schulische Lernen ergänzt durch Angebote im Jugendtreff, in den offenen Angeboten des schulpsychologischen Dienstes oder etwa des Sportvereins (Starkman et al. 2006).

Lernschwierigkeiten: Zunächst können wir davon ausgehen, dass Lernschwierigkeiten eine Vorgeschichte haben. Denkbar ist, dass biologische Faktoren eine Rolle spielen, häufig werden auch genetische Ursachen angeführt. Sicher aber spielen auch frühere Lernerfahrungen eine wichtige Rolle. Fehlende Anregungen, entwertende Kommunikationsmuster, dauerhafte Überforderung und Misserfolge führen zu emotionalen, motivationalen und schließlich auch kognitiven Defiziten. Diese Erschwernisse kommen besonders dann zum Tragen, wenn der Unterricht selbst nicht auf diese Erschwernisse eingeht. Grund dafür mag fehlende Erfahrung oder die Persönlichkeit des Lehrenden sein, genauso wie die Zusammensetzung der Klasse oder die Vorgaben des Curriculums. In der pädagogisch-psychologischen Forschung wurden vier Bestimmungsgrößen auf Seiten der Schülerinnen und Schüler besonders untersucht: (1) das Instruktionsverständnis, (2) die Bedeutung der Vorkenntnisse, (3) die Lernmotivation und (4) die Lernzeit. Dabei bezeichnet das Instruktionsverständnis die Fähigkeit des Schülers, die Aufgabenstellung und die begleitenden Erläuterungen zu verstehen. Damit ist sie eng mit der sprachbezogenen Intelligenz verbunden. Kinder mit Lernschwierigkeiten zeigten in Sprachtests einen verlangsamten Ablauf der sprachlichen

Kodierung. Der geringe Umfang der Informationsverarbeitung pro Zeiteinheit wird als weiterer Grund angeführt. Der Lerngegenstand selbst kann als Problem verstanden werden, sodass Lernstörungen als Probleme bei der Lösung sich stellender Denkaufgaben gedeutet werden können. Problemlösen verlangt Strategien der Planung, Kontrolle, Überwachung, Prüfung, Revisionen und Evaluation. Zusätzlich ist aber auch Wissen über das eigene Wissen, also Metakognition verlangt. Lernschwierigkeiten lassen sich von daher auch als Strategiedefizite verstehen oder auch als unangemessene Kognition über den Einsatz dieser Strategien. Damit tut sich ein weites Feld auf für pädagogisch-psychologische Interventionen bei Lernschwierigkeiten.

Wie die pädagogisch-psychologische Forschung zeigt, sind Lernprozesse ganz wesentlich davon beeinflusst, was die Lernenden bereits über den Lerngegenstand wussten. Fehlende Vorkenntnisse können auf Gedächtnisprobleme zurückgeführt werden. Fehlendes Erinnern steht dann im Zusammenhang mit dem sensorischen Register, dem Kurzzeitspeicher, dem Langzeitgedächtnis und mit den Transferprozessen. Wie sich zeigt, sind defizitäre Kontrollprozesse bei der Kurzzeitspeicherung von besonderer Bedeutung. Wenn dies so ist, dann ist zu empfehlen, dass geeignete Lernstrategien modellgeleitet eingeübt werden, dass ausführlich über Nutzen und Grenzen von Strategien informiert wird, dass über Variationen der Aufgabenstellung und Prozesse die Generalisierung gefördert wird und dass allgemeine Heuristiken und Techniken eingeübt werden.

Lernmotivation: Die Lernmotivation ist ein klassisches Forschungsthema der Pädagogischen Psychologie. In den Arbeiten von Heckhausen wird Lernen als Handlung verstanden, als ein Prozess, der aus verschiedenen Phasen besteht. Mit den Handlungsphasen Situation, Handlung, Ergebnisse und Folgen verbinden sich unterschiedliche Bewertungsprozesse. So stellt die Situations-Ergebnis-Erwartung die Frage danach, was geschieht, wenn ich nicht handelnd eingreife. Die Handlungs-Ergebnis-Erwartung versucht zu beantworten, was geschieht, wenn ich etwas unternehme. Die Ergebnis-Folgen-Erwartung versucht einzuschätzen, was die weiteren Folgen des Handelns oder Nichthandelns sein könnten. Alle drei Erwartungstypen können nun in der Lernsituation reflektiert werden. Indem die Lehrenden auf die Bedeutung einer Klassenarbeit hinweisen, indem sie darauf hinweisen wie wichtig die Vorbereitung ist, dass Lernen Sinn macht und indem sie deutlich machen, wie wichtig ein gutes Ergebnis wäre, könnten sie versuchen, die drei Erwartungstypen bei den Lernenden zu beeinflussen. Dabei wird die Kausalattribution der Ergebnisse für die Auseinandersetzung mit späteren Anforderungen besonders wichtig sein (vgl. Kap. 2 und Abb. 14, Heckhausen 1977; Zielinski 1998; Heckhausen/Heckhausen 2006).

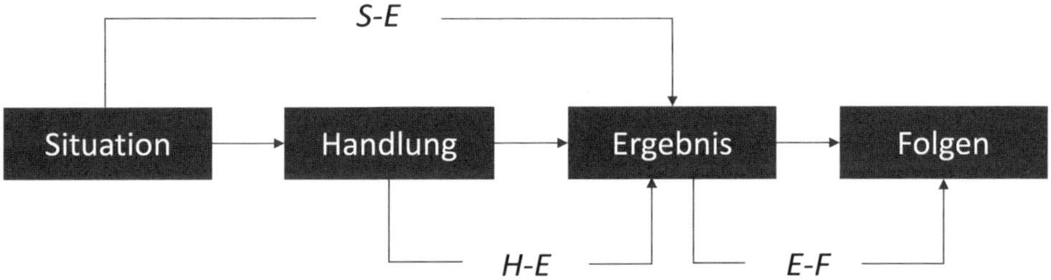

S-E: Situations-Ergebnis-Erwartung H-E: Handlungs-Ergebnis-Erwartung E-F: Ergebnis-Folgen-Erwartung

Abbildung 14: Lernmotivation

5.3 Hochschule

Grundlegende Aussagen zu Lernen gelten auch für das Lernen an Hochschulen. Allerdings wird die Notwendigkeit der Selbstbildung und damit der eigenverantwortlichen Steuerung von Lernprozessen stärker betont. Genauso wie für die Schulzeit sind aber motivationale und kognitive Faktoren sowie Bedingungen der sozialen und physikalischen Umwelt bedeutsam. Tatsächlich wird auch an Hochschulen Qualitätsentwicklung diskutiert. Auch hier ist von Inputqualität, Prozessqualität und Ergebnissen die Rede (vgl. Abb. 15, vgl. Braun et al. 2014, S. 435).

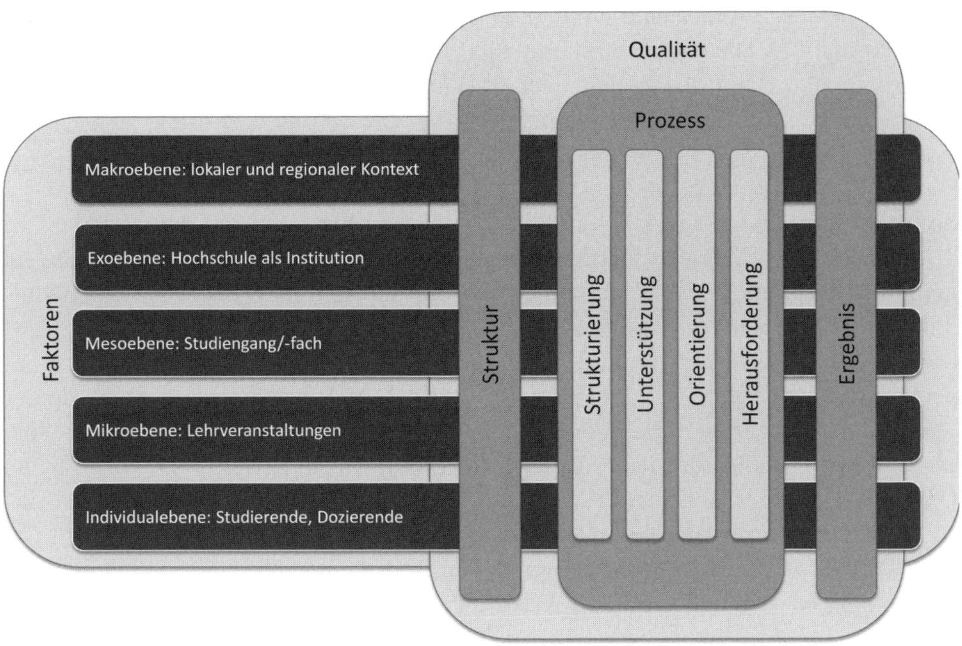

Abbildung 15: Hochschule als Lernumwelt

Unterschiede bestehen aber bezüglich des Selbstverständnisses, bezüglich der eingesetzten Ressourcen, der Schlüsselprozesse und der angestrebten Ergebnisse. Geht es um das Selbstverständnis, so wird z. B. gefragt, was Hochschulen von anderen Bildungseinrichtungen unterscheidet. Bei den Schlüsselprozessen geht es um die Frage, welche Didaktik dem Anspruch von Lehren und Lernen an Hochschulen gerecht wird. Bei den Ergebnissen wird oft nach Wirkungen gefragt, die über die Aneignung von Wissensinhalten hinausgehen. Hier werden Persönlichkeitsentwicklung und die Befähigung zur Selbstbildung Thema.

Selbstverständnis: Die enge Verbindung von Forschung und Lehre gilt oft als wesentliches Merkmal von Hochschulen. Grad und Art der Umsetzung werden jedoch kontrovers diskutiert (vgl. Beiträge in dem von Henningsen et al. 2013 herausgegebenen Band). Wie sich zeigt, kann das zentrale Anliegen von Forschung darin gesehen werden, die zunächst unüberschaubare Komplexität und Vielfalt der Faktoren angemessen zu reduzieren. Umgekehrt wird im Studium oft verlangt, sich mit der Komplexität und Vielfalt der Bedingungen, der Theorien und Modelle vertraut zu machen. Zusätzlich stellt sich die Frage, welche Bedeutung Forschungskompetenzen für jene haben, die sich mit ihrem Studium auf einen Beruf außerhalb von Forschung im engeren Sinn vorbereiten. Jedes Studienfach und jede Profession wird für sich entscheiden müssen, welchen Anteil Forschungskompetenzen an den Fach-, Methoden- und Sozialkompetenzen haben, die für die spätere berufliche Tätigkeit zentral sind. Üblicherweise gehen wir davon aus, dass die personale Kompetenz in Teilen einfließt in die Fachkompetenz, in Teilen einfließt in die Methodenkompetenz, ganz sicher aber in die Sozialkompetenz. Die Forschungskompetenz dagegen würde am ehesten noch für die Fachkompetenz eine Rolle spielen, oder auch für die Bewertung und Entwicklung von Methoden, also für die Methodenkompetenz (vgl. Steinebach et al. 2014).

Didaktik: Auch wenn Strategien und Methoden der Hochschullehre nun intensiver diskutiert werden, hat die Hochschuldidaktik einen schweren Stand. Mit Helmke und Schrader (2001) sehen wir Hochschuldidaktik als »die Gesamtheit der Bemühungen, Lehren und Lernen in der Hochschule zu erforschen und zu verbessern. Hochschuldidaktik ist eine anwendungsorientierte Disziplin, die sich mit der Zielsetzung, Unterrichtspraxis zu verbessern und ein dafür geeignetes Wissens- und Handlungsrepertoire bereitzustellen, mit der Erforschung von Lehr-Lern-Prozessen innerhalb der Hochschule beschäftigt« (Helmke/Schrader 2001, S. 249). Allerdings galt lange Zeit, was Krampen (2000) für die Psychologiedidaktik festhielt: »Trotz des beträchtlichen Umfangs und der erheblichen Breite dieser Anwendungsfelder von Psychologiedidaktik und Evaluation mangelt es nach wie vor – zumindest im deutschsprachigen Bereich – an systematischen, fachübergreifenden Bestrebungen, Inhalte und Fragen der Psychologiedidaktik und der darauf bezogenen Evaluationsnotwendigkeiten zu einem thematischen Schwerpunkt zu machen, der im Fach präsent, visibel und anerkannt ist« (Krampen 2000, S. 10). Um diesem Mangel zu begegnen, wurde 2009 EUROPLAT ins

Leben gerufen, ein Netzwerk von mehr als 30 Hochschulpartnern. Hier bietet sich die Möglichkeit, Innovation in der Psychologiedidaktik voranzutreiben, Evaluation und Qualitätssicherung zu fördern, den Nutzen neuer Medien in der Lehre zu prüfen und im Sinne einer praxisbasierten Forschung und Theorieentwicklung voranzutreiben. Entsprechende Ergebnisse werden unter anderem im Journal »Psychology Learning & Teaching« (PLAT, https://uk.sagepub.com/en-gb/eur/psychology-learning-teaching/journal202353) publiziert.

Forschendes Lernen: Vielfältige Empfehlungen zeigen auf, wie Forschung in die Lehre integriert werden kann. Warum ist z. B. »Forschendes Lehren« (Spinath et al. 2014) ein guter Weg für die Wissens- und Kompetenzvermittlung an Hochschulen? Nicht erst seit den Arbeiten von David Merrill (2008) wissen wir, dass Lernen nachhaltig unterstützt wird, wenn die Lernenden versuchen, echte Probleme zu lösen, wenn das bestehende Wissen als Basis für neues Wissen aktiviert ist, wenn die Anwendung neuen Wissens gezeigt wird, wenn das neue Wissen vom Lernenden angewandt wird und wenn das neue Wissen in die Lebenswelt des Lernenden integriert wird. Wer Forschung in die Lehre integriert, stellt sicher, dass sich die Lernenden mit echten Problemen beschäftigen, dass theoriebezogenes Wissen aktiviert wird, dass nicht nur evidenzbasiert mehr Wissen entwickelt und gefestigt, sondern dass das praktische Können gefördert wird. Nun sind verschiedene Arten und Grade der Verbindung von Forschung und Lehre denkbar. Die resultierenden Lehrformen werden zumeist unter Bezug auf Jenkins und Healey (2005) in einem Achsenkreuz von studentischer Eigenaktivität einerseits und Inhalts- vs. Prozessfragen andererseits verortet (vgl. Jenkins/Healey 2005; Tremp/Hildbrand 2012).

Unter dem Vorsatz, Forschung und Lehre miteinander zu verbinden, sind verschiedene Fragen zu klären: Welchen Forschungsfragen sollen wir uns widmen? Welche Ressourcen werden benötigt, um die Forschungsprozesse im Unterricht umzusetzen? Was für ein Projektplan resultiert? Welche Beurteilungskriterien sind angemessen? Wie wird der Kompetenzerwerb geprüft? Wie lässt sich der gesamte Unterrichtsprozess bestmöglich evaluieren? (vgl. Lim 2014; Müller 2012).

Verschiedene Publikationen machen deutlich, dass auch der beste Unterricht an dem Vorhaben scheitern kann, Forschung und Lehre miteinander zu verbinden. Drei grundlegende Schwierigkeiten werden genannt: (1) die Spannung zwischen Standards wissenschaftlicher Peer-Reviews und der Benotung von Studienleistungen, (2) die Spannung zwischen kooperativen Produktionsformen im wissenschaftlichen Kontext und individueller Zurechnung von Leistungen, (3) die Spannung zwischen selbstorganisierter Wissensproduktion und Zwangszuweisung zu Seminaren (Kühl 2009; Reinmann 2014).

Damit werden nicht nur inhaltliche Fragen, sondern auch strukturelle Probleme deutlich, Fragen auf die es nicht immer eine passende Antwort gibt. Strukturell sind Forschung und Lehre oft getrennt. Dabei können Forschungsfragen in der Lehre entstehen und im Unterricht können Lösungen erarbeitet werden. Dies setzt aber voraus, dass wir eine solche Lehre strategisch und strukturell, aber auch finanziell absichern. So gilt es, die Verbindung von Lehre und Forschung in der Vision, in der Mission und in der Strategie der Hochschule und ihrer Fächer zu verankern. Die pädagogischen Grundlagen und Curricula sind im Sinne einer Verbindung von Forschung und Lehre weiterzuentwickeln. Durch strukturelle Maßnahmen soll die Zusammenarbeit zwischen Forschenden und Lehrenden erleichtert werden (Braun et al. 2014). Überall da, wo sich besondere didaktische Herausforderungen stellen, sollten sich die Lehrenden entsprechend weiterbilden (vgl. Jenkins/Healey 2005; Steinebach 2005).

5.4 Beruf

Ausbildung und berufliche Sozialisation finden in einem gesellschaftlichen und kulturellen Umfeld statt. Der gesellschaftliche Wandel macht es notwendig, die berufliche Ausbildung, aber auch die Weiterbildung während der Berufstätigkeit immer wieder anzupassen. Dabei müssen beide, Ausbildung wie Weiterbildung, die gesellschaftlichen Veränderungen mitdenken, wenn sie dem Anspruch der Nachhaltigkeit gerecht werden wollen.

Berufliche Bildung als Kompetenzentwicklung: In der Ausbildung zu einem Beruf, z.B. in der Lehrlingslehre, sollen Kompetenzen im Sinne von Handlungsfähigkeiten vermittelt werden. Nach Erpenbeck und Rosenstiel (2007) geht es um die Ausbildung von Fähigkeiten, »die ein sinnvolles und fruchtbares Handeln in offenen, komplexen, manchmal auch chaotischen Situationen erlauben, die also ein selbstorganisiertes Handeln unter gedanklicher und gegenständlicher Unsicherheit ermöglichen« (Erpenbeck/Rosenstiel 2007, S. 6). Im eigentlichen Sinn geht es dabei um kontextspezifische Leistungsdispositionen, »die sich funktional auf Situationen und Anforderungen in bestimmten Domänen beziehen« (Klieme/Hartig 2007, S. 17). Schaper (2009) unterscheidet folgende Konzepte von Kompetenz: (1) Kompetenz als Persönlichkeitsmerkmal, wobei es um persönlichkeitsbezogene Eigenschaften wie Intelligenz, Kreativität oder Motivation geht, (2) Kompetenz als Wissens- und Fähigkeitsvoraussetzung, also als Qualifikationen im Sinne von Kenntnissen, Fertigkeiten und Fähigkeiten, (3) Kompetenz als Fähigkeit, komplexe Anforderungen zu bewältigen, wobei kognitive, motivationale und soziale Voraussetzungen für die Bewältigung beruflicher Erfordernisse mitgedacht werden, (4) Kompetenz als Selbstorganisationsdisposition, die sich in der Fähigkeit zeigt, neue Situationen durch geeignete Problemlösestrategien zu meistern. (vgl. Steinebach et al. 2014). Diese vier Perspektiven verdeutlichen, wie vielseitig die berufliche Sozialisation ist. Sie machen deutlich, dass formelle Angebote und informelle Lernprozesse innerhalb und außerhalb der eigentlichen Berufslehre Kompetenzentwicklung ermöglichen.

Weiterbildung: Wir stehen in vielfältigen gesellschaftlichen Änderungsprozessen, die dazu führen, dass die berufliche Bildung selbst nie abgeschlossen ist. Als einflussreiche »Megatrends« sind zu nennen: Globalisierung, Pluralisierung, Beschleunigung und Wissensorientierung (Renn 2000; Renn et al 2007). Mit diesen Trends verbinden sich vielfältige Risiken, aber immer wieder auch Chancen. Insbesondere durch die oft beklagte Beschleunigung des Alltags, aber auch des sozialen Wandels selbst entsteht ein großer Orientierungsbedarf (Rosa 2005, 2011). Eigene Erfahrungen fehlen gerade da, wo Qualität und Effizienz gesteigert werden sollen. Da die Bedeutung des verfügbaren Wissens schnell abnimmt, ist Weiterbildung verlangt. So kommen zwei Anliegen in den Blick: (1) die Aneignung neuen Wissens, um den konkreten Anforderungen am Arbeitsplatz immer wieder neu gerecht zu werden, (2) die vorausschauende Anpassung der eigenen Identität, um Kompetenzerleben, Wohlbefinden und seelische Gesundheit wiederherzustellen oder zu erhalten. Hier gilt es, Burn-out und Depression zu meiden, im Wesentlichen dadurch, dass man dem »Lebensgefühl der rutschenden Abhänge« (Rosa 2011) zu entkommen sucht.

Didaktik: Dass die Lehrlingslehre in besonderer Weise den Konzepten der neuen Lerntheorien entspricht, wurde bereits früher deutlich. Dies gilt insbesondere da, wo sich Lehrmeister und Lehrling gemeinsam mit einem Problem beschäftigen und Schritt für Schritt an seiner Lösung arbeiten. Wir können dann davon ausgehen, dass es sich um authentische Probleme handelt. Die Problemanalyse macht es möglich, das verfügbare Vorwissen zu aktivieren. Im Lernprozess gibt es immer wieder die Möglichkeit, Teilschritte und Ergebnisse modellhaft zu demonstrieren. Neu erworbenes Wissen kann in eben dieser authentischen Lernsituation aktiv angewendet werden. Das gemeinsame Gespräch über den Lernprozess ermöglicht zudem, das neu erworbene Wissen in frühere Wissensbestände zu integrieren. Dieser dialogische Prozess sollte jedoch genügend Raum für selbstgesteuertes Lernen lassen. All dies verlangt beim Lernenden Fähigkeiten der Emotionsregulation, der Selbstregulation, der Situationsregulation und der Interaktionsregulation. Versuche des Lernens können auch scheitern, weswegen der Lernende allenfalls auch mit Enttäuschungen umgehen muss. Lernergebnisse sollten so artikuliert werden, dass sie den Selbstwert und das Selbstkonzept nicht grundsätzlich in Frage stellen. Die Situationsregulation verlangt Flexibilität. Nicht immer sind Ziele wie gedacht erreichbar. Deshalb sollte sich die Flexibilität einerseits auf die Wahl der Methoden, aber auch auf die Bewertung der Ziele beziehen. Lernen ist auf Rückmeldung angewiesen, auch auf die Rückmeldung von anderen Menschen. Dies setzt allerdings voraus, dass der Lernende in der Lage ist, in einen konstruktiven Dialog mit anderen zu treten (Steinebach et al. 2014). Aus diesen Überlegungen lassen sich wiederum Lernziele formulieren. Diese betreffen weniger fachliche oder spezifische berufliche, sondern vielmehr persönliche Kompetenzen. Sofern dabei psychologisches Wissen und psychologische Kompetenzen angesprochen sind, finden sie sich auch im Konzept der »Psychological Literacy« (Cranney/Dunn 2011).

Teil III: Brennpunkte

6 Migration

Migration bringt vielfältige Herausforderungen für das Lehren und Lernen. Mit ihr sind kognitive, emotionale, soziale, gesellschaftspolitische und rechtliche Aspekte verbunden. Von besonderer Bedeutung sind die Auswirkungen auf die sprachliche Entwicklung und die Entwicklung der Identität. Persönliche Einstellungen zum Migrationsgeschehen haben weitreichende Auswirkungen auf den Prozess der Adaptation an die Zielkultur. Abschließend werden in diesem Kapitel die psychologischen, emotionalen und sozialen Folgen der Diskriminierung diskutiert.

6.1 Unterschiedliche Definitionen von Migration und Menschen mit Migrationshintergrund

Der Slogan und Buchtitel »Alle Menschen sind Ausländer. Fast überall« (Budzinski 1988) trifft zum einen den Sachverhalt, dass das Phänomen der Bewegungen von Menschen über Kultur- und Landesgrenzen hinweg nicht mit Persönlichkeitsmerkmalen verwechselt werden kann. Zum anderen aber verweist er durch seine männlich gehaltene Formulierung auf die Frage nach Gendergerechtigkeit (vgl. Kap. 11) und Intersektionalität (Crenshaw 1989). Intersektionalität verweist auf das Zusammenspiel von verschiedenen Diskriminierungsformen, mit denen Menschen konfrontiert werden können, z. B. Benachteiligung aufgrund von Migration und aufgrund von Geschlecht und aufgrund eines höheren Lebensalters. Denn nicht alle Menschen sind männlich, egal wo. Eine weitere zentrale Aussage des Slogans ist, dass Migration immer nur mit Bezug auf eine ortsbezogene Perspektive zu verstehen ist. Nur in den wenigen ausgewählten Ländern, in denen sich Menschen als »Inländer_in« identifizieren können, gelten sie nicht als »Ausländer_in«. Damit wird die populäre Vorstellung hinterfragt, »Ausländer_innen« seien Angehörige von kleinen Minderheiten. Mittlerweile wird im deutschsprachigen Raum der Begriff »Ausländer« durch »Menschen mit Migrationshintergrund« ersetzt. Damit wird gewürdigt, dass Migration eine soziale Erfahrung ist, kein Persönlichkeitsmerkmal. Vorstellungen und sozial vermittelte Konstrukte darüber, was Migration bedeutet, bilden weiterhin die Konnotationen dieser moderneren Begrifflichkeit. Denn aus deutschsprachiger Sicht werden Migrant_innen häufig als »Fremde« dargestellt. Mit dem Ausdruck »fremd« wird dabei jedoch fälschlicherweise ein sehr begrenzter subjektiver Standpunkt zur Norm erklärt, wobei alle anderen Perspektiven als »fremd« diskriminiert werden. Die Schwierigkeiten der Definition von Migration zeigt z. B. die komplizierte Definition des Statistischen Bundesamtes über »Bevölkerung und Erwerbstätigkeit. Bevölkerung mit Migrationshintergrund – Ergebnisse des Mikrozensus 2012« (Statistisches Bundesamt):

> »Zu den Menschen mit Migrationshintergrund zählen alle Ausländer und eingebürgerte ehemalige Ausländer, alle nach 1949 als Deutsche auf das heutige Gebiet der Bundesrepublik Deutschland Zugewanderte, sowie alle in Deutschland als Deutsche Geborene mit zumindest einem zugewanderten oder als Ausländer in Deutschland geborenen Elternteil« (Statistisches Bundesamt, S. 6).

Die genaue Bestimmung, welche »Ausländer« und welche »ehemaligen Ausländer« nun als »mit Migrationshintergrund« gelten, wird für den Mikrozensus noch komplizierter, da die Kinder von reisenden Deutschen nicht mit unter diese Kategorie fallen sollen, selbst wenn sie im »Ausland« geboren wurden. Denn in Deutschland gibt es die Besonderheit, dass das Geburtsland nicht wie in anderen Ländern als Referenzpunkt für die Definition von nationaler Zugehörigkeit und Migration genutzt wird, sondern die Nationalität der Eltern, insbesondere der Mutter. Im erwähnten Bericht des Mikrozensus über Migrant_innen in Deutschland wird daher noch präzisiert:

> »Deutsche ohne Migrationshintergrund sind wie ihre Eltern als Deutsche in Deutschland geboren. Sie bleiben im Folgenden unberücksichtigt, auch wenn sie sich während ihres Lebens vorübergehend im Ausland aufgehalten haben und dies im Mikrozensus angegeben haben (Rückkehrer). Haben deutsche Frauen ohne Migrationshintergrund während eines solchen Auslandsaufenthalts ein Kind geboren, so sollte dieses während eines Auslandsaufenthalts geborene Kind von ›Deutschen ohne Migrationshintergrund‹ bei Rückkehr nach Deutschland […] als ›Deutsche(r) ohne Migrationshintergrund‹ gelten und unberücksichtigt bleiben; diese Absicht lässt sich aber mit den Daten des Mikrozensus nicht eindeutig umsetzen« (Statistisches Bundesamt, S. 668).

Migration als Gegenstand dieses Kapitels ist damit bereits in seiner Definition und Verwendung kritisch zu betrachten. Der soziale und politische Kontext von Diskursen über Migration spielen beim Verständnis eine zentrale Rolle. Für die Pädagogische Psychologie gilt es, die Kontexte von Wanderungen und Migrationsgesellschaften immer mit in den Blick zu nehmen und Lernen und Lehren nicht als Phänomen von isolierten Lernsituationen in spezifischen Institutionen wie z. B. Schulunterricht zu verstehen. Für die Arbeitsfelder der Pädagogischen Psychologie gilt es, soziale Kontexte und gelebte soziale Beziehungen mit einzubeziehen (Gilligan 2011). Gesellschaften und Institutionen des Lehrens und Lernens, in denen Menschen grenzüberschreitende Wanderungen vollziehen, profitieren bei der Beschäftigung mit Migration insbesondere davon, wenn sie einen Blick über Grenzen hinweg einbeziehen.

Anders als die Frage nach *Personen* mit Migrationshintergrund, die das Statistische Bundesamt zu definieren versucht, kann die *Tätigkeit* oder Erfahrung von Wanderung für die Definition von Migration herangezogen werden. Aus wirtschaftspolitischer Perspektive werden unter Migration Wanderbewegungen von Menschen verstanden, die ihren Wohnort in ein anderes Land oder eine andere Region verlegen (vgl. die Definition von Migration im Gabler Wirtschaftslexikon):

> »Wanderungsbewegungen von Menschen (Arbeitskräften) zwischen Staaten oder administrativen Untereinheiten eines Staates (Binnenwanderung), die zu einem längerfristigen oder dauernden Wechsel des ständigen Aufenthaltsortes der daran beteiligten Personen führen. Häufig durch politische, soziale oder wirtschaftliche Not der sog. Migranten hervorgerufen« (Springer Gabler Verlag, http://wirtschaftslexikon.gabler.de/Archiv/440/migration-v12.html).

Diese Definition bezieht sich ausdrücklich auf Migration im Kontext der Berufstätigkeit von sogenannten Familienernährern (Leitner et al. 2004). Das bedeutet: Wenn von Migration gesprochen wird, wird der Diskurs häufig auf solche Wanderungen von Menschen bezogen, die zum Zweck der Erwerbsarbeit in ein anderes Land umgezogen sind, um ein (besseres) Einkommen zu erzielen. Die historische Situation der sogenannten »Gastarbeiter_innen«, also junger Männer und Frauen, die gezielt für Erwerbsarbeit in Deutschland angeworben wurden, wirkt hier im deutschsprachigen Diskurs nach.

Aber auch nichterwerbstätige Personen sind an den Wanderbewegungen beteiligt und gelten daher als Migrant_innen. Innerhalb von Familien beispielsweise werden die Beziehungen der Familienmitglieder durch die Migration Einzelner verändert. Wenn Familienmitglieder (temporär) räumlich getrennt leben, dann stellt die Aufrechterhaltung des Kontakts eine Herausforderung dar, die unterschiedlich bewältigt werden kann. Migration, also sich in eine vorher unbekannte, neue soziale Umgebung zu begeben, bietet Chancen für neue Lernerfahrungen. Solche Wanderungen können als Entwicklungsaufgaben fungieren und Lernanstöße geben. Wenn das Wandern gar nicht selbst durchgeführt wird, sondern Kinder »mit Migrationshintergrund« als Wandernde wahrgenommen werden, dann begegnen sie anderen Herausforderungen als die Migrant_innen, mit denen sie verwandt sind. Zudem gilt es, auch Migrationsbewegungen mit einzubeziehen, die nicht wie eine Einbahnstraße nur Bewegungen in eine Richtung vorsehen. Migration und Remigration wechseln einander häufig ab, transnationale Identitäten und Verwurzelungen werden gelebt (Fürstenau/Niedrig 2007). Auch erleben Familien, dass ein Elternteil über längere Zeiten im Ausland lebt und die Kinder entweder von ihren Eltern getrennt aufwachsen oder aber nach einer längeren Trennung vor der zweifachen Aufgabe stehen, ein für sie neues Sozialgefüge zu verstehen, einen neuen Platz in der Familie zu finden und eine neue Form der Beziehung zum Elternteil (wieder) aufzubauen (Wu et al. 2015). Immer häufiger verorten sich Menschen heute nicht mehr nur an einem Ort, sondern pendeln zwischen mehreren Lebensmittelpunkten (vgl. Scheiner 2013; Schier 2014). Dies kann private Gründe haben, z. B: Geschiedene und räumlich getrennt lebende Eltern wollen ihre Kinder gemeinsam betreuen, Ruheständler_innen leben Teile des Jahres in ihren Ferienhäusern im Ausland. Daneben führen auch berufliche Gründe wie die Trennung von Arbeitsplatz und Familienwohnsitz auch über nationale Grenzen hinweg zur Multilokalität.

Treibel (1999, 2011) schlägt einen umfassenderen Begriff von Migration vor, der auch Menschen mit einbezieht, die nicht bzw. noch nicht oder nicht mehr erwerbstätig sind.

> »Migration ist der auf Dauer angelegte bzw. dauerhaft werdende Wechsel in eine andere Gesellschaft bzw. in eine andere Region von einzelnen oder mehreren Menschen. So verstandene Migration setzt erwerbs-, familienbedingte, politische oder biographisch bedingte Wanderungsmotive und einen relativ dauerhaften Aufenthalt in der neuen Region voraus; er schließt den mehr oder weniger kurzfristigen Aufenthalt zu touristischen Zwecken aus« (Treibel 1999, S. 21).

Definition

Demnach sind für Migration unterschiedliche Aspekte bestimmend: die Tätigkeit als Wanderung von Menschen, die dauerhafte Verlegung des Wohnortes und des gewöhnlichen Aufenthalts, ein Ortswechsel mit Überschreitung von Grenzen, eine Veränderungen der sozialen Beziehungen, beispielsweise eine geänderte Gestaltung von Familienbeziehungen, und dies alles allein oder in Gruppen.

Zusammengefasst lässt sich beobachten, dass mit dem Begriff der Migration ein großes Themengebiet angesprochen wird. Zwar scheint die Tätigkeit des Wanderns zwischen geographischen Orten im Mittelpunkt der Definitionen zu stehen. Ob aber Migrant_innen notwendigerweise selbst gewandert sein müssen oder nur ihre Vorfahren, ist bereits strittig. Auch kann heute nicht mehr davon ausgegangen werden, dass Wanderungen einmalige Reisen ohne Rückfahrkarte sind. Vielmehr gehören auch multilokale Lebensformen etwa im Sinne der Transmigration in das Themenfeld. Die näheren sozialen Umfelder einschließlich familiärer Beziehungen werden von Wanderungen Einzelner oder Gruppen betroffen sein, insbesondere ergeben sich aufgrund von Migration Veränderungen in der Kontakthäufigkeit und in der Form des Zusammenlebens von Kindern und deren Eltern.

6.2 Migration und Lernen

Sprachen

In diesem Beitrag werden Wanderungen zunächst unter dem Gesichtspunkt ihres Potentials als entwicklungsanregende Lernumgebung betrachtet. Das Hineinwachsen in eine neue Region bzw. das Pendeln zwischen mehreren Orten bietet Anregungen und Herausforderungen für die kognitive, emotionale und soziale Entwicklung und damit

Chancen für das Erlernen und Ausprobieren neuer Verhaltensmöglichkeiten. Nachteile aufgrund von ungünstigen Umweltbedingungen, insbesondere im Bildungswesen und von Diskriminierungen werden anschließend diskutiert.

Häufig wird Migration über Sprachgrenzen hinweg vollzogen. Dies bietet den Vorteil, dass Migrant_innen häufig mehrere Sprachen beherrschen. Sie erlernen neben den Sprachen auch mehrere Kulturtechniken und kennen sich in unterschiedlichen sozialen Milieus aus, einschließlich der jeweiligen »typischen« Verhaltensweisen. Wenn die aufnehmende Gesellschaft der Wandernden jedoch wenig Sensibilität für Mehrsprachigkeit mitbringt, kann der kognitive Vorteil von Mehrsprachigkeit zu sozialer Benachteiligung führen. Denn in einer monolingualen Kultur bleiben solche Kompetenzen, Leistungen und Lernmotivationen außerhalb der Wahrnehmung oder werden sogar aktiv abgewertet.

Fallbeispiel

In einer Grundschule wurden u. a. folgende Kinder unterrichtet:

- ein gut hörender Tschechisch sprechender Junge, der zu Hause Tschechisch lernte und in der Schule zusätzlich Deutsch. Die Eltern sprachen Englisch mit den Lehrerinnen.
- ein schwerhöriges Mädchen, das zu Hause Deutsch und Englisch lernte, in der Schule nur auf Aufforderung sprach, dann meist einsilbig. Die Eltern kommunizierten mit den Lehrerinnen auf Deutsch.
- ein chinesischer Junge, der Chinesisch und Deutsch sprach und dessen Eltern Englisch mit den Lehrerinnen redeten.

Die Klassenlehrerin hatte Mühe, sich in Englisch mit den Eltern der beiden Jungen zu unterhalten, und wusste sehr wenig von der Lebenswelt dieser Kinder (alle Eltern waren promovierte Gastwissenschaflter_innen an einer Hochschule in der Nähe der Schule). Beim Elternsprechtag lobte die Lehrerin die deutsche Mutter des hörgeschädigten Mädchens: Ihr Kind sei ja so schlau und könne so gut reden, und dann könne sie zusätzlich auch noch Englisch, toll! Sie werde es einmal leicht im Leben haben. Die Mutter wunderte sich, denn sie wusste um die verlangsamte und mühevolle Sprachentwicklung ihrer Tochter und von den vielen Förderangeboten, die sie für ihr Kind organisierte und durchführte. Als die Mutter die Lehrerin darauf hinwies, dass die anderen beiden Kinder doch über sehr viel mehr Sprachkompetenzen verfügten, erwiderte die Lehrerin ihrerseits verwundert: »Aber die können doch gar kein Deutsch.«

Dieses Beispiel illustriert, wie eine Lehrerin/ein Lehrer durch Kommunikationsprobleme mit Eltern so beeindruckt werden kann, dass ihre/seine Wahrnehmungsfähigkeit für die Kompetenzen von mehrsprachigen Kindern eingeschränkt wird und sie/er ein verzerrtes Bild der Sprachentwicklungen der Kinder entwickelt. Eine gezielte Förderung dieser Kinder wird einer solchen Lehrerin/einem solchen Lehrer ohne Gespür für den Leistungsstand der Kinder schwer möglich sein. Bezeichnend ist die Aussage, dass das sprachentwicklungsverzögerte Mädchen von der Lehrerin für »so gut reden« und »zusätzlich Englisch« gelobt wurde. Denn hierbei wird deutlich, dass für die Lehrerin ausschließlich Deutsch als »Reden« gilt. Möglicherweise führte Frustration über eigene mangelnde Englischkenntnisse in der Kommunikation mit den Eltern der beiden Jungen zu einer verzerrten Wahrnehmung. Auffällig an diesem Beispiel ist, dass die beiden Jungen über gute Deutschkenntnisse verfügten, auch ohne Anerkennung der Lehrerin für diese Fähigkeit.

In vielen Gesellschaften, die in der globalisierten Welt über Macht verfügen, wird Monolinguismus als erwünschte Form der Sprachkompetenz angesehen, wobei gleichzeitig der Erwerb von »Englisch als lingua franca« als zusätzliche Fähigkeit befürwortet wird (vgl. May 2014). Eine gezielte Unterstützung von Mehrsprachigkeit würde den Spracherwerb und die Identitätsentwicklung mehrsprachiger Menschen fördern, insbesondere wenn sie aufgrund von Migration mit mehreren Sprachen in engen Kontakt kommen. Hier hätte die Schweiz mit ihren vier Landessprachen eine besondere Chance. Allerdings wird auch in der Schweiz zunehmend Englisch als gemeinsame Sprache verwendet.

In der Sprachentwicklungsforschung werden von vielen Wissenschaftler_innen Vorteile der Mehrsprachigkeit aufgezeigt. Bialystok (2011) beschreibt kognitive Besonderheiten von mehrsprachiger Sprachentwicklung, z. B. eine erhöhte Fähigkeit zu kognitiver Kontrolle oder Mehrsprachigkeit als Alzheimer-Prävention. So konnten Freedman und Mitarbeitende (2014) beobachten, dass Mehrsprachigkeit ein möglicher Schutzfaktor vor Altersdemenz sein kann: Sie verglichen den Altersdurchschnitt von monolingualen und bi- oder mehrlingualen Personen mit einer Alzheimerdiagnose und fanden eine Verzögerung des Ausbruchs der Krankheit bei mehrsprachigen Patient_innen von bis zu fünf Jahren. Auch wenn die Ursachen für solche Beobachtungen noch nicht ganz erforscht sind, legen diese Forschungen von Bialystok und ihren Kolleg_innen nahe, dass mehrsprachige Personen eine kognitive Reserve aufbauen, die als Schutzfaktor fungieren kann (Craik et al. 2010). Wenn dagegen vom sozialen Umfeld nur die Kompetenzen in der Sprache der Mehrheitsgesellschaft wahrgenommen werden, bleiben wichtige Fähigkeiten außerhalb des Blickes. So wird beispielsweise auch die gezielte Förderung von mehrsprachigen Schüler_innen im Schriftspracherwerb aller genutzten Sprachen erschwert.

Auch im vorschulischen Bereich kann ein Defizitblick problematisch sein. So wird beispielsweise in der bis zum 31. Juli 2019 gültigen »Verwaltungsvorschrift des Kultusministeriums über Zuwendungen zur Sprachförderung in allen Tageseinrichtungen für Kinder mit Zusatzbedarf (SPATZ-Richtlinie)« des Landes Baden-Württemberg zusätzlicher besonderer Sprachförderbedarf bei Kindergartenkindern allein deshalb attestiert, weil das Kind die Kompetenz mitbringt, eine Muttersprache zu sprechen, die nicht Deutsch ist:

> »Von zusätzlichem intensivem Sprachförderbedarf kann ausgegangen werden, wenn das Kind eine andere Muttersprache als Deutsch spricht oder dieser von der pädagogischen Fachkraft – gegebenenfalls durch ein Sprachstandserhebungsverfahren – festgestellt wird.«
>
> Ministerium für Kultus, Jugend und Sport (2014)

Ausdrücklich wird damit Förderung für Kinder, die Deutsch als (nicht vorrangige) Familiensprache erlernen, als notwendig erachtet. Die Bereitstellung von finanziellen Mitteln zur Förderung der Sprachkompetenzen von Kindern und Programme zur Weiterbildung von Erzieher_innen in Sprachförderung sind wichtige Ressourcen, mit denen Chancengleichheit im Bildungswesen vorangetrieben werden kann. Gleichzeitig bergen aber genau die Kriterien für Förderbedarf die Gefahr, dass Kinder zu Beginn ihrer Bildungskarriere in den zuständigen Institutionen durch die Defizitorientierung hinsichtlich ihrer Sprachkompetenz in der Entwicklung ihres Selbstbewusstseins behindert werden. Leicht kann passieren, dass sie deshalb ihre überdurchschnittliche Fähigkeit der Mehrsprachigkeit gar nicht erst wahrnehmen, diese nicht in ihr Fähigkeitsselbstkonzept mit einbinden und insgesamt in Bezug auf das Lernen in monolingualen Bildungsinstitutionen entmutig werden. Wenn Menschen aufgrund von Migration längerfristig Alltagserfahrungen an Lebensorten in mehreren Regionen sammeln, werden sie durch das Lernen von mehreren Sprachen bereichert, aber häufig wegen wahrgenommenen Defiziten in einer zur Hauptsprache erklärten Sprache von monolingualen Gesellschaften diskriminiert (May 2014).

Identitäten

Migration bringt aber nicht nur die Gefahr von Diskriminierungen und Bildungsbenachteiligung mit sich. Daneben bieten Wanderungserfahrungen auch Chancen und Herausforderungen für die Identitätsentwicklung von Migrant_innen. Im deutschsprachigen Raum wird häufig erwartet, dass Migrant_innen sich für die deutschsprachige Kultur und gegen ihre mitgebrachte Kultur entscheiden (vgl. Diskussion in Johler 2007). Dagegen konnte in vielen Untersuchungen gezeigt werden, dass sich Personen mit Verbindungen zu mehreren Kulturen gleichzeitig mit diesen identifizieren können und ggf. wahrnehmbare Widersprüche integrieren. So befragten Citlak et al. (2008) Mütter von 18 bis 36 Monate alten Kindern in Deutschland zu ihren Sozialisationszielen. Hierbei verglichen sie Mütter, die aus der Türkei nach Deutschland eingewandert sind, mit Müttern, deren Eltern aus der Türkei migrierten und mit Müttern in Deutschland, die keine Migrationserfahrungen hatten. Alle Mütter hatten einen niedrigen sozio-ökonomischen Status. Die Autorinnen fanden u. a. heraus, dass sich die Mütter mit migrationsbedingten Bezügen zur türkischen und zur deutschen Kultur für beide Kulturen engagierten und sich somit gleichzeitig für beiden Kulturen entschieden.

Einige Autor_innen gehen davon aus, dass sich die psychologischen Entwicklungen von Migrant_innen in Europa von denen in Nordamerika darin unterschieden, dass sich Personen, die nach Europa wandern, nicht so stark von ihren sozialen Gruppen aus der Zeit vor der Migration distanzieren, wie das insbesondere in den USA beobachtet wurde. Frankenberg et al. (2013) beschreiben, dass Migranten_innen innerhalb von Europa dazu neigen, einen »fusion identity« (Frankenberg et al. 2013, S. 159) zu entwickeln. Damit meinen die Autor_innen, dass europäische Migrant_innen verstärkt alle für sie relevanten gesellschaftlichen Bezugssysteme, sozialen Beziehungen und Kulturen in ihre Identitäten integrieren. Phinney et al. (2006) schlagen basierend auf ihren Forschungsergebnissen mit über 5000 Jugendlichen aus 13 Ländern vor, dass Regierungen und Bildungseinrichtungen jugendliche Migrant_innen psychologisch dann gut unterstützen, wenn ihnen sowohl Mitbestimmungsmöglichkeiten in den Aufnahmegesellschaften ermöglicht werden, als auch der Raum gegeben wird, ihre mitgebrachten ethnischen Identitäten aktiv zu gestalten (Phinney et al 2006, S. 328). Zitzelsberger und Latorre (2011) konnten zeigen, welche Beiträge Migrant_innenselbstorganisationen leisten. Innerhalb der Soziologie und Politikwissenschaften wird mittlerweile auch für den deutschsprachigen Raum darüber geforscht, wie Gesellschaften von Migrant_innen profitieren und wie sie sich durch die Migrationsbewegungen verändern (Treibel 2011; Kleist 2015). Damit wird die Bedeutung von Migration nicht mehr nur verkürzt als »Problem« von migrierenden Menschen allein verstanden, sondern als Phänomen von gesamten Migrationsgesellschaften. Aktuelle Flüchtlingsbewegungen, in deren Folge Flüchtlinge in sehr großen Zahlen nach Europa migrieren, bilden eine Herausforderung für die europäischen Staaten bei dem Bestreben, den Flüchtlingen ausreichend Schutz und Menschenwürde zu garantieren, insbesondere angesichts der sehr vielen toten Flüchtlinge im Mittelmeer. Das UNO Flüchtlingshilfswerk stellt Mitte 2015 fest: »Derzeit befinden sich weltweit knapp 60 Millionen Menschen auf der Flucht. Dies ist die höchste Zahl, die jemals von UNHCR verzeichnet wurde. Und sie wächst weiter.« (https://www.uno-fluechtlingshilfe.de/fluechtlinge/zahlen-fakten.html. Diese sehr große Zahl von Menschen, die vor grausamen Situationen auf häufig lebensgefährlichen Wegen flüchten, wird die Gesellschaften weltweit verändern. Traumatisierte Migrant_innen und Flüchtlinge haben besonders hohe Hürden zu überwinden, um in Sicherheit zu gelangen. Asylgebende Länder stehen hier in einer besonderen Verantwortung, diese Migrant_innen zu schützen und ihnen Bildung, Würde und Sicherheit zu bieten sowie sich von deren Einbindung in vielfältige soziale Gruppen und Kulturen bereichern zu lassen.

6.3 Akkulturation und Adaptation

Phinney (1992) hat sich mit der Frage der Mehrfachidentifizierung mit mehreren ethnischen Gruppen befasst. Theoretisch knüpft sie dabei sowohl an die Arbeiten zur Identitätsentwicklung von Marcia an (1989, 2007), der sich in Anlehnung an Erikson (1959) dafür interessiert, ob sich Personen gerade intensiv mit ihrer Identitätsfindung auseinandersetzen oder ob sie sich für einen Identitätsaspekt fest entschieden haben. Mit Exploration bezeichnet Marcia die aktive Auseinandersetzung und schreibt von »commitment« oder Selbstverpflichtung für den Identitätsstatus der gefundenen Entscheidung. In der Identitätsentwicklung unterscheidet Marcia nun vier Identitätszustände, die die aktuelle Identitätsentwicklung von Menschen beschreiben können (Marcia 2007):

- Moratorium, d.h. eine Phase der aktiven Identitätssuche ohne Festlegung
- Übernommene Identität, d.h. eine Phase der Festlegung auf einen Identitätsaspekt ohne vorangegangene eigene Identitätssuche
- Erarbeitete Identität, d.h. eine Phase der Festlegung auf einen Identitätsaspekt nach vorangegangener Auseinandersetzung mit der entsprechenden Frage
- Identitätsdiffusion, d.h. eine Phase ohne Festlegung und ohne Identitätssuche

Marcia hat ein standardisiertes Identitätsstatusinterview-Protokoll entwickelt, das hilft, den Identitätsstatus von Interviewpartnern_innen zu verstehen (Marcia 2007).

Migration bedeutet, dass Personen mehreren sozialen Gruppen angehören, weil sie grenzüberschreitend zwischen diesen sozialen Kontexten hin- und herwandern oder gewandert sind (s. Definition Migration S. 83). Die erlebten sozialen Umfelder bieten mehrere Möglichkeiten der Identifikation für Migrant_innen. Phinney hat das Konzept des Identitätsstatus von Marcia aufgegriffen und ein Fragebogeninstrument entwickelt, mit dem der Stand von Identitätsentwicklungen von Personen gemessen werden kann, die sich als mehreren ethnischen Gruppen zugehörig identifizieren: Multigroup Ethnic Identity Measure (MEIM; Phinney 1992). In mehreren Studien wurde der Fragebogen erprobt, validiert und liegt mittlerweile in einer revidierten Fassung vor: MEIM-R (Phinney et al. 2007). Für den deutschsprachigen Raum haben Zander und Hannover (2013) das Instrument zur Erfassung von multiplen ethnischen Identitäten MEIM ins Deutsche übertragen. Hierbei übersetzen sie »ethnische Identität« mit Herkunftskultur und unterscheiden davon eine Aufnahmekultur. Mit Herkunftskultur bezeichnen Zander und Hannover die »eigene Ethnie« oder soziale Gruppen außerhalb von Deutschland und mit Aufnahmekultur die soziale Gruppe derjenigen, die in Deutschland sind (Zander/Hannover 2013, S. 144). In einer Studie mit diesem Instrument bezogen sie sowohl kognitive als auch affektive Identitätsaspekte mit ein. Sie fragten nach dem Verhältnis der Identifizierung mit mehreren Kulturen bei Jugendlichen mit Migrationserfahrungen. Aus den Daten von 275 Jugendlichen in Deutschland, die selbst oder von denen mindestens ein Elternteil nicht in Deutschland geboren wurde, konnten sie das Verhältnis der Identifizierungen mit den relevanten sozialen Gruppen analysieren und deuteten das Ergebnis als Hinweis auf Druck zur Anpassung: »Dass die von uns Befragten eine umso stärkere Identifikation mit ihrer Herkunftskultur angaben, je weniger sie sich mit der Aufnahmekultur identifizierten, deutet darauf hin, dass Jugendliche aus zugewanderten Familien in Deutschland Assimiliationsdruck oder gar Feindseligkeit gegenüber ihrer Herkunftsgruppe erleben« (Zander/Hannover 2013, S. 156). Identifizierungen mit mehreren sozialen Gruppen und Kulturen kann von sozialen Bedingungen und der Einwanderungspolitik der jeweiligen Länder beeinflusst werden. Berry, Phinney, Sam und Vedder (2006, zitiert nach Zander/Hannover 2013) schlossen aus einer Untersuchung mit 5000 Migrant_innen in unterschiedlichen Ländern, dass sich Migrant_innen in pluralistisch akzeptierenden Ländern sowohl mit den Herkunftskulturen als auch den Aufnahmekulturen positiv identifizieren. Wenn jedoch das Verhältnis der beiden Identifizierungen gegenläufig ist, deute dies auf Assimilierungsdruck hin. Im Umkehrschluss bedeutet dies, dass sich Migrant_innen umso weniger mit ihrer Herkunftskultur verbunden fühlten, je mehr sie sich mit der Aufnahmekultur identifizierten. Genau solch ein Verhältnis fanden die Autorinnen in ihrer Studie in Deutschland: »Entsprechend den Ergebnissen von Phinney et al. (2006) identifizierten sich die von uns befragten Jugendlichen im Mittel signifikant stärker mit ihrer Herkunftskultur [...] als mit der Aufnahmekultur [...]« (Zander/Hannover 2013, S. 152). Auch hier wird die Bedeutung der gesellschaftlichen Rahmenbedingungen deutlich. Darüber, wie sich Migrant_innen in die für sie neuen Gesellschaften einbringen können oder sollten, wird häufig diskutiert. Begriffe wie Integration, Inklusion, Mitbestimmung werden eingebracht.

Berry (2001) hat in Bezug auf die Frage nach Wegen der Integration oder Exklusion von Menschen mit Migrationserfahrungen ein Akkulturationsmodell entwickelt. Hierbei unterscheidet er zwischen Assimilation, Marginalisierung, Segmentierung und Mehrfachintegration. Mehrfachintegration bedeutet, dass die Personen sowohl in der sogenannten Aufnahmegesellschaft sozial integriert sind als auch in der sogenannten Herkunftsgesellschaft. Segmentation bedeutet, dass eine soziale Integration nur in der sogenannten Herkunftsgesellschaft erfolgt. Assimilation steht dafür, dass die Migrant_innen nur in der sogenannten Aufnahmegesellschaft sozial integriert sind. Schließlich bezeichnet Marginaliät das Fehlen von sozialer Integration in beiden Gesellschaften.

Tabelle 15: Perspektiven sozialer Integration

		soziale Integration in die Aufnahmegesellschaft	
		nein	ja
soziale Integration in die Herkunftsgesellschaft	ja	Segmentation	Mehrfachintegration
	nein	Marginaliät	Assimilation

Neben der Verwendung von Fragebögen zur Messung des Identitätsstatus von Personen eignen sich auch qualitativ-empirische Methoden, um die Vielfältigkeit von sozialen Identifizierungen zu analysieren (Kiegelmann 2007). So bildet die Methode des Voice-Centered Listening die Möglichkeiten, das Zusammenspiel von mehreren, teilweise widersprüchlichen oder überlappenden Identitätsaspekten genauer zu analysieren (Gilligan 2011; Kiegelmann 2000). Im Zusammenhang mit der Diskussion um Migration erscheint vor dem Hintergrund der Analysen von Aufnahmekulturen und Herkunftskulturen auch hier die Veränderung der Gesellschaften als zentral, in die Migrant_innen hineinwandern (Treibel 2011).

6.4 Diskriminierungen und Chancengleichheit

In den großen Erhebungen zum Bildungsstand (PISA/IGLU etc.) wurde wiederholt ein Zusammenhang zwischen dem Bildungserfolg und sozialer Herkunft in Deutschland festgestellt. So fanden Dummert et al. (2014), dass Kinder, bei denen beide Eltern nicht in Deutschland geboren wurden, in den großen Schulleistungstests wie IGLU im Vergleich zu Kindern mit einem im Ausland geborenen Elternteil schlechter abschnitten und diese wiederum als Kinder deren Eltern beide in Deutschland geboren wurden. Hillmert (2013) zeichnet Prozesse der sozialen Ungleichheit aufgrund von Migration in fünf europäischen Ländern nach. Vertreter_innen der Bildungspolitik in Deutschland reagieren auf diese Beobachtungen mit Programmen, die die soziale Benachteiligung abbauen und Chancengleichheit erreichen sollen, z. B. mit den oben genannten Angeboten zur Sprachförderung in Kindertageseinrichtungen. Auch in anderen Ländern werden gezielte Förderprogramme zur Erhöhung der Chancengleichheit angeboten, z. B. das Programm Head Start und die Medienangebote zum Lernen mit der Zielgruppe von benachteiligten Familien (Zhai et al. 2015). Häufig richten sich solche Förderangebote gezielt an Menschen mit Migrationserfahrungen, insbesondere Kinder.

Erfahrungen von offener oder subtiler Diskriminierung können die Lernmotivation und Selbstwirksamkeitswahrnehmung von Schüler_innen senken. Oft besteht jedoch gar kein direkter Zusammenhang zwischen Migration und Schulerfolg, sondern Armut erscheint als der entscheidende Faktor (Stanat/Christensen 2006).

6.5 Fazit

Anlässe für Lernen erleben Menschen nicht nur durch bewusst gestalteten Unterricht oder Lernmaterialen wie web-basierte Onlinekurse oder Schulunterricht. Auch ohne Anleitung oder Lehrinstitution findet Lernen statt. Implizites Lernen kann sogar unter bestimmten Umständen dem explizit instruierten Lernen überlegen sein (Verneau et al. 2014). Sich außerhalb von Unterricht und Bildungsinstitutionen kognitiv, emotional und sozial weiterzuentwickeln ist eine Chance, die sich beispielsweise durch das Erleben von bisher unbekannten sozialen Kontexten eröffnet. Migration bietet u. a. solche Chancen und wird daher in diesem Beitrag als Thema der Pädagogischen Psychologie diskutiert.

Um die Bildungschancen, die sich aus Migrationen zwischen unterschiedlichen Gesellschaften ergeben, wirklich nutzen zu können, bedarf es für die Migrant_innen und deren Angehörige einer Offenheit in den Gesellschaften, in die sie sich begeben. Mehrsprachige Kompetenzen sollten anerkannt werden, der Schriftspracherwerb in allen zur Verfügung stehenden Sprachen sollte unterstützt werden. Migrationsgesellschaften profitieren insbesondere dann, wenn sie Mitbestimmungsmöglichkeiten für Migrant_innen eröffnen und Raum geben, dass sich die Menschen mit den neuen Gesellschaften vertraut machen und sich engagieren können. Gleichzeitig sollten sie ihre sozialen Wurzeln nicht verleugnen müssen und sich für die Gesellschaften engagieren können, aus denen sie ausgewandert sind.

7 Gesundheit

Grundlegende gesellschaftliche Trends bergen eigene Risiken für Gesundheit und Wohlbefinden der Menschen. Hinzu kommen individuelle Belastungen und Herausforderungen, die es im Lauf des Lebens zu meistern gilt. Die Förderung von Resilienz und die Stärkung der Ressourcen werden zentrale Anliegen der allgemeinen Gesundheitsförderung und der Gesundheitsförderung im Jugendalter. Aus dieser Perspektive gilt es, die individuellen Bedürfnisse sowie die Stärken der Lebensumwelt zu berücksichtigen. Die neuen Medien eröffnen dafür neue Perspektiven.

7.1 Ziele der Gesundheitsförderung

Die Bewertung von Risiken für die Entwicklung und das Wohlergehen der Menschen erfolgt meist, indem ihre Auswirkungen auf Krankheit und Gesundheit abgeschätzt werden. Globale Trends wie Globalisierung, Pluralisierung, Beschleunigung oder Wissensorientierung werden im Alltag an sehr unterschiedlichen Veränderungen deutlich. Zu nennen sind z.B. der demographische Wandel, die zunehmende Freiheit bei persönlichen Entscheidungen, deutliche Orientierungsprobleme in kritischen Lebenslagen oder auch die Polarisierung von Meinungen bei Einzelnen und Personengruppen. Als resultierende Probleme werden Konflikte zwischen gesellschaftlichen Gruppen, die Bedrohung von Umweltressourcen, aber auch Risiken für die Gesundheit genannt (Renn 2000; Renn et al. 2007). Den Problemen und Risiken sollte mit Lösungen begegnet werden, die nachhaltig sind. Auch wenn hinter vielen Problemen globale Veränderungen stehen, die eine Herausforderung für alle darstellen, werden regionale Maßnahmen bevorzugt, die partizipativ entwickelt werden, um die Menschen in ihren spezifischen Lebenswelten zu erreichen und ihre Bereitschaft zur Unterstützung positiver Veränderung sicherzustellen.

Definition

Bereits 1948 definierte die Weltgesundheitsorganisation Gesundheit als einen Zustand des umfassenden körperlichen, geistigen und sozialen Wohlbefindens. Gesundheit ist in diesem Sinne mehr als nur das Fehlen von Krankheit oder anderer körperlicher Beeinträchtigungen.

Um dieses »Mehr« klarer zu fassen, kommen drei Dimensionen in den Blick: (1) Körper, (2) Psyche und (3) soziale Umwelt. Für die Pädagogische Psychologie in Gesundheitsförderung und Gesundheitserziehung stellen sich damit z.B. die Fragen, ob und wie Menschen die Signale ihres Körpers wahrnehmen und welche Faktoren dazu führen, dass Menschen ihre körperliche Leistungsfähigkeit steigern oder erhalten, welche Einstellungen und Verhaltensweisen das persönliche Wohlbefinden fördern und welche Bedeutung sozialen Einstellungen, Verhaltensweisen und Beziehungen in der Förderung und Aufrechterhaltung von Gesundheit zukommt. Damit leisten Psychologinnen und Psychologen nicht nur einen wichtigen Beitrag im Gesundheitsbereich, sie unterstützen auch die Förderung von Gesundheit im Bildungssystem und in der Arbeitswelt. In aller Regel sind die psychologischen Angebote in Schulen, Betrieben und übergreifenden Kampagnen Teil einer ganzen Palette interdisziplinärer Maßnahmen. Zudem fließt psychologisches Wissen in die Angebote anderer Professionen. Aus Sicht der Positiven Psychologie scheint es wichtig zu sein, die Aufmerksamkeit primär auf die Entstehung und Aufrechterhaltung von Gesundheit und nicht auf die Genese von Krankheiten zu richten. »I propose that the field of positive health has direct parallels to the field of Positive Psychology, parallels that suggest that a focus on health rather than illness will be cost saving and life saving« (Seligman 2008, S. 3). Der Fokus richtet sich dann z. B. auf die Förderung des Wohlbefindens, auf den Ausbau der Ressourcen und Stärken des Individuums wie auch der als förderlich geltenden Umweltbedingungen. Zur Klärung der Frage was psychisches Wohlbefinden auszeichnet, können wir wieder auf die Arbeiten von Ryff und Keyes (1995; vgl. Tab. 4) zurückgreifen. Selbstakzeptanz, Autonomieerleben, Kontrolle über die eigene Welt, Lebenssinn und die Entwicklung des eigenen Potenzials sowie das Wachstum der eigenen Persönlichkeit werden so zu Themen der Gesundheitsförderung.

Ziele und Aufgaben der Gesundheitsförderung sind ganz wesentlich von den Arbeiten des israelisch-amerikanischen Medizinsoziologen Aaron Antonovsky (1923–1994) geprägt.

Antonovsky entwickelte in den 1970er-Jahren das Konzept der Salutogenese. Antonovsky geht von einem Gesundheits-Krankheits-Kontinuum aus, auf dem sich das Wechselspiel von biologisch-körperlichen und psychosozialen Stressoren und Risiken mit den Resilienzfaktoren und dem Kohärenzsinn als Ressourcen widerspiegelt. Durch die Stressoren und Risiken, durch körperliche, behaviorale und soziale Faktoren und durch Kohärenzsinn entsteht ein Spannungszustand, der zu Bewältigungshandlungen herausfordert.

Von besonderer Bedeutung ist aus Sicht Antonovskys (1987) das Kohärenzgefühl. In ihm zeigt sich, ob eine Person die eigene Lebenswelt für bedeutsam und vorhersagbar, die sich stellenden Herausforderungen für bewältigbar hält und insgesamt zuversichtlich auf das eigene Leben blickt.

Damit werden aus psychologischer Sicht verschiedene Zieldimensionen angesprochen: Wohlbefinden, optimale Entwicklung und Resilienz (vgl. Kap. 3). Ihnen ist die Förderung der Autonomie und einer verantwortungsvollen Selbstbestimmung, die Stärkung der internen und externen Ressourcen sowie die Orientierung an der Entwicklung über die Lebensspanne gemein.

Entsprechend der aktuellen gesundheitspolitischen Diskussion richten wir unsere Aufmerksamkeit besonders auf die Förderung der Resilienz als Basis und Merkmal von psychischer Gesundheit und Wohlbefinden (vgl. Council of the European Union 2011).

Zielbereich Resilienz

Aus psychologischer Sicht (etwa European Federation of Psychologists' Associations 2011; Abraham et al. 2011) werden die Zieldimensionen klarer, wenn wir nach Resilienzfaktoren fragen. Dabei meint Resilienz im Folgenden eine relativ positive Entwicklung trotz der Konfrontation mit widrigen Lebensumständen, kritischen Lebensereignissen und Krisen. Resilienz ist nicht alleine die Eigenschaft einer Person, sie ist auch der Ausdruck eines gelungenen Wechselspiels persönlicher und umweltseitiger Bedingungen (vgl. Ungar/Lerner 2008; Steinebach 2012). Damit gilt Resilienz »as the positive adaptation and sustainable development of a system to respond to short- or longer-term everyday challenges or severe stress. Based on internal system processes and through dealing with the environment, the system defines new reference values and develops required competencies, and the ability to cope with future stresses improves« (Steinebach, 2015, S. 557). Geht es um den Aufbau und Erhalt von Gesundheit, sind Ressourcen von besonderer Bedeutung. Gesundheitserziehung und Gesundheitsförderung sollten unter diesem Anliegen unterschiedliche Gruppen von Ressourcen in den Blick nehmen.

Ressourcenstärkung: So werden z. B. für das Jugendalter die folgenden Ressourcengruppen genannt: (1) Ressourcen der Person selbst wie z. B. Ausgeglichenheit, Ausdauer, ein hoher Selbstwert, angemessene Selbstwirksamkeitserwartungen sowie soziale Kompetenzen. (2) Ressourcen der Familie wie z. B. eine flexible Balance von Nähe und Distanz einerseits und Hierarchie andererseits, Bildungsnähe der Eltern oder das soziale Netz der Familie. (3) Als Ressourcen in Schule und Ausbildungsbetrieb werden unter anderem gute Beziehungen zu den Lehrenden und Mitschülerinnen und Mitschülern, ein gutes Schul- und Betriebsklima sowie klare Regeln und Vorbilder genannt. (4) Bei Orientierungsproblemen etwa in Krisenzeiten dient Beratung als spezifische Ressource, sofern sie niedrigschwellig angeboten wird, die Angebote gut strukturiert sind und in engem Bezug zur Lebenswelt der Jugendlichen stehen. (5) Die Beziehung zu Gleichaltrigen gilt als Ressource, wenn in ihnen soziale und emotionale Unterstützung spürbar wird, wenn auch die Peers eine positive Einstellung zu Regeln haben und die Beziehungen in eine sorgende Nachbarschaft und ein sicheres Quartier eingebettet sind. (6) Als gesellschaftliche Ressourcen gelten unter anderem die Verfügbarkeit von Bildungs-und Ausbildungsangeboten, von Ergänzungsangeboten zum Schulunterricht, sowie die hohe Durchlässigkeit über die Schulformen und die aktive und strukturierte Vermittlung von Hilfen (vgl. Steinebach 2013). Hier wird deutlich, dass eine Orientierung auf die Ressourcen sowohl mit dem Ziel der Förderung des Wohlbefindens als auch der optimalen Entwicklung und Resilienz vereinbar ist. Zugleich wird aber auch deutlich, dass wir die Orientierung auf die Ressourcen noch klarer fassen müssen, um Ansatzpunkte für angemessene Angebote zu finden. Sich im Alltag gesund zu verhalten, verlangt von Jugendlichen – und nicht nur von ihnen – Kompetenzen der Selbstregulation, der Emotionsregulation, der Interaktionsregulation und Situationsregulation (vgl. Kap. 1 zu Kompetenzmodellen). Im Sinne der kybernetischen Theorie adaptiv selbstoptimierender Systeme (vgl. Kap. 3) bedeutet dies z. B., dass nicht nur die differenzierte Wahrnehmung der Umwelt notwendig ist, sondern dass es auch gilt, den eigenen Körper differenziert zu spüren. Zu sensibilisieren für körperliche Empfindungen wird so zu einem wichtigen Erziehungs- und Förderziel. Entscheidend ist aber auch, wie diese Wahrnehmungen abgebildet werden, wie sie im Vergleich mit dem persönlichen Ideal bewertet werden. Nicht selten werden Signale des Körpers als störend erlebt oder das eigene Aussehen aufgrund eines internalisierten fremden Schönheitsideals als unzulänglich entwertet (vgl. Kap. 8 zur Rolle der Medien). Auch hier liegen wichtige Ziele, bei denen die sich ableitenden Maßnahmen dann eher an den Ursachen ansetzen als am Verhalten selbst.

Im Folgenden sollen Fragen und Probleme der allgemeinen Gesundheitsförderung diskutiert werden, bevor wir konkreter auf Strategien der Gesundheitsförderung, für Jugendliche, als einer besonderen – zumeist nicht einfachen – Zielgruppe der Gesundheitsförderung eingehen (vgl. ausführlicher Steinebach/Steinebach 2010).

7.2 Probleme

Dass sich viele Menschen wider besseren Wissens nicht gesund verhalten, erweist sich als zentrale Herausforderung für die Gesundheitsförderung. Obwohl viele Menschen die Absicht äußern, zeigen sie nicht das der Einstellung oder Absicht entsprechende Zielverhalten. Ein wichtiges Anliegen von Gesundheitserziehung und Gesundheitsförderung ist es nun, diese Intentions-Verhaltens-Lücke zu schließen.

Herausforderungen des Jugendalters

Gerade unter diesem Anliegen erweisen sich Jugendliche als nicht einfache Zielgruppe gesundheitspädagogischer Maßnahmen. Das Jugendalter zeichnet sich durch grundlegende kognitive, emotionale und soziale Veränderungen aus. Mit dem Jugendalter verbinden sich spezifische soziale und gesellschaftliche Erwartungen, die sich in entsprechenden Entwicklungsaufgaben widerspiegeln: Entwicklung einer positiven Identität, Autonomieentwicklung, Peerbeziehungen, erste romantische Beziehungen, berufliche Perspektive. Grundlage sind dabei auch körperliche Veränderungen im Zuge der Geschlechtsreifung. Hinzu kommen neurophysiologische Veränderungen, die zunächst Selbstkontrolle und Handlungsplanung schwächen und zugleich Belohnungsinteressen und Risikobereitschaft stärken (Casey et al. 2008; vgl. zusammenfassend Steinberg 2008, 2009; Steinebach/Steinebach 2010).

All diese körperlichen, emotionalen, kognitiven und sozialen Veränderungen gilt es, in ein stimmiges Selbstbild, in eine positive Identität zu integrieren. Und dies in einer Zeit rapiden gesellschaftlichen Wandels mit wenigen Orientierungshilfen. »No groups in society are more profoundly affected by these changes than are adolescents and

young adults, who are themselves in a period of personal transition from childhood to adulthood, from appropriate dependence on others to responsibility for the welfare of others, from preparation for future economic and civic participation to actual participation« (Resnick/Perret-Clermont 2010, S. 11).
Erst am Ende des Jugendalters wird eine neue Qualität des Denkens, der Selbstkontrolle, des emotionalen Erlebens, der Motivation und damit auch des Sozialverhaltens möglich, die das Verhalten der Jugendlichen »erwachsener« erscheinen lässt.

Zwischen Intention und Verhalten

Unterschiedliche Theorien versuchen, eine Brücke zu schlagen zwischen Intention und Verhalten. Glanz und Bishop (2010) nennen (1) das Health Belief Model, (2) die Social Cognitive Theory, (3) die Theory of Reasoned Action, (4) die Theory of Planned Behavior und (5) das Transactional Model.

- Im Health Belief Model geht man davon aus, dass die Überzeugung, besonders anfällig für eine Krankheit zu sein, und die Bewertung der Folgen korrigierenden Handelns die Bereitschaft, etwas zu unternehmen, bestimmen. Die Beeinflussbarkeit des Erkrankungsrisikos oder auch die Selbstwirksamkeit allgemein werden als entscheidende Einflussgrößen gesehen.
- Sozial Kognitiven Theorien verbinden behavioristische, kognitive, emotionale und Umweltfaktoren. Hier sind Lernen durch Beobachtung, Belohnung, Selbstkontrolle und Selbstwirksamkeit Schlüsselvariablen. Auf der Basis dieser Theorie erweisen sich »goal-setting« und Selbstmonitoring als wichtige Komponenten effektiver Interventionen (Glanz/Bishop 2010).
- Die Theory of Resoned Action fokussiert auf die Verhaltensabsicht, die sich über die Einstellung zum Verhalten und subjektive Normen bestimmt. So wie die Situation selbst sind sie die zentralen Aspekte der Verhaltensvorhersage und Veränderung.
- In der Theory of Planned Behavior wird die Theory of Resoned Action um die wahrgenommene Verhaltenskontrolle ergänzt. Entsprechend dieser Theorie sind die Selbstwirksamkeitsüberzeugung und die Ergebniserwartung entscheidende Variablen für die Vorhersage von Verhalten. Damit berücksichtigt diese Theorie die Einstellung gegenüber dem Verhalten, bestimmt durch die Stärke der Überzeugung. Außerdem berücksichtigt diese Theorie die Bewertung der Handlungsergebnisse unter Bezug auf subjektive Normen, deren Wirkung sich bestimmt aus der Stärke jeder einzelnen Überzeugung und durch die Motivation, dieser Norm zu entsprechen. Berücksichtigt wird auch die wahrgenommene Verhaltenskontrolle, definiert über die Stärke jeder einzelnen Kontrollüberzeugung und der wahrgenommenen Stärke des Kontrollverhaltens.
- Das Transtheoretische Modell geht davon aus, dass die Bereitschaft, zu handeln, davon abhängt, ob jemand die entsprechende Stufe (stage of change) eines mehrstufigen Prozesses der Einstellungsänderung erreicht hat.

Handeln als Prozess

Immer wieder wird deutlich, dass es im Kern nicht nur um die Motivation für ein bestimmtes Verhalten geht, dass nicht nur Wissen wichtig ist oder die Entscheidung, ein bestimmtes Verhalten zu zeigen, sondern auch die Bereitschaft und Fähigkeit, im Handlungsprozess die gewählte Handlung umzusetzen und wenn es sein muss, diese auch gegen Störungen von innen und außen zu verteidigen. Um mögliche Probleme in der Handlungsumsetzung zu verstehen, ist das von Heckhausen und Gollwitzer (1987, Gollwitzer 1987) entwickelte Rubikonmodell hilfreich (vgl. Kap. 2). Entsprechend formuliert Schwarzer (2008, 2011) in seinem Health Action Process Approach (HAPA) ein Modell, das die Planung und Aufrechterhaltung der Handlung in den Mittelpunkt stellt. So sind Intentionen und Handlungsplanung, aber auch die Planung der Überwindung möglicher Störungen ganz wesentlich davon beeinflusst, wie sehr sich der einzelne als selbstwirksam erlebt, auch was die Überwindung möglicher Störungen angeht. Des Weiteren sollte man sich selbst in der Phase der Handlungsumsetzung immer wieder erholen. Für die Praxis bedeutet dies, neben der Intentionsbildung die Handlungsplanung ernst zu nehmen und bei der Handlungsplanung selbst mögliche Störungen und Erschwernisse sowie Strategien, diese Störungen und Erschwernisse zu überwinden zu berücksichtigen.

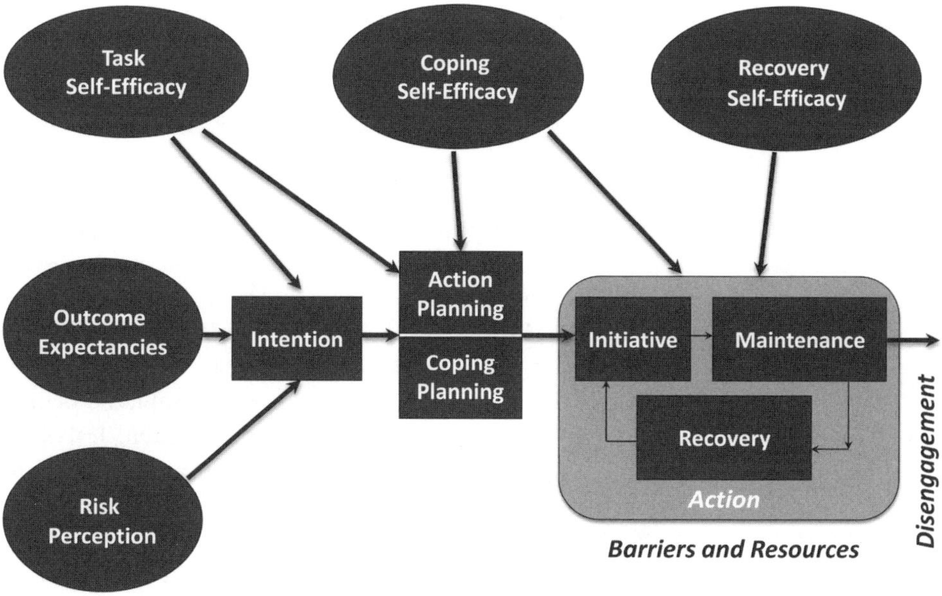

Abbildung 16: Das HAPA-Modell (vgl. Schwarzer 2011)

Für die Gesundheitsförderung hat es eine gewisse Tragik, dass nicht alle Menschen in allen Lebensphasen Gesundheit als wichtiges Ziel sehen. Zum anderen erleben viele

Menschen Krankheit und Gesundheit eher als Widerfahrnis denn als etwas, für das sich der aktive Einsatz lohnt. Im Jugendalter wird »Sich-gesund-Verhalten« erst attraktiv, wenn entsprechende Verhaltensweisen soziale Beziehungen und Freundschaften sichern, soziales Ansehen bringen oder ein Gefühl von Fitness fördern. Es sind also unter Umständen ganz andere Ziele, die die Entscheidung, sich gesund zu verhalten, nahelegen.

7.3 Strategien

Allgemeine Strategien: Grundsätzlich spiegeln sich in den Strategien der Gesundheitsförderung die Prinzipien der Ottawa Charta und der Salutogenese (zusammenfassend von Wyl et al. 2012). Theorie und Praxis orientieren sich häufig an den Lebenswelten und Settings. Sie versuchen so das individuelle Verhalten zu beeinflussen. Einige Strategien fokussieren auf das Individuum, die Gemeinde oder auch auf Institutionen und Organisationen. Vielfältige Erfahrungen mit Projekten rund um den Globus mündeten in die Bangkok Charta for Health Promotion (World Health Organisation 2009). In ihr wurden die Konzepte und Strategien der Ottawa Charter um den Aspekt der Lebensqualität erweitert. Damit bietet Gesundheitsförderung »[...] a positive and inclusive concept of health as a determinant of the quality of life and encompassing mental and spiritual well-being« (World Health Organization 2009, S. 24). Bereits früher sollte mit dem »Setting Approach« sichergestellt werden, dass »Health is created and lived by people within the settings of their everyday life; where they learn, work, play and love« (Dooris 2009; World Health Organization 2009, S. 4). Dabei wird als Setting jener soziale und physikalische Raum verstanden, den die Menschen aktiv nutzen und gestalten. Damit sind Settings auch die Orte, in denen Menschen Gesundheitsprobleme schaffen oder auch lösen. Settings haben definierte Grenzen. Die Menschen erfüllen in ihnen spezifische Rollen. Settings zeigen zudem spezifische Organisationsstrukturen. Schulen, Firmen, Spitäler, Gemeinden und Städte werden entsprechend als Settings verstanden (World Health Organisation Regional Office for Europe 2012; Resnick 2007).

Aus seiner ökologischen Perspektive erscheint es als Methode der Wahl, die Bemühungen der Gesundheitsförderung auf eben dieses Settings auszurichten. Dabei ist es wichtig, mit der Intervention zugleich an verschiedenen Ebenen anzusetzen, d. h. beim Individuum, im Mikro-, Meso-, Exo- und Makrosystem (vgl. zu Bronfenbrenner Kap. 2). Als intrapersonale Faktoren wären dann z. B. Wissen, Einstellungen oder Verhaltensweisen zu berücksichtigen. Als interpersonale Prozesse im Mikrosystem sind Regeln, Strukturen und Verhaltenspräferenzen des sozialen Systems wichtig. Auf institutioneller oder Gemeindeebene sind Normen und Prozesse, Ziele und Abläufe, formelle und informelle Subsysteme wichtig. Im Makrosystem geht es um politische Strategien und die Gesetzgebung. In dieser Vielfalt erhalten Ortsgemeinden zunehmend eine wichtige Rolle. Sie stellen formelle und informelle Ressourcen zur Verfügung, um die eigene Lebenswelt gesund zu gestalten. »Well organized and empowered communities are highly effective in determining their own health, and are capable of making governments and the private sector accountable for the health consequences of their policies and practices« (World Health Organization 2009, S. 25).

Strategien und Angebote für das Jugendalter: Jugendalter wird als ein Lebensabschnitt mit hoher Änderungsdynamik verstanden. Dabei ist die Entwicklung der Jugendlichen selbst eingebettet in eine verschachtelte Struktur von Entwicklungsumwelten (Steinebach 2006; vgl. Kap. 2). Dass auch diese Entwicklungsumwelten nicht stabil sind, sondern sich in komplexen Wechselwirkungen miteinander, aber auch mit dem Individuum verändern, macht die hohe Komplexität von dem aus, was wir am Ende gelungene Sozialisation oder optimale bzw. positive Entwicklung nennen. Dabei sollen Jugendliche zunehmend in der Lage sein, ihre eigene Entwicklung angemessen zu gestalten und auch schwierige Lebensphasen (Krisen, kritische Lebensereignisse) weitgehend selbständig zu meistern. Was wird dazu gebraucht? Sternberg und Spear-Swearling sprechen von den »vier R«: (1) Willenskraft aufbringen (»resilience« hier als ego-Resilience, als Personmerkmal verstanden), (2) hart sein gegen sich selbst (»relentlessness«), (3) Unermüdlichkeit (»restlessness«) und (4) Risikobereitschaft (»risk taking«) (Sternberg/Spear-Swerling 1998). Diese Eigenschaften machen nach Sternberg und Spear-Swerling eine erfolgreiche »personale Navigation« über schwierige Entwicklungspfade möglich (vgl. Steinebach/Steinebach 2010).

Aus entwicklungspsychologischer Sicht geht es weniger um statische Konzepte wie »Glück, Wohlbefinden, Zufriedenheit«, sondern um optimale bzw. positive Entwicklung (vgl. Brandtstädter 2011, S. 1). Menschliche Entwicklung geschieht demnach im Wechselspiel von individuellen Stärken und Schwächen und externen Erschwernissen und Hilfen. Das Individuum nimmt Entwicklungsziele in den Blick, bewertet die Möglichkeiten, Ressourcen und Probleme und versucht, durch Optimierung von Ressourcen und zielgerichteten Aktivitäten dem Ziel näher zu kommen – bis das Ziel erreicht ist oder das Ziel als unerreichbar neu justiert werden muss (vgl. Brandtstädter 2011). Für das Jugendalter ergeben sich direkt mehrere Probleme: (1) Es ist bei weitem nicht gesichert, ob »Gesundsein« für Jugendliche ein attraktives Entwicklungsziel darstellt. (2) »Sich-gesund-Verhalten« verlangt u. U. einen Belohnungsaufschub, für den möglicherweise die notwendige Selbstkontrolle (aufgrund neurophysiologischer Veränderungen, s. o.) fehlt. (3) Gerade im Jugendalter kann es zu einer schnellen Neubewertung von Zielen kommen, wenn sich Erschwernisse einstellen. (4) Selbst wenn sich Jugendliche für ein Ziel entschieden haben, ist nicht gesagt, dass eine »gezielte« Handlungsplanung und planvolle Umsetzung auch gelingt. Oft fehlt es nicht an einem guten Vorsatz, sondern an der Verteidigung des Vorsatzes gegen andere Alternativen. (5) Schliesslich ist zu beachten, dass die Jugendlichen die zuvor beschriebenen Probleme der Handlungs- und Entwicklungssteuerung kennen und in ihr Selbstbild integriert haben (»Reg Dich nicht auf! Das ist normal, ich bin halt in der Pubertät!«).

Resilienzpsychologie, Konzepte psychischen Wohlbefindens und optimaler Entwicklung benennen allgemeine Bedingungen für Gesundheit auch im Erwachsenenalter. Dabei ist die gezielte Gestaltung von Entwicklung unter Abwägung von Ressourcen und Stärken, Problemen und Herausforderungen, die Optimierung von Möglichkeiten und die flexible Gestaltung von Zielen entwicklungsentscheidend. Die Jugendlichen zu einer kompetenten Gestaltung der eigenen Entwicklung zu führen, muss das allgemeine Ziel von Gesundheitsförderung sein.

Von der Europäischen Bildungs- und Gesundheitspolitik zu Programmen in Schulen

Was bisher noch recht unspezifisch klingt, soll nun anhand konkreter Prozesse verdeutlicht werden (vgl. zusammenfassend Kant-Schaps 2013). Auf gesellschaftspolitischer Ebene wird deutlich, dass die Förderung von Gesundheit nicht nur national, sondern auch international als Aufgabe der Schul- und Bildungspolitik verstanden wird. So richtet sich die Strategie der Europäischen Union »Europa 2020« auf die Förderung von Bildung, Wohlstand und Innovation und die Bekämpfung von Armut und sozialer Ausgrenzung. Zur Prüfung des Erfolgs der Strategie werden gesundheits- und bildungsrelevante Indikatoren genannt. Ihnen liegt ein Kompetenzmodell zu Grunde, das sich in weiten Teilen mit den gesundheitsbezogenen Lebenskompetenzen der World Health Organisation (»life skills«) überschneidet. Der Europäische Pakt für psychische Gesundheit von 2008 fügt sich in diese übergreifende Strategie ein, indem auf die Wechselwirkungen von psychischer Gesundheit mit Bildung verwiesen wird. Dieser Gedanke findet sich auch im Vertrag von Lissabon. Ihm folgen Leitlinien zur Förderung und Wahrung der Rechte des Kindes, in denen die Rechte des Kindes mit dem Bildungsauftrag der Schulen verbunden werden. Dementsprechend forderten die Vereinten Nationen im Aktionsplan »Eine kindgerechte Welt« (Vereinte Nationen 2002) u.a. die Durchführung nationaler Gesundheitsprogramme und nannten Ziele und Indikatoren zur Förderung körperlicher und psychischer Gesundheit (Kant-Schaps 2013). Auf Europäischer Ebene führte dies zum Aufbau entsprechender Informations- und Datenbanken, zum Aufbau von fachlichen Netzwerken und zur Förderung von Programmen und Projekten in Schulen vor Ort.

Mit dem Ziel, nicht nur das individuelle Verhalten, sondern auch die Verhältnisse zu verändern, gelten Selbstbestimmung, Befähigung und Partizipation der Betroffenen als wesentliche Merkmale der Programme und Angebote. Idealerweise arbeiten Eltern, Lehrerinnen und Lehrer sowie alle Schülerinnen und Schüler zusammen und entwickeln so über das Programm hinaus eine unterstützende, emanzipatorische und demokratische Schulkultur. In diesem Verständnis ist Gesundheitsförderung in der Schule immer auch Organisationsentwicklung (vgl. Tab. 16).

Tabelle 16: Perspektiven im Management schulischer Prozesse (vgl. Abb. 11)

Bereich	Gegenstand	Leitfrage (Bsp.)	Burn-out (Bsp.)
Veränderung	Strategie	Wurde eine Strategie gemeinsam entwickelt?	Waren Aspekte der Burn-out-Prävention explizit Gegenstand der Strategieentwicklung?
	Identität	Ist die Work-Leisure-Balance verankert in Vision, Mission und Leitbild?	Ist die Unterstützungskultur in der normativen Steuerung verankert?
	Wandel	Besteht Commitment bzgl. ständiger Verbesserung?	Wurden Grundlagen, Ziele und Maßnahmen partizipativ entwickelt?
Steuerung	Kultur	Welche Merkmale zeichnen die aktuelle Kultur aus?	Wo wird die Unterstützungs-kultur als Kultur gegenseitiger Sorge im Alltag spürbar?
	Ressourcen	Sind Geld, Zeit, Personal und Räume entsprechend den Zielen eingesetzt?	Besteht eine entsprechende langfristige, mittelfristige und Jahresplanung z. B. zur Förderung von Achtsamkeit?
	Ergebnisse	Sind die angestrebten Ergebnisse in der Qualitätsprüfung berücksichtig?	Sind die Ziele anhand möglicher Ergebnisse von Maßnahmen definiert und wird die Zielerreichung geprüft?
Alltag	Struktur	Wer trifft wo Entscheidungen?	Sind die Ressourcen strukturell verankert und damit abgesichert?
	Kompetenzen	Sind die Funktionen und Kompetenzen zieleorientiert definiert?	Sind die spezifischen Aufgaben in den Stellenbeschreibungen dokumentiert und auf Belastungen hin geprüft?
	Beziehungen	Fördern die bestehenden Beziehungen die Ziele?	Unterstützen die Settings (Rollen, Orte, Zeitstrukturen, Umwelten) ein sorgendes Miteinander?

Konzepte der Resilienzförderung geben den Programmen einen Rahmen und eine Ausrichtung. »Zu den Kennzeichen einer resilienzfördernden Schule gehören die Vermittlung von physischer und psychischer Sicherheit, klare, konsistente Strukturen und angemessener Kontrolle, unterstützende Beziehungen, Bereitstellung von Gelegenheiten, sich zugehörig zu fühlen, positive soziale Normen, Unterstützung der Selbstwirksamkeit und des Engagements und die Integration von Bemühungen der Familien, der Schule und der Gemeinde« (Kant-Schaps 2013, S. 88). Kohärenzgefühl bildet sich, wenn die Jugendlichen tragfähige Beziehungen entwickeln können, nicht nur zu ihren Peers, sondern auch zu den Lehrerinnen und Lehrern. Die konkreten Angebote, aber auch das Lernen im Alltag sollten die Erfahrung der Selbstwirksamkeit fördern. Inzwischen liegen nach Kant-Schaps (2013) unterschiedliche Evaluationsstudien zu schulischen Programmen vor. Merkmale effektiver Angebote sind (1) ein vielseitiges und gut integriertes Konzept, (2) die Beteiligung aller Akteure, von den Schülerinnen und Schülern bis hin zur Schulleitung oder Kommunalverwaltung, (3) eine Orientierung auf Kompetenzen, die nicht nur Wissen und Verhalten, sondern auch Einstellungen und Wertvorstellungen berücksichtigen, (4) eine ausgewogene Verbindung von Angeboten zur allgemeinen und spezifischen Gesundheitsförderung, (5) »aktive, vielfältige, partizipatorische und erfahrungsbezogene Lehr- und Lernmethoden, [...]« (Kant-Schaps 2013, S. 89), (6) Fort- und Weiterbildung der Fachkräfte und externe Begleitung der Projekte.

Grundsätzlich wird deutlich, dass die Schule ein geeigneter Ort ist, um nachhaltige Veränderungen zu erreichen. Es wird aber auch deutlich, dass die Programme effektiver und effizienter sind, wenn tatsächlich eine Veränderung in der Klassen- und Schulkultur und damit in der Organisation als Ganzes erreicht wird. Entwickeln sich solchermaßen Schulen zu »gesundheitsfördernden Schulen« im Sinne der World Health Organisation (1997), bedarf es dennoch der Schaffung von Angeboten, die die Schule von außen her unterstützen. Beratungsangebote für Schülerinnen und Schüler, aber auch für Lehrerinnen und Lehrer, Gesundheits- und Sozialdienste und Angebote der offenen Jugendhilfe sollten die schulinterne Entwicklung begleiten und ergänzen.

7.4 Perspektiven

Worauf muss eine Gesundheitsförderung achten, die im Jugendalter Gesundheit als optimale Entwicklung fördern möchte?

Bedürfnisorientierung: Naheliegend ist, dass die Angebote den Möglichkeiten der Jugendlichen entsprechen müssen, ihrem Entwicklungsstand, ihren Erfahrungen und ihrem kulturellem Hintergrund (Hubbard et al. 2014; Kumanyika et al. 2012). Grundsätzlich werden Jugendliche die Angebote nur dann annehmen, wenn diese ihre zentralen Anliegen und Bedürfnisse berücksichtigen. Mit Richard Ryan und Edward Deci können wir annehmen, dass für Jugendliche – wie für alle Menschen – zunächst drei Bedürfnisse leitend sind: Kompetenzerleben, Unabhängigkeit und das Eingebunden sein in Beziehungen (Ryan/Deci 2000). Wenn es gelingt, diese Bedürfnisse anzusprechen und Aktivitäten zu entwerfen, die eine Befriedigung dieser Bedürfnisse ermöglichen, ist ein wichtiger Schritt getan. Das Erleben von Zugehörigkeit z. B. zu einer Gruppe ist ein wesentlicher Baustein für die eigene Identität, die Unabhängigkeit von Vorgaben anderer ermöglicht das Umsetzen eigener Interessen, das Kompetenzerleben sichert Selbstwert und Zuversicht.

Der Einzelne leistet aber durchaus auch einen Beitrag zur Befriedigung seiner eigenen Bedürfnisse. So spricht die Relational-Cultural Theory (RCT) ausgehend von Jean Baker Miller (Jordan 2006; Comstock et al. 2008) von der Kompetenz, in positive wachstumsorientierte Beziehungen zu treten. Dabei spielen gegenseitige Unterstützung und die Bereitschaft zu uneigennütziger Hilfe eine zentrale Rolle. So werden in den Arbeiten von Brendtro und Mitarbeitern (2006) die drei Bedürfnisbereiche Kompetenzerleben, Unabhängigkeit und Bindung um einen vierten ergänzt: Generosity (s. auch Vorrath/Brendtro 2007). Gelebte unbedingte Hilfsbereitschaft ist eine gute Möglichkeit, sich selbst als kompetent, sorgend, zuversichtlich und »sozial« zu erleben. Entsprechend bilden Kompetenz, Vertrauen, Bindung, Charakterstärken und Sorge für andere (als »Five Cs«: competence, confidence, connection, character, caring bei Lerner et al. 2005) die Kernkonzepte der positiven Jugendpsychologie. »[...] such programs are most likely to result in the development of these Cs when they involve positive sustained adult-youth relationships, youth skill-building activities, and opportunities for youth participation in and leadership of community-based activities« (Lerner et al. 2005, S. 12). Im Kern bedeutet das, dass Jugendliche motiviert sein werden, an den Angeboten aktiv teilzunehmen, wenn die Angebote Kompetenzerleben, Zugehörigkeit und Autonomie sichern und ihre Hilfsbereitschaft ansprechen.

Umweltbezug: Was ist demnach bei der Gestaltung neuer Angebote in der Gesundheitsförderung für Jugendliche zu beachten? Resnick und Perret-Clermont (2004) nennen diesbezüglich: (1) die begründete Aufnahme (entspr. Rituale, Regeln, definierte Mitgliedschaft), (2) Rituale, Zugehörigkeit und Identität, (3) die Gruppe unterstützt persönliche Bedürfnisse, (4) kurzfristige Erfolge, (5) Bereitschaft etwas verändern zu wollen. »The young develop their minds and their understanding of themselves and of wisdom [...] throughout their personal history of encounters with others in learning activities« (Resnick/Perret-Clermont 2004, S. 20). Dabei erweisen sich Peerbeziehungen als sehr intensive und durchaus positive Lernfelder.

Sicher machen schul- oder gemeindeorientierte Angebote wie Jugendgruppen und offene Jugendangebote Sinn (vgl. etwa zu Sportangeboten Kokko et al. 2011). Viele Jugendliche nutzen diese Angebote »nicht-medialer« Aktivität. Aber eben nicht alle. Deshalb ist es wichtig, bei den neuen Wegen in der Gesundheitsförderung für Jugendliche auch die Neuen Medien gezielt einzusetzen.

Die Nutzung Neuer Medien: Dieser Gedanke findet sich in der Roadmap zu einer besseren Jugendgesundheit der Europäischen Union (2009, S. 5): »In this respect one of the challenges in implementing new actions is, among the others, how to make the best use of the possibilities offered by the new media, for instance by social networks.« Die Chancen stehen hier gut. »Es zeigt sich, dass die Schweizer Jugendlichen eine aktive und individuelle Freizeitgestaltung pflegen, mit und ohne Medien. Mit hoher technischer Kompetenz bewegen sie sich im Internet und den Social Networks und nutzen ausgiebig diverse Funktionen des Hybridmediums Handy« (Willemse et al. 2010, S. 5). Es ist von daher naheliegend, auch Angebote von e-health und m-health aufzulegen. Dabei meint »e-health« Informations- und Kommunikationstechnologien wie Computer und Mobiltelefone, die für Gesundheitsdienste und -information genutzt werden (s. etwa das Public Health Portal der EU zu Jugendgesundheit: http://ec.europa.eu/health-eu/youth/initiative/index_en.htm oder das Jugendportal der Stadt Basel: http://www.jugendgesundheit.bs.ch/ueber-uns.html). Mit »m-health« sind alle Sprach- und Textfunktionen in der mobilen Kommunikation wie Mobil- und Smartphones, die für Gesundheitsdienste und -informationen genutzt werden, gemeint (etwa die Beratungsangebote von Pro Juventute: http://www.147.ch, oder SMS-Reminder für Arzt- und Beratungstermine, Stott 2008).

Nur müssten diese Angebote im Dienst einer nachhaltigen Gesundheitsförderung eben nicht nur informieren, sondern auch die Grundbedürfnisse von Kompetenzerleben, Zugehörigkeit, Bindung und die Hilfsbereitschaft aller Akteure, der Jugendlichen wie der Fachkräfte ansprechen. Neue Wege in der Jugendgesundheitsförderung sollten Neue Medien berücksichtigen. Es erscheint z.B. als Königsweg, für ein Mentoring-Programm zur Förderung eines erfolgreichen Starts in die Berufslehre auch ein App für Smartphones zu entwickeln. Dieses ermöglicht es den Mentorinnen und Mentoren aus dem zweiten Lehrjahr untereinander in Kontakt zu sein, einfach und schnell mit den Lehrlingen aus dem ersten Lehrjahr zu kommunizieren und, falls notwendig, schnell und unkompliziert den Rat einer Fachkraft abzuholen. Zudem ermöglicht es die App, Informationen zu gesundheitlichen Problemen, eine Einschätzung zu den eigenen Stärken oder auch Informationen zu Freizeitangeboten zu erhalten (vgl. von Wyl et al. 2014). Jugendliche zeigen sich als kompetent und kreativ im Umgang mit Neuen Medien. Wie Evaluationen zeigen, sollten Jugendliche – ganz im Sinn von Empowerment und Partizipation – in die Entwicklung und den Betrieb solcher Angebote einbezogen werden. Apps für die beteiligten Fachkräfte, Websites zur Information und Fachkurse, die in das Programm, seine Tools und das Netzwerk einführen, sollten die Angebote ergänzen. Gesundheitsförderung bietet damit eine ganze Palette von Unterstützung, die auf verschiedenen Ebenen der Lebenswelten und Settings (Bloch et al. 2014) ansetzt und bis in die virtuelle Welt reicht (Gesundheitsförderung Schweiz, o.J.).

Gesundheitsförderung im Jugendalter und Gesundheitsförderung allgemein muss an verschiedenen Ebenen ansetzen und unterschiedliche Medien nutzen. Sicher ist es gut, wenn laufende Angebote evaluiert werden, um mit Kreativität und guten Argumenten die Gesundheitsförderung nicht nur in Schulen weiter voranzubringen.

8 Medien

Mit Medien verbinden sich vielfältige Anforderungen. Der kompetente Umgang mit diesen neuen Medien wird zu einem wichtigen Lern- und Entwicklungsziel. Pädagogisch-psychologische Angebote müssen die generationalen Unterschiede in der Mediennutzung berücksichtigen. Theorie und Empirie bieten gute Grundlagen, um spezifische Angebote zur Prävention von Verhaltensproblemen, aber auch zur Intervention z. B. bei Mediensucht zu gestalten.

8.1 Die mediale Herausforderung

Medien begleiten ein Individuum in der heutigen Gesellschaft vom ersten bis zum letzten Atemzug – und darüber hinaus. Die Schwangerschaft wird auf digitalen Sozialen Netzwerken dokumentiert, die Bilder der Neugeborenen werden auf der Website des Spitals vorgestellt und im privaten Portrait der Eltern sofort mit den Freunden geteilt, welche das frohe Ereignis mit einem »Like« kommentieren. Stirbt jemand, so müssen sich die Hinterbliebenen damit befassen, wie sie die digitale Existenz der verstorbenen Person auf den verschiedenen Plattformen würdevoll aufheben können. Dies ist nicht nur ein Thema der sogenannten Digital Natives (Prensky 2001a, 2001b), sondern auch der Silver Surfer und Gray Gamer, die sich die digitalen Welten inzwischen ebenfalls erobert haben.

Definition

Digital Natives sind Menschen, die von Beginn ihres Lebens an mit digitalen Medien vertraut sind, sie für alle denkbaren Bedürfnisse einsetzen, u. a. auch zur Unterhaltung und Beziehungspflege. Digital Immigrants haben die digitalen Medien erst als Erwachsene zu nutzen gelernt und setzen sie zurückhaltender ein. Ihre Mediensozialisation wurde von analogen Medien bestimmt. Ergänzen könnte man die Terminologie von Prensky durch die Offliner – Menschen, welche keinen oder möglichst wenig Umgang mit digitalen Medien pflegen.

Die gesellschaftliche Bewertung der Medien

Die Mediatisierung der Lebenswelten wird in den Diskursen der Psychologie, der Kommunikations- und Medienwissenschaft, der Soziologie und der Pädagogik kontrovers bewertet. Deskriptiv betrachtet geht es um die Durchdringung des Alltags mit allen Formen von Medien: Medien fürs Lernen und Lehren, für die Information, Kommunikation, Selbstdarstellung und zur Unterhaltung (vgl. Saxer 2012). Gesellschaftliche Akteure richten ihr Handeln an den Gesetzmäßigkeiten und Aufmerksamkeitslogiken des Mediensystems aus. Ereignisse werden im Hinblick auf ihre öffentliche Resonanz in den journalistischen Medien geplant, und Institutionen, auch Schulen und Hochschulen, investieren hohe Ressourcen und viel Kreativität in Medienarbeit und Public Relations (vgl. Donges 2006, S. 164). Aus einer normativen Perspektive kann unterschieden werden zwischen kulturpessimistischen Einschätzungen, kritisch-optimistischen Positionen und medieneuphorischen Bewertungen der Rolle der Medien für Individuen und Gesellschaft (Süss 2004, S. 15–20). Kulturpessimistische Autoren betonen die möglichen Risiken der Medien, kritisch-optimistische Autoren betonen die Chancen und die Möglichkeiten, negative Medieneffekte zu verhindern, während medieneuphorische Autoren allein die Chancen der Medien fokussieren und Risiken vernachlässigen. Je nach der Grundhaltung, die eingenommen wird, versucht man, den Medienumgang von Kindern und Jugendlichen, Studierenden und Dozierenden, Eltern, Lehrpersonen, Arbeitgebern und Arbeitnehmern stärker zu reglementieren, einzuschränken oder freizugeben.

Medienkompetenz

In Fachkreisen herrscht Konsens, dass Medienkompetenz als Entwicklungsaufgabe erworben werden muss, um ein autonomes und handlungsfähiges Mitglied der Gesellschaft zu werden. Erziehende erleben die Medien oft als »heimliche Miterzieher«, welche implizit und explizit Werte vermitteln, die nicht unbedingt den eigenen Werten entsprechen. Ein Gefühl der Hilflosigkeit kann aufkommen, gerade dann, wenn die Erziehenden selbst über eingeschränkte Medienerfahrungen, Medienkompetenz und medienpädagogische Kompetenz verfügen. Die Medien werden als eine Sozialisationsmacht im Alltag der Kinder erlebt, welche alle Grenzen des geschützten Schonraums der Kindheit durchdringen. Dies verweist darauf, dass in der Einschätzung der Rolle der Medien für Kinder immer auch ein spezifisches Kindheitskonzept mitschwingt und eine Vorstellung davon, welche Erziehungsstile angemessen sind, um Kinder in ihrer Entwicklung zu fördern. Institutionen des Lernens und Lehrens, von der Kindertagesstätte bis zur Hochschule, werden als Moratorium verstanden, als Orte, in denen die Heranwachsenden und Lernenden schrittweise und unter systematisch kontrollierten Bedingungen in die Anforderungen und Optionen einer komplexen Welt eingeführt werden. Schonraum und Moratorium werden durch die Medien allerdings immer radikaler durchbrochen. Der amerikanische Medientheoretiker Neil Postman kritisierte schon in den 1980er-Jahren die Rolle des Fernsehens als »Zerstörer der Kindheit«, weil es den Kindern alle Facetten der Welt viel zu früh zugänglich mache (Postman 1985, 1994). Noch viel umfassender erscheint diese Macht der Medien mit dem Internet, den digitalen Sozialen Netzwerken und mit der Mobilkommunikation. Als Herausforderung der Mediengesellschaft wird auch erlebt, dass die Verständigung zwischen den Generationen erschwert werden kann, wenn die Mediensozialisation der unterschiedlichen Alterskohorten sich in immer kürzeren Intervallen markant verändert. Die Baby-Boomer-Generation (geboren 1945–1965) hat in der Medienbiographie andere Leitmedien erlebt als die Generation × (geboren 1965–1980), die Generation Y (geboren 1980–1995) oder die Generation Z (geboren 1995–2010) (vgl. Belwe/Schutz 2014, S. 33).

Definition

Unter Leitmedium wird ein Medium verstanden, das für besonders viele Funktionen genutzt wird und an welches eine hohe emotionale Bindung besteht.

Die frühen Baby Boomer erlebten die Einführung des neuen Mediums Fernsehen. Es löste das Hörfunkgerät als Versammlungspunkt der Familie im Wohnzimmer ab. Unterhaltungssendungen wie Soap Operas, welche man bisher als Radioprogramm genossen hatte, wanderten zum Fernsehen über und Radio wurde zum Musik- und Hintergrundmedium. Die Bindung dieser Generation an das Fernsehen erwies sich als viel emotionaler und intensiver als bei den nachfolgenden Generationen, bei denen das Fernsehen bereits zum selbstverständlichen Alltag gehörte (Peiser 1996). Genauso dürfte es mit dem Internet als Medienumgebung laufen: Die heutige Faszination wird einer Veralltäglichung weichen. Soziale Netzwerke gehören für die Generation Z in genauso unspektakulärer Weise zur Realität wie Straßen, Häuser und Berge. Wer erlebt hat, wie die Welt ohne ein neues Medium war und was sich mit der Einführung plötzlich für neue Handlungs- und Erlebnismöglichkeiten eröffneten, bemerkt die Besonderheiten des Mediums besonders stark. Das omnipräsente Internet wird aus dem Bewusstsein verschwinden. Man wird es nur noch merken, wenn die Internetverbindung plötzlich mal ausfällt. Die alten Medien werden in einem Prozess der zunehmenden Medienkonvergenz immer mehr miteinander vernetzt und können mobil an jedem Ort und jederzeit genutzt werden (vgl. Genner et al. 2013). Das Lesen von Texten behält seinen hohen Stellenwert als Kulturtechnik, aber es nimmt neue Formen an (Falschlehner 2014). Neben dem Schriftlesen auf Papier hat das digitale Lesen an Bedeutung zugenommen. Es wird heute insgesamt mehr und häufiger am Bildschirm gelesen als auf Papier. Und immer mehr Informationen werden in Bildern vermittelt und über multimediale Informationssysteme abgerufen (Falschlehner 2014, S. 55–114).

Probleme

Als Herausforderung der Medien werden von psychologischen Fachpersonen und von Bildungs- und Familienpolitikerinnen und -politikern bestimmte Medieninhalte eingeschätzt, welche besonders für Kinder und Jugendliche als potenziell entwicklungsgefährdend eingestuft werden: Es sind Medienwirkungen im Bereich von Gewaltdarstellungen, Pornographie, Diskriminierungen, Stereotypen, einseitigen Schönheitsidealen, Verherrlichung oder Verharmlosung von Extremismus, Suchtmittelkonsum oder Glücksspiel. Hinzu kommen problematische Mediennutzungsformen wie Cyberbullying, Verhaltenssucht im Umgang mit Games oder Sozialen Netzwerken oder riskantes Verhalten im Umgang mit der eigenen Privatsphäre (vgl. Robertz/Wickenhäuser 2010). Wurden bis Ende der 1990er-Jahre im Hinblick auf Jugendmedienschutz und Medienkompetenzförderung die Heranwachsenden primär als Rezipienten von standardisierten Inhalten betrachtet, so ist die Wahrnehmung von Problemlagen heute weiter ausdifferenziert: Die Kinder und Jugendlichen sind nicht nur Rezipienten, sie sind auch Marktteilnehmer, Kommunikationsteilnehmer und selbst Akteure, welche sich und andere durch ihr Medienhandeln gefährden können (vgl. Dreyer et al. 2013, S. 4). Diese erweiterte Sicht ist vor allem durch die digitalen und mobilen Medien notwendig geworden.

Die empirische Medienwirkungsforschung bietet zu diesen Themen Anhaltspunkte, aber keine Befunde, die einfache Lösungen nahelegen. Zwischen Gewaltdarstellungen in den Medien und der Aggressivität von Kindern bestehen z. B. keine linearen Zusammenhänge, sondern die Persönlichkeit, die soziale Situation, die verfügbaren kognitiven, emotionalen und sozialen Ressourcen, die Medienkompetenz und die aktuelle Befindlichkeit der Rezipienten haben neben den Medieninhalten einen bedeutsamen Effekt auf die möglichen Medienwirkungen (vgl. Bonfadelli/Friemel 2011; Friedrich 2013). Populäre Schriften, wie diejenigen des medienkritischen Hirnforschers und Psychiaters Manfred Spitzer, vermitteln ein ganz anderes Bild, indem sie massive generelle Effekte von Gewaltdarstellungen postulieren und die Eltern und Lehrpersonen damit in höchste Alarmstimmung versetzen (vgl. Spitzer 2012). »Meiden Sie die digitalen Medien. Sie machen, wie vielfach hier gezeigt wurde, tatsächlich dick, dumm, aggressiv, einsam, krank und unglücklich. Beschränken Sie bei Kindern die Dosis, denn dies ist das Einzige, was erwiesenermaßen einen positiven Effekt hat. Jeder Tag, den ein Kind ohne digitale Medien zugebracht hat, ist gewonnene Zeit« (Spitzer 2012, S. 325). Medienpsychologen und Medienwirkungsforscher konnten aufzeigen, dass solche Thesen oder Generalisierungen von Befunden aus Sicht der aktuellen Forschung nicht haltbar sind (vgl. Appel/Schreiner 2014). Zur Veranschaulichung sei auf eine Studie zur Facebook-Nutzung verwiesen.

> Die These »Facebook macht einsam, weil man zwar 500 Freunde hat, aber dabei die echten Face-to-Face-Kontakte vernachlässigt und im sozialen Vergleich mit all den fröhlichen Selbstinszenierungen und der permanenten Party-Stimmung auf den Profilen der Anderen den eigenen Alltag als trostlos und langweilig empfindet« lässt sich nicht generalisieren.

Introvertierte Menschen können sich auf Sozialen Netzwerken z. B. leichter öffnen und erleben dadurch mehr soziale Resonanz, was sich wiederum ermutigend auf ihre Face-to-Face-Interaktionen auswirkt. Wer selbst viele Meldungen postet und darauf »Likes« oder freundliche Kommentare erhält und nicht nur liest, was andere posten, erhöht das eigene Wohlbefinden und fühlt sich weniger einsam. Wer allerdings vor allem beobachtet, was andere online tun, ist eher in Gefahr, in eine negative Stimmung zu geraten. Es hängt also z. B. von Persönlichkeitsmerkmalen und dem konkreten Medienhandeln ab, ob positive oder negative Effekte in Bezug auf Einsamkeit entstehen (vgl. große Deters/Mehl 2012).

Neue Herausforderungen

Für Individuen im Erwachsenenalter kommen neue Herausforderungen in den Blick. Neben den Effekten der Nutzung Sozialer Netzwerke sind es vor allem die persönliche Regulation der ständigen Erreichbarkeit und der fast unbeschränkte Zugang zum Internet. »Always on« kann zum Stressfaktor werden. Es gelingt vielen Arbeitnehmenden nicht mehr, sich in der Freizeit oder in den Ferien von der Arbeit abzugrenzen oder sich während der Arbeitszeit nicht durch private Online-Aktivitäten abzulenken. Konzentration auf eine Aufgabe oder ungestörte Erholung werden so immer schwieriger. Diese »Kommunikationsfalle« kann bis zum Burn-out führen (vgl. Meckel 2007; Perlow 2012; Genner/Süss 2014). Unsichere Menschen können, wenn sie nicht online sind, rasch in eine unbehagliche Stimmung geraten, bei der sie fürchten, etwas zu verpassen, was in ihrem Freundeskreis verhandelt wird (englisch: »Fear of Missing Out«). Sie können zudem in einen Kontrollzwang geraten, ständig nachzuprüfen, ob nicht irgendwo etwas Unvorteilhaftes über sie in Text oder Bild online verbreitet wird. (Strano/Wattai Queen 2012). Solche Problemlagen erwachsener Mediennutzer werden zu einem neuen Feld der psychologischen Lebensberatung und der betrieblichen Gesundheitsförderung und Prävention.

Nach diesen allgemeinen Hinweisen auf die zentralen Herausforderungen im Medienalltag von Kindern, Jugendlichen und Erwachsenen sollen im Folgenden zusammenfassend Quellen, Trends und einzelne, ausgewählte Befunde zur Mediennutzung über die Lebensspanne vorgestellt werden.

8.2 Mediennutzung über die Lebensspanne

In einem gedruckten Lehrbuch ist es wenig sinnvoll, detailliert aktuelle empirische Befunde zur Mediennutzung vorzustellen, da diese rasch veralten. Der Medienalltag ist von einer hohen Dynamik bestimmt. Neue Angebote, seien es Inhalte, Geräte (z. B. Smartphones) oder Leistungsangebote wie die Flatrate (Pauschalgebühr) bei der Mobilkommunikation können das Medienverhalten von einem Tag auf den anderen verändern. Deshalb wird in diesem Kapitel zuerst auf einige wichtige Studien verwiesen, welche online abrufbar sind. So findet man immer die aktuellsten Befunde. Ergänzend werden Trends beschrieben und mit einem exemplarischen Anspruch einige Einzelergebnisse vorgestellt und eingeordnet.

Kinder und Jugendliche: Für die Mediennutzung von Kindern und Jugendlichen in Deutschland sind die repräsentativen Studien des Medienpädagogischen Forschungsverbunds Südwest die wichtigste Orientierungshilfe (www.mpfs.de). In diesen Studien werden jeweils Aussagen zur Medienausstattung der Haushalte erhoben, zum Medienbesitz der Kinder, zu Medienerziehung in Familie, Kindergarten, Krippe oder Schule und zu besonderen Problemlagen, die je nach Altersgruppe oder Erhebungsjahr differieren können. Die miniKIM-Studie (Kleinkinder und Medien) stellt seit 2012 eine Basisuntersuchung zum Medienumgang von Zwei- bis Fünfjährigen dar. Die Eltern der Kinder werden dabei zum Medienalltag ihrer Kinder und zu ihren medienerzieherischen Praktiken befragt. Die KIM-Studie (Kinder + Medien, Computer + Internet) erfasst seit 1999 regelmäßig das Medienverhalten von 6- bis 13-Jährigen. Die JIM-Studie (Jugend, Information, (Multi-)Media) erfasst seit 1998 regelmäßig den Medienalltag von 13- bis 19-Jährigen. In der FIM-Studie (Familie, Interaktion & Medien) wurden 2011 Familien mit Kindern von drei bis 19 Jahren befragt. Dabei ging es um Kommunikation und Interaktion in den Familien im Zusammenhang mit den Medien, aber auch generell um das Gesprächsklima in den Familien.

In der Schweiz werden vergleichbare repräsentative Studien durch den Forschungsschwerpunkt Medienpsychologie an der ZHAW in Kooperation mit Hochschulpartnern aus der französisch- und italienischsprachigen Schweiz in allen drei großen Sprachregionen durchgeführt (www.psychologie.zhaw.ch). Die MIKE-Studie (Medien, Interaktionen, Kinder und Eltern) zum Medienalltag von 6- bis 13-Jährigen wurde 2014 mit Unterstützung der Jacobs Foundation erstmalig durchgeführt. In der JAMES-Studie (Jugend, Aktivitäten, Medien-Erhebung Schweiz) werden mit Unterstützung von Swisscom alle zwei Jahre 12- bis 19-jährige Jugendliche befragt. Die erste Erhebung erfolgte 2010, die folgenden 2012 und 2014.

Viele der Befunde der deutschen und der schweizerischen Studien lassen sich direkt miteinander vergleichen, weil sie im selben Format erhoben wurden.

Für Österreich besteht keine Studie, welche das ganze Land einschließt. Jedoch liegen für das Bundesland Oberösterreich den obengenannten Studien vergleichbare regelmäßige Erhebungen der Education Group in Linz mit zwei Pädagogischen Hochschulen bei den Drei- bis Zehnjährigen und ihren Eltern und bei 11- bis 18-Jährigen vor: Die Oberösterreichische Kinder-Medien-Studie (seit 2007) und die Oberösterreichische Jugend-Medien-Studie (seit 2009) (www.edugroup.at/innovation/forschung.html).

Eine vergleichende, gesamteuropäische Studie zur Internetnutzung von Kindern und Jugendlichen mit dem Schwerpunkt bei den Risiken des Internets, wurde in mehreren Projektphasen zwischen 2006 und 2014 unter dem Titel »EU Kids Online« durchgeführt. Beteiligt sind 33 Länder Europas. In assoziierten Projekten sind auch Australien und Brasilien dabei (s. http://www.lse.ac.uk/media@lse/research/EUKidsOnline/Home.aspx).

In den USA arbeitet das Berkman Center for Internet & Society an der Harvard University in Cambridge/Boston an Studien zum Medienalltag von Kindern und Jugendlichen (s. https://cyber.law.harvard.edu/research/youthandmedia). Aus diesem Team stammt u.a. das auch auf Deutsch erschienene Buch zur Generation Internet

(Palfrey/Gasser 2008). Die Kaiser Family Foundation (http://kff.org) ermöglichte seit 1999 mehrere Durchführungen der für die USA repräsentativen Studie »Generation M2: Media in the Lives of 8- to 18-Year-Olds«. Das World Internet Project wurde 1999 am USC Annenberg School Center for the Digital Future in den USA lanciert und untersucht in über 20 Ländern der ganzen Welt die Nutzung und die gesellschaftlichen Implikationen des Internets (http://worldinternetproject.net/#about). Deutschland und die Schweiz sind ebenfalls beteiligt. Die beiden Länder gehören zu den wenigen auf der Welt, in welchen bereits 2013 über 80 Prozent der Bevölkerung Internetzugang hatten, während gleichzeitig zwei Drittel der Weltbevölkerung vom Internetzugang gänzlich ausgeschlossen waren.

Erwachsene und ältere Menschen: Die Mediennutzung der Erwachsenen wird durch die Publikumsforschung der Hörfunk- und Fernsehanbieter regelmäßig erfasst. Für Deutschland werden die Befunde monatlich in der Zeitschrift »Media Perspektiven« veröffentlicht, die online zugänglich ist (s. http://www.media-perspektiven.de/publikationen/fachzeitschrift/).

Am wenigsten erforscht ist die Mediennutzung von älteren Erwachsenen. In der Schweiz wurde 2011 eine Studie zur Nutzung von Mobilkommunikation und Internet durch 50- bis 80-Jährige durchgeführt (Dahinden et al. 2012). Dabei ging es um die Frage, wo digitale Klüfte zwischen den Generationen bestehen und wodurch diese überwunden werden können. Ebenfalls 2011 entstand eine Studie zum intergenerationalen Lernen im Umgang mit digitalen Medien am Beispiel eines Projektes, in welchem Kinder Senioren (Durchschnittsalter 70 Jahre) den Umgang mit Computer, Handy und Internet beibrachten (Genner et al. 2012).

Nach diesen Hinweisen auf online abrufbare Studien werden im Folgenden exemplarisch einige Trends von 2010 bis 2014 (drei Erhebungen) am Beispiel der JAMES-Studien aus der Schweiz dargestellt.

Mediennutzung

Für die Jugendlichen ist das Smartphone zum »Tor zur Welt« geworden. Praktisch alle besitzen eines, im Schnitt bereits ab neun Jahren. Smartphone- und Internetnutzung gehören zu den wichtigsten und liebsten Beschäftigungen. Allerdings steht das Treffen von Freunden immer noch an erster Stelle. Face-to-Face-Begegnungen und Internetnutzung sind aber permanent miteinander verwoben. Virtuelle Räume sind zu erweiterten Erlebens- und Handlungsräumen geworden. Games – aber auch Sport im nonmedialen Bereich – sind wichtige Orte für spielerischen Wettbewerb und Kooperation, vor allem für Jungen. Fernsehen und Bücherlesen (letzteres vor allem bei Mädchen) sind Orte für Eskapismus, d. h. für die Flucht vor Alltagssorgen und Belastungen und zur Unterhaltung. Musik wird zur Stimmungsregulation eingesetzt, wie immer schon, aber heute ist die Lieblingsmusik digital jederzeit verfügbar. Pendlerzeitungen und Facebook-Links sind zu wichtigen Informationsquellen geworden. Nach wie vor werden Zeitungen aber öfters auf Papier als am Bildschirm gelesen. Die Informationssuche, z.B. für Hausaufgaben, findet auch zunehmend über visuelle Medien statt, z.B. über YouTube. Digitale Medien sind zu einem Ort der Selbstkonstruktion und der sozialen Vernetzung geworden. Neun von zehn Jugendlichen haben mindestens ein Profil auf einem Sozialen Netzwerk. Facebook steht noch immer an erster Stelle. Bei den jüngeren Jugendlichen hat Instagram den ersten Platz eingenommen. WhatsApp ist die Lieblings-App geworden. Die Jugendlichen verbringen viel Zeit vor dem »digitalen Spiegel«. Das Internet ist eine »Probebühne«, aber zugleich auch Bestandteil der »Hauptbühne« des Alltags. Kommunikation mit Gleichaltrigen ist das zentrale Nutzungsmotiv. Internet- und Fernsehnutzung sind oft verknüpft via YouTube oder Zattoo. Es werden immer mehr Fotos gemacht und sofort online gestellt. Die Privatsphäre wird durch entsprechende Einstellungen besser geschützt, insbesondere von Mädchen. Die Jugendlichen sammeln auf ihren Sozialen Netzwerken immer mehr Kontakte/Followers (im Schnitt 400 auf Facebook), aber sie haben immer noch gleich viele »echte Freunde« wie zuvor, denen sie Vertrauliches erzählen und die sie regelmäßig treffen (im Schnitt sechs Freunde).

Bei den Erwachsenen ist das Fernsehen das wichtigste Medium. Erwachsene verbringen viel mehr Zeit mit dem Fernsehen als Kinder und Jugendliche. Die Nutzung von Mobilkommunikation und Internet nimmt jedoch zu, und die vorerst auf Nützlichkeit und Arbeit fokussierte Nutzung erweitert sich auf Kommunikation und Unterhaltung. Immer mehr Erwachsene eröffnen Profile auf Sozialen Netzwerken und spielen digitale Games zur Unterhaltung. Ältere Erwachsene, die nicht mehr im Erwerbsleben stehen, nutzen das Internet, um mit Familienangehörigen und Freunden in Kontakt zu bleiben, und sie sind auch interessiert daran, ihre Gesundheitsdaten online verfügbar zu haben. Als bedeutsam erweist sich, ob sie im Beruf bereits mit Computer und Internet gearbeitet haben und ob sie die Nutzung digitaler Medien mit Gender-Stereotypen verknüpfen. Dahinden et al. (2012) konnten zeigen, dass es ältere Paare gibt, die den Computer zur »Männerdomäne« erklären, während andere Bereiche, wie die Haushaltsführung, »Frauendomäne« bleiben. Dabei wären die Frauen in diesen Paaren nicht weniger befähigt oder interessiert an den digitalen Medien, aber sie überlassen den Bereich ihren Männern.

Nach diesem exemplarischen Einblick in zentrale Trends der Mediennutzung (s. ausführlich in Genner et al. 2012; 2013 und Dreyer et al. 2013) werden im Folgenden Handlungsfelder der Pädagogischen Psychologie im Zusammenhang mit den Medien dargestellt.

8.3 Prävention und Intervention

Die Verantwortung für einen entwicklungsförderlichen Medienumgang und für qualitativ hochwertige und ethisch reflektierte Medienangebote liegt in verschiedenen

Händen: Bei den Medienproduzenten und -distributoren, bei den Regulierungs- und Aufsichtsbehörden, bei den Eltern, Lehrpersonen, bei den Kindern und Jugendlichen und den erwachsenen Nutzerinnen und Nutzern selbst. Entsprechend setzen Prävention und Intervention auch an diversen Stellen an (vgl. Süss et al. 2013, S. 95–119). Die folgenden Anwendungsfelder sind eine Auswahl, die sich besonders in Bezug auf Kinder und Jugendliche anbieten.

Medienpädagogische Elternbildung und -beratung

Eltern sind die wichtigsten Bezugspersonen, von denen Kinder den positiven Umgang mit Medien vermittelt bekommen. Dabei geht es um das Bereitstellen von altersgerechten Medien, die Begleitung der Mediennutzung der Kinder, das Aushandeln von Regeln und – besonders wichtig – um das Vorbildverhalten der Eltern (vgl. Hermida/Signer 2013). Gerade Eltern von Kleinkindern sind oft unsicher, ob sie das Spielen mit Tablets und Smartphones mit Kinder-Apps und Spielen erlauben sollen oder nicht. Manche Ratgeber sind hier sehr strikt: »Kein Bildschirm unter 3 Jahren«, empfiehlt etwa der französische Psychologe und Psychiater Serge Tisseron (s. www.sergetisseron.com). Sein deutscher Kollege Manfred Spitzer rät sogar, nicht vor zwölf Jahren Bildschirmmedien zu nutzen (Spitzer 2012). Solche strikten Einschätzungen vernachlässigen die Inhalte und die Nutzungsformen: Kleine Kinder sollen nur zusammen mit erwachsenen Bezugspersonen Bildschirmmedien nutzen, und es muss darauf geachtet werden, dass ein vielfältiges Lern- und Erfahrungsangebot besteht, in welchem die Medien nur einen kleinen Anteil einnehmen. Dieser kann sich mit zunehmendem Alter erweitern. Der Blick darf in der Beratung zum Medienumgang also nicht nur auf die Medien eingeschränkt bleiben, sondern muss immer das gesamte Spektrum der Aktivitäten in einer Familie in den Blick nehmen.

Ein »Infoset Medienkompetenz: 10 Fragen – 10 Antworten« wurde in Deutschland vom Medienpädagogischen Forschungsverbund Südwest erarbeitet, das sich an Eltern und Erziehende richtet (www.mpfs.de/index.php?id=517). In der Schweiz wurden in einem Bundesprogramm »Jugend und Medien« von 2010 bis 2015 zahlreiche Studien, Praxisprojekte und Handreichungen erarbeitet, die in der Elternbildung und -beratung, aber auch bei anderen Interessierten eingesetzt werden können (Bundesrat 2015, s. www.jugendundmedien.ch).

Altersgerechte Medienangebote entwickeln und empfehlen

Ein Tätigkeitsgebiet von Pädagogischen Psychologen kann darin liegen, altersgerechte Medienangebote zu entwickeln, Altersempfehlungen zu erarbeiten und die förderlichen Angebote zu empfehlen. Altersfreigaben bei Games, Fernsehangeboten oder für Kinofilme müssen auf entwicklungspsychologischen Kenntnissen aufbauen (s.

z. B.: Freiwillige Selbstkontrolle der Filmwirtschaft: www.fsk.de oder Altersfreigaben für Games: www.pegi.info/de/). Bei der Entwicklung von Kinder- und Jugendmedien können Psychologinnen und Psychologen ihre Kompetenzen einbringen. Medien- und Telekommunikationsanbieter beschäftigen Jugendschutzbeauftragte, welche sich für sichere und förderliche Angebote einsetzen. Altersfreigaben können für das einzelne Kind nie exakt passen, sie sind eher als Orientierungshilfe zu verstehen. Aus der Entwicklungspsychologie ist bekannt, dass die kognitive, emotionale und soziale Entwicklung zwar nach bestimmten Gesetzmäßigkeiten, aber doch interindividuell unterschiedlich schnell verläuft. Noch hilfreicher als Altersfreigaben (also Mindestaltersangaben) ist die Positivprädikatisierung, d. h. die Empfehlung wertvoller, entwicklungsförderlicher Angebote, die für eine bestimmte Altersgruppe besonders passend sind. Für Computergames wurde das in Österreich vom Bundesministerium für Familie und Jugend erarbeitet und laufend aktualisiert (s. http://bupp.at). An diesen Beispielen wird deutlich, dass nicht die Medienwahl an sich (Buch oder Game) oder die mit einem Medium verbrachte Zeit ausschlaggebend für die Effekte sind, sondern die Auswahl geeigneter Angebote.

Medienkompetenz fördern

Kinder, Jugendliche, Erwachsene und Senioren können in Workshops, in Angeboten der außerschulischen Sozialarbeit oder der Erwachsenbildung, in Projektwochen an Schulen, usw. darin unterstützt werden, ihren Medienalltag zu reflektieren, selbst Medien zu produzieren und dadurch die Gestaltungsmittel, Qualitätsmerkmale und Effekte besser zu verstehen. Medienkompetenzförderung stärkt die Kritikfähigkeit, aber auch die Genussfähigkeit und ist eine Möglichkeit, kreative Ausdrucksmöglichkeiten weiter zu entwickeln. Aktive Medienarbeit – z. B. selbst eine Sendung in einem Bürger- oder Lokalradio zu produzieren – führt dazu, dass das Medialitätsbewusstsein steigt. Man erkennt, wie Medien bei jeder Abbildung die Realität umbilden und damit ein Weltbild konstruieren. Schon Kindergartenkinder können sich etwa mit dem Thema Fernsehwerbung befassen, indem sie in einem Karton ein Fenster ausschneiden und hinter diesem »Bildschirm« versuchen, anderen Kindern eine Werbebotschaft zu vermitteln. Dabei können sie darüber reflektieren, was sie alles einsetzen könnten, um ihr Produkt so attraktiv wie möglich erscheinen zu lassen. Den nächsten Werbespot werden sie dann mit anderen Augen betrachten. Der bewusste Verzicht auf bestimmte Medien für eine gewisse Zeit mit Selbstbeobachtung und Reflexion der Erlebnisse kann dazu beitragen, die Medien danach gezielter und bewusster im Alltag zu nutzen. Beispiele dafür sind: vier Wochen aufs Fernsehen verzichten oder Ferien ohne Smartphone und Soziale Netzwerke zu verbringen. Solche Selbstversuche werden mit Begriffen wie »Handy-Fasten« oder »Offline Days« propagiert.

Medienbezogene Verhaltenssucht

Immer öfter kommen Ratsuchende zur Psychologin oder zum Psychologen, weil sie selbst oder eine angehörige Person die Kontrolle über den Medienumgang verloren hat und in eine Verhaltenssucht gerutscht ist (vgl. Bilke-Hentsch et al. 2014, S. 99–126). Medienbezogene Verhaltenssucht kann insbesondere bei Games, bei Online-Pornographie oder bei Mobilkommunikation auf Sozialen Netzwerken auftreten. Bei Games und Pornographie sind viel öfter männliche Personen betroffen, bei suchtartiger Nutzung Sozialer Netzwerke eher weibliche Personen. Das suchtverstärkende Moment am Medienangebot selbst ist die Existenz einer Parallelwelt, in welcher sich ständig etwas weiterentwickelt, auch wenn man offline ist. Zudem erfährt man oft unmittelbare Belohnungen durch Aufmerksamkeit und Ansehen in der Online-Welt oder durch Punkte und Fortschritte in Games. Bedeutsamer aber sind Persönlichkeitsmerkmale der gefährdeten Person wie eine reduzierte Impulskontrolle, ungünstige Konfliktverarbeitungsstile und eine beeinträchtigte Selbstwertregulation. Gerade Jugendliche und junge Erwachsene, die in ihrem Alltag wenig Wertschätzung und Erfolg erleben oder sich ausgegrenzt fühlen, können sich von Online-Welten angezogen fühlen. Abstinenz von Computer und Internet ist in unserer Gesellschaft nicht realisierbar. Das Ziel der Behandlung ist also das spezifische Vermeiden der suchtverstärkenden Angebote und die Stärkung der Selbst- und Sozialkompetenz. Wer sich Konflikten stellen und seine eigenen Bedürfnisse konstruktiv vertreten kann, ist weniger gefährdet, eine Verhaltenssucht zu entwickeln oder kann sich daraus wieder befreien.

Cybermobbing, Cybergrooming, Sexting

Die Kommunikation in digitalen Welten hat eine enthemmende Wirkung. Dies kann positiv sein, da man sich schneller öffnet und auf andere zugeht, es kann aber auch negativ sein, indem Aggression ungehemmter ausgedrückt wird. Cybermobbing (Plagen, Schikanieren, Bloßstellen, Verleumden und Lächerlich machen von Opfern) kommt unter Jugendlichen zwar deutlich seltener vor, als das Mobbing in Face-to-Face-Situationen (Perren/Gutzwiller-Helfenfinger 2012). Oft ist Cybermobbing eine Fortsetzung bereits bestehender Mobbing-Konstellationen aus dem Alltag. Betroffene Opfer sind aber auch schon durch einmalige Angriffe massiv bedroht, da sie nie genau wissen, wer alles beteiligt ist und wer die beleidigenden Aussagen oder Bilder schon gesehen hat oder noch zu sehen bekommt. In der Präventionsarbeit ist es wichtig, z. B. in einer Schule eine Kultur zu fördern, welche Mobbing nicht toleriert und in welcher Opfer wissen, wo sie rasch Hilfe bekommen können, sollten sie betroffen werden.

Cybergrooming meint, dass Kinder und Jugendliche online sexuell belästigt werden, sei dies durch Erwachsene oder durch ältere Jugendliche. Auch bei solchen Erfahrungen, die deutlich häufiger von Mädchen als von Jungen gemacht werden, ist eine rasche Hilfe von Bezugspersonen und psychologischen Fachkräften wichtig (vgl. Hermida

2013). Manche Jugendliche gefährden sich selbst, indem sie Fotos von sich in erotischen Posen online stellen oder indem im Rahmen einer intimen Beziehung Nacktbilder ausgetauscht werden (Sexting), die beim Auseinandergehen der Beziehung vom Ex-Partner weiterverbreitet werden. In der Beratung zu diesen Themen ist es wichtig, Medienkompetenz mit Sexualerziehung und respektvollem Verhalten in Partnerschaften zu verbinden. Dabei sind die Förderung von Mitgefühl und von ethischer Verantwortung im eigenen Handeln von großer Bedeutung (vgl. Kap. 9 und 10).

8.4 Perspektiven

Medienpsychologie und Medienpädagogik sind bisher zumeist auf Problemlagen hin fokussiert. Man versucht, Kinder und Jugendliche vor negativen Medieneinflüssen auf die Entwicklung zu bewahren oder der Entwicklung digitaler Klüfte in der Gesellschaft zu begegnen, z. B. bei Senioren. Auch die Medienwirkungsforschung hat sich vor allem mit Risiken und negativen Medieneffekten befasst. Nimmt man die Perspektive der Positiven Psychologie ein, so eröffnen sich neue Potenziale im Hinblick darauf, wie die Medien zu Lebensqualität und Wohlbefinden beitragen können (Süss 2012). In der Förderung qualitativ hochwertiger und anregender Medienangebote und kreativer Nutzungsstile liegen mindestens so viele Einsatzgebiete der Pädagogischen Psychologie wie in der Prävention und Intervention in Bezug auf problematische Medieneffekte. Beides ist wichtig, zu den positiven Möglichkeiten liegen aber noch weniger Ansätze vor.

> Der Einsatz von neuen Medien in den Schulen kann das didaktische Potenzial noch besser nutzen, wenn z. B. Handys nicht primär als Störfaktor oder »Aufmerksamkeitskiller« gesehen werden (vgl. Belwe/Schutz 2014), sondern wenn Handys und Tablets auch als Lern- und Kommunikationsmedium für die Arbeiten in den Schulen und für die Hausaufgaben eingesetzt werden.

Dabei ist es allerdings notwendig, zu erproben, wann alte oder neue Medien oder das Arbeiten ohne jegliche Medien die optimale Form ist, um zu lernen (Süss et al. 2013, S. 169–195). Der Einsatz von Filmen im Unterricht sollte z. B. immer aus zwei Perspektiven erfolgen: Zum einen kann ein Film einen Lerngegenstand dokumentieren und illustrieren. Zum anderen muss darüber reflektiert werden, wie das Medium Film den Gegenstand verändert und mit welchen gestalterischen Mitteln welche Bedeutungsverschiebung entsteht. Bleibt der zweite Schritt aus, so werden die Schülerinnen und Schüler zwar Spaß daran gehabt haben, in der Schule einen Film zu sehen, aber ihre Medienkompetenz hat damit nicht zugenommen. Und es entsteht das Risiko von Illusionsbildungen, wenn z. B. im Geschichtsunterricht zu den antiken Römern der monumentale Spielfilm »Gladiator« (UK/USA 2000) angeschaut wird, ohne die historischen Verfälschungen zu besprechen, welche zugunsten der Dramaturgie vorgenommen wurden.

Der Medienumgang von Erwachsenen in der Arbeitswelt und in der Freizeit stellt ein weiteres Handlungsfeld mit vielen offenen Fragen dar. Arbeitnehmerinnen und -nehmer erleben Termindruck und Hetze als Hauptursache für Stress im Alltag. Schon an zweiter Stelle folgt die Informationsüberflutung durch E-Mails und der Zwang zur ständigen Erreichbarkeit per Handy (Genner/Süss 2014, S. 5). Bei besser Gebildeten wird dies besonders oft erlebt. Smartphones und permanenten Internetzugang mit schnellen Verbindungen und praktisch unbegrenztem Datenvolumen zu günstigen Nutzungspreisen gibt es erst seit wenigen Jahren.

Es braucht noch gesellschaftliche Vereinbarungen darüber, wie man sinnvoll mit diesen Optionen umgeht, sodass die Life Domain Balance erhalten bleibt und die Menschen nicht unter Dauerstress stehen.

Innovative Unternehmen haben begonnen, den Serverzugriff für Mitarbeitende nach Arbeitsschluss zu sperren oder E-Mail-freie Tage einzuführen, damit man konzentriert arbeiten kann. Erfahrungen mit solchen Maßnahmen müssen evaluiert werden, denn es dürften je nach Aufgabe, die jemand hat, oder nach Persönlichkeit unterschiedliche Formen des Medienumgangs sein, die sich als optimal erweisen.

9 Moral

Die Förderung moralischer Entscheidungen und moralischen Verhaltens ist sicher ein zentrales Anliegen von Erziehung und Bildung. Doch zuerst ist es notwendig zu klären, was mit »moralisch« gemeint ist. Während Jean Piaget und Lawrence Kohlberg in ihren klassischen Arbeiten zur Entwicklung von Moral den Aspekt der Kognition in den Vordergrund rücken, fragen neuere Arbeiten nach der Bedeutung von Gefühlen und Intuition für die moralische Entwicklung. Das Kapitel schließt mit der Darstellung von Ansätzen zur Förderung des moralischen Denkens und Handelns.

9.1 Bedeutung und Begrifflichkeiten

Fragen der Moral beschäftigen uns im alltäglichen Leben immer wieder. Wir fällen Urteile über Recht und Unrecht, empfinden Schuld oder Empörung in Anbetracht von moralischem Fehlverhalten, widerstehen einer Versuchung oder geben ihr nach, helfen oder unterlassen eine Hilfeleistung – und dies alles aus unterschiedlichsten Gründen. Wann aber kann ein Verhalten als »moralisch« klassifiziert werden? Trautner (1997, S. 411) nennt folgende Kategorien, aus deren Vorhandensein man auf Moral schließen kann:

- Internalisierung von Normen (Erleben einer normativen Verpflichtung, ohne äußerer Kontrolle einer selbst vertretenen Norm zu entsprechen)
- Gerechtigkeitsempfinden (Verständnis für Regeln der Verteilung etc. in einem sozialen System)
- Zurückstellung eigener Bedürfnisse und Interessen (z. B. einem anderen helfen oder ihm nicht schaden)

Da moralische Konflikte in der Regel komplex und kontextgebunden sind, kann ein Verhalten für sich genommen – z. B. jemanden anlügen oder jemandem helfen – nicht als moralisch oder unmoralisch klassifiziert werden. Ohne Kenntnis der zugrunde liegenden Motivation und der Umstände der Handlung ist eine solche Entscheidung in den meisten Fällen so gut wie unmöglich. Weitgehende Einigkeit besteht jedoch in der Auffassung, dass Moral etwas *Positives* und *Notwendiges* für das Zusammenleben von Menschen und für die Aufrechterhaltung der menschlichen Ordnung ist.

Dabei hat die Psychologie im Gegensatz zu anderen Wissenschaften, die sich mit Fragen der Moral beschäftigen, nicht den Anspruch, eine Ethik zu begründen. Untersucht wird das moralische Fühlen, Handeln und Urteilen von Menschen. Als empirische Disziplin sucht die Psychologie dabei nach messbaren Indikatoren für Moral. Hierzu zählen:

- *Wissen* über geltende Normen

- *Urteile* über das, was moralisch geboten ist
- normentsprechendes und -abweichendes *Verhalten*
- moralische *Gefühle* (Befriedigung über moralisches Verhalten; Empörung oder Schuld aufgrund unmoralischen Verhaltens; Mitgefühl mit den Opfern unmoralischen Verhaltens)
- moralische *Motivation* (Begründungen, warum jemand wie handelt)

Diese verschiedenen Indikatoren existieren dabei nicht unabhängig voneinander. So gibt es im Normalfall kein Denken ohne Fühlen, und aus beidem resultiert eine Motivation, die zu bestimmten Handlungen führen kann.

Die älteste und bekannteste psychologische Forschungstradition hat v.a. die kognitiven Aspekte der Moral thematisiert, also das Wissen von und die Urteile über moralisch bedeutsame Inhalte. Mit der Darstellung dieser Klassiker beschäftigt sich der folgende Abschnitt. Im Anschluss werden Arbeiten neueren Datums vorgestellt, die die Bedeutung der Gefühle und der Intuition für unser moralisches Urteilen und Verhalten in den Vordergrund rücken. Das Kapitel schließt mit der Darstellung von Möglichkeiten, wie Moral vor allem in der Schule gefördert werden kann.

9.2 Die Klassiker: Piaget und Kohlberg

Die Basis der entwicklungspsychologischen Diskussion über Moral stellen die frühen Arbeiten von Jean Piaget (1932/1983) dar. Seine Erkenntnisse stützen sich dabei auf zwei Untersuchungsansätze: zum einen auf die Beobachtung der Regelanwendung beim Murmelspiel und zum anderen auf Interviews mit Kindern über Geschichten moralischen Inhalts.

Theorie und Forschung Jean Piagets

Beim ersten Ansatz beobachtete Piaget Jungen beim Murmelspiel auf den Straßen von Genf und Neuchâtel und fragte sie nach den Spielregeln: »Wer hat diese Regeln gemacht? Wie wurde dieses Spiel früher gespielt? Wie spielen andere Kinder dieses Spiel? Kann man die Regeln ändern?« Dabei beobachtete er, dass sowohl die Regeln selbst als auch ihre Anwendung und ihre Beurteilung sich mit dem Alter ändern. Bezüglich des Verständnisses von Regeln kam Piaget zu dem Schluss, dass die Kinder diese bis zu einem Alter von ca. vier/fünf Jahren nicht als verpflichtende Norm ansehen. Ab ca. fünf Jahren gelten Regeln als unveränderbar und unantastbar. Sie kommen von Gott oder erwachsenen Autoritäten und sind für immer gültig. Eine Änderung der Regeln kommt nicht in Betracht. Dies nennt Piaget *heteronome Moral.* Ab ungefähr acht Jahren verstehen die Kinder, dass Regeln eine Übereinkunft darstellen. Man ist zu ihrer Einhaltung verpflichtet, solange die Übereinkunft gilt. Regeländerungen sind aber möglich, wenn die Spielpartner dem zustimmen. Hierfür prägte Piaget den Begriff der *autonomen Moral.*

Im weiteren Verlauf seiner Arbeiten zur Entwicklung des moralischen Urteils führte Piaget Interviews mit Kindern durch. Er präsentierte ihnen kurze Geschichten, die einen kognitiven Konflikt erzeugen sollten. Das wohl bekannteste Beispiel handelt von zwei kleinen Jungen namens Hans und Heinz (Piaget 1983, S. 150):

Die Geschichte von Hans und Heinz

- Ein kleiner Junge namens Hans ist in seinem Zimmer. Man ruft ihn zum Essen. Er geht ins Speisezimmer. Aber hinter der Tür stand ein Stuhl. Auf dem Stuhl war ein Tablett, und auf dem Tablett standen 15 Tassen. Hans konnte nicht wissen, dass all dies hinter der Tür war. Er tritt ein: die Tür stößt an das Tablett und bums!, die 15 Tassen sind zerbrochen.
- Es war einmal ein kleiner Junge, der hieß Heinz. Eines Tages war seine Mama nicht da, und er wollte Marmelade aus dem Schrank nehmen. Er stieg auf einen Stuhl und streckte den Arm aus. Aber die Marmelade war zu hoch, und er konnte nicht drankommen. Als er doch versuchte, daran zu kommen, stieß er an eine Tasse. Die Tasse ist heruntergefallen und zerbrochen.

In der Geschichte von Hans und Heinz besteht der Konflikt laut Piaget zwischen den *Folgen* der Handlung (der objektiven Größe des Schadens) und der *Absicht*, die dahinter steht. Die Versuchskinder wurden im Anschluss an die Geschichte gefragt, ob eines der Kinder aus Geschichte A und B schlimmer sei als das andere und wenn ja, warum.

In den Antworten der Kinder fand Piaget die beiden bereits bei der Analyse des kindlichen Regelverständnisses beschriebenen Phasen wieder: Die heteronome und die autonome Moral. Die *heteronome Moral* beschreibt eine Phase, in der äußere Instanzen (Eltern, Gott, Staat) die Normen festlegen und Abweichungen davon bestrafen. Bei der *autonomen Moral* orientiert sich die Person bei ihrem Urteil über Gut und Böse an eigenen Wertmaßstäben.

Die heteronome Moral beruht nach Piaget zum einen auf dem ungleichen Verhältnis zwischen Erwachsenen und Kindern, das dazu führt, dass die Kinder Regeln und Werte der Erwachsenen übernehmen, ohne sie zu hinterfragen. Zum anderen basiert sie auf der kognitiven Unreife der Kinder: Diese glauben, dass Regeln/Werte wirkliche Dinge seien wie Stühle oder Schwerkraft, die außerhalb von Menschen existieren und nicht (nur) als Produkt des menschlichen Geistes (»moralischer Realismus«). Sie werden daher als absolut verpflichtend angesehen, unabhängig von den Umständen, in denen das Individuum sich befindet.

Deshalb ist die heteronome Moral laut Piaget u. a. dadurch gekennzeichnet, dass bei der Bewertung einer Handlung die Absichten bzw. Motive der handelnden Person außer Acht gelassen werden. Es wird lediglich nach dem objektiven Handlungsausgang geurteilt. Demgegenüber werden im Stadium der autonomen Moral die Absichten/Motive als Urteilsgrundlage herangezogen.

Die Entwicklung von der heteronomen zur autonomen Moral vollzieht sich laut Piaget im Wesentlichen durch die *Interaktion mit Gleichaltrigen*. Diese Interaktion sei wechselseitig und gleichwertig, im Gegensatz zur ungleichgewichtigen Eltern-Kind-Beziehung. »For Piaget, the best thing adults can do to foster moral development is to get out of the way« (Haidt 2008, S. 66). Die Moral der Autonomie entwickelt sich somit nach Piaget parallel zu Fortschritten in der Kooperation unter Kindern. Die gegenseitige Achtung lässt eine Autonomie in Erscheinung treten, bei der das Kind andere so behandelt, wie es selbst behandelt werden möchte.

Theorie und Forschung Lawrence Kohlbergs

Während Piagets Arbeiten zur Entwicklung der Moral mit dem Beginn des Jugendalters enden, setzen diejenigen des amerikanischen Psychologen Lawrence Kohlberg (1927–1987) hier erst an. Ihm verdanken wir den wohl umfassendsten Versuch, die Entwicklung der Moral zu analysieren. Auch im Zentrum seiner Analysen stand das moralische Urteil. In seiner Dissertation präsentierte Kohlberg 72 Jungen im Alter von zehn bis 16 Jahren aus Chicago zehn Dilemma-Geschichten. Moralische Dilemmata beschreiben Situationen, die einen unausweichlichen Wertkonflikt enthalten, wie z. B. Leben versus Eigentum oder Gesetz versus Altruismus. Besonders hohen Bekanntheitsgrad erreichte das Heinz-Dilemma.

Das Heinz-Dilemma

»Eine Frau in Europa war dem Tode nahe, da sie an einer seltenen Form von Krebs litt. Es gab ein Medikament, von dem die Ärzte annahmen, dass es die Rettung bringen könnte. Es handelte sich um eine Art Radium, das ein Apotheker aus derselben Stadt jüngst entdeckt hatte. Der Apotheker verlangte 2000 Dollar, das Zehnfache dessen, was die Herstellung kostete. Der Ehemann der kranken Frau, Heinz, suchte alle, die er kannte, auf, um sich das Geld zu leihen. Aber er konnte nur etwa die Hälfte des Kaufpreises zusammenbringen. Er sagte dem Apotheker, dass seine Frau im Sterben lag, und bat ihn, das Mittel billiger abzugeben oder ihn später bezahlen zu lassen. Aber der Apotheker lehnte ab. Heinz geriet in Verzweiflung und brach in die Apotheke ein, um das Medikament für seine Frau zu stehlen. Hätte der Ehemann das tun sollen? Warum?« (Kohlberg 1995, S. 147).

Zentral für Kohlberg war die *Begründung* der Antworten, nicht die Entscheidung an sich. Von den Argumentationen seiner Probanden ausgehend konstruierte er *drei Niveaus* mit *jeweils zwei Stufen* der moralischen Entwicklung. Der Unterschied zwischen den drei Niveaus besteht in der *sozialen Perspektive*, aus der heraus ein Mensch andere Menschen wahrnimmt, ihre Gedanken und Gefühle interpretiert und ihre Rolle oder Stellung in der Gesellschaft beurteilt.

Auf dem präkonventionellen Niveau wird das Urteil rein aus der eigenen, *konkret-individuellen Perspektive* gefällt; man wendet Schaden von sich ab oder tut etwas, um den eigenen Nutzen zu maximieren. Menschen, die auf konventionellem Niveau urteilen, erweitern ihre *Perspektive* auf die *eines Mitglieds der Gesellschaft*. Die postkonventionelle Sichtweise wiederum nimmt eine der *Gesellschaft vorgeordnete Perspektive* ein und urteilt vom Standpunkt einer universellen Ethik aus, die durchaus im Widerspruch zur Gesetzgebung einzelner Staaten stehen kann.

Die ersten beiden Stufen des präkonventionellen Denkens (s. Tab. 17) sollen die moralischen Vorstellungen von Kindern abbilden (wobei zu berücksichtigen ist, dass die jüngsten Teilnehmer aus Kohlbergs Studie zehn Jahre alt waren; s.o.). Sie sind jedoch noch nicht im eigentlichen Sinne als moralisch zu bezeichnen, da sich das Urteil von Kindern auf Stufe eins wie schon bei Piaget an äußeren Gegebenheiten orientiert und auch auf Stufe zwei noch das egoistische Motiv, die eigenen Interessen zu maximieren, dominiert (Ich tue das für ihn, damit er das auch für mich tut).

Auf dem konventionellen Niveau, dem für die meisten Erwachsenen typischen Argumentationsniveau, steht auf Stufe drei die *interpersonelle Übereinstimmung* im Vordergrund. Auf der Grundlage wechselseitiger Beziehungen wird zwischen zwei oder mehreren Menschen geurteilt. Dabei handelt es sich um Beziehungen der Fürsorge, des Vertrauens, der Wertschätzung usw. Argumentationsmuster der Stufe vier (*Sozialsystem*) berücksichtigen institutionelle Ganzheiten. Vorherrschend ist die Orientierung eines Menschen, der sich als Mitglied der Gesellschaft sieht.

Auf postkonventionellem Niveau schließlich, das ab einem Alter von ca. 20 Jahren – und auch dann nur sehr selten – erreicht wird, werden gesellschaftliche Regeln zwar akzeptiert und verteidigt, aber nur, wenn sie mit übergeordneten moralischen Prinzipien in Einklang stehen. Sie müssen so beschaffen sein, dass sie eine gute und gerechte Gesellschaft intendieren. Da die Existenz der Stufe 6 aus Kohlbergs Modell immer wieder kontrovers diskutiert wurde (Oser/Althof 2001b), werden die 5. und 6. Stufe in der Tabelle 17 gemeinsam dargestellt.

Tabelle 17: Stufen des moralisches Urteil nach Kohlberg (vgl. Oser/Althof 2001b, S. 64/65)

Stufen des moralischen Urteils nach Kohlberg	
Niveau/Stufe	Gründe für moralisches Verhalten
I. Präkonventionelle Moral	
Stufe 1: Bestrafungsorientierung	negative Folgen vermeiden (Schmerz, erwischt werden)
Stufe 2: Kosten-Nutzen-Orientierung; Reziprozität	Regeln befolgen, wenn man einen Nutzen davon hat, Gegenseitigkeit
II Konventionelle Moral	
Stufe 3: Orientierung an der Gruppe	Erwartungen von nahestehenden Personen erfüllen; »gut sein«.
Stufe 4: Orientierung an der Gesellschaft	Regeln und Gesetze befolgen

Stufen des moralischen Urteils nach Kohlberg	
Niveau/Stufe	Gründe für moralisches Verhalten
III Postkonventionelle Moral	
Stufe 5/6: Orientierung am sozialen Vertrag und an universalen ethischen Prinzipien	Unterscheidung von moralischem und rechtlichem Gesichtspunkt; ersterer ist letzterem im Konfliktfall übergeordnet. Kants Kategorischer Imperativ: »Handle nur nach derjenigen Maxime, durch die du sogleich wollen kannst, dass sie allgemeines Gesetz werde!« (Kant, 1968/1795, zitiert in Oser/Althof 2001b, S. 60).

Verbunden mit diesem Stufenkonzept sind die Annahmen der *Richtung* (Entwicklung kann nur von Stufe eins nach Stufe sechs verlaufen, wobei jedoch nicht zwingend ist, dass alle Personen die höheren Stufen erreichen), der *Universalität* (Sozialisationseinflüsse und kulturelle Bedingungen verändern die Reihenfolge der Stufen nicht), der *Invarianz* (Stufen können nicht übersprungen werden) sowie der *Irreversibilität* (Entwicklungsfortschritt ist nicht rückgängig zu machen). Wie sieht es mit empirischen Belegen für diese Annahmen aus?

58 der 72 Jungen, die Kohlberg im Alter zwischen zehn und 16 Jahren das erste Mal interviewt hatte, wurden über einen Zeitraum von 20 Jahren in drei bis vier Jahresintervallen wiederholt untersucht. Je älter die Teilnehmer, desto höher war das moralische Urteil (*Richtung*) – wobei die Dauer bis zur Erreichung der nächsthöheren Stufe im Schnitt 13,9 Jahre betrug.

Im Hinblick auf die *Invarianz* stellte sich heraus, dass kein Proband eine Stufe übersprang; allerdings zeigte die Untersuchungsstichprobe über den Zeitraum von 20 Jahren hinweg durchschnittlich eine Veränderung von weniger als zwei Stufen. Die Hauptgruppe veränderte sich dabei von Stufe zwei nach Stufe drei oder Stufe vier. In nur ungefähr vier Prozent der Fälle traten zwischen zwei Erhebungszeitpunkten Entwicklungsrückschritte auf, was als Beleg für die *Irreversibilität* gewertet wird.

Zur Überprüfung der *Universalität* wurden u.a. Stichproben außerhalb des westlichen Kulturkreises untersucht. Vor allem in ländlichen Gegenden und Stammeskulturen fanden sich nur selten Personen, die höher als Stufe drei urteilten (Berk 2011, S. 560). Dies ist insofern nicht verwunderlich, als die Dilemmata der Kohlberg-Schule *kulturabhängig* sind – sie gehen vom Denkstil und der sozialen Organisation der westlichen Demokratien aus und nicht von den Alltagsproblemen und dem Denken anderer Kulturen. Beispielsweise werden Fragen der individuellen Rechte und zivilen Freiheiten in Kulturen, in denen *Gruppenharmonie* im Vordergrund steht oder in denen der Gehorsam gegenüber Autoritäten, Älteren und religiösen Geboten hoch bewertet wird, nicht als so relevant angesehen. Zusammenfassend erfüllt das Kohlbergsche Modell also nur teilweise die Kriterien eines Stufenmodells.

9.3 Kritik und Weiterentwicklungen

Nach den Theorien von Piaget und Kohlberg halten Kinder bis in das Grundschulalter hinein ungeprüft das für moralisch richtig, was Autoritäten vorgeben.

Sind Kinder also unmoralisch? Diese Sichtweise wurde bereits von Turiel (1983) in Frage gestellt. Er konfrontierte Kinder mit verschiedenen Arten von Regeln: zum einen *konventionellen Regeln* wie »Man darf seinen Lehrer nicht mit dem Vornamen anreden«. Hier geht es um Sitten oder Regelungen, die darauf abzielen, die soziale Koordination und Ordnung zu sichern (Tischmanieren, Grüßen ...). Zum anderen *moralische Regeln* wie »Man darf ein anderes Kind nicht schlagen«. Zu jeder dieser Regeln wurden die Kinder gefragt: »Stell Dir vor, es gibt eine Familie/eine Schule/ein Land, da erlaubt der Vater/der Direktor/der König, dass man Lehrer mit dem Vornamen anspricht oder dass man ein anderes Kind schlagen darf. Ist es richtig, wenn man das dann tut?« Die Antworten der Kinder zeigten, dass sie diese Regelarten bereits im Alter von drei bis vier Jahren unterscheiden. Es ist in Ordnung, den Lehrer mit Vornamen anzusprechen, wenn es in einem Land so üblich ist. Aber auch wenn sämtliche Autoritäten es erlauben – ein anderes Kind darf man nicht schlagen! Begründet wird dies mit den negativen Folgen für die Betroffenen. Aus Turiels Arbeiten folgt, dass eine Sensibilität für die emotionale Befindlichkeit anderer und das Wissen um die negativen Folgen unmoralischen Verhaltens schon weitaus früher vorhanden sind, als von Piaget und Kohlberg angenommen.

Nunner-Winkler (2005; Nunner-Winkler/Sodian 1988) legte Kindern im Alter von vier, sechs und acht Jahren Bildergeschichten vor, in denen der Held der Geschichte in einen moralischen Konflikt gerät. Beispielsweise beobachtet er, wie ein anderes Kind seine Jacke in der Garderobe des Kindergartens aufhängt; darin befindet sich eine Tüte mit gebrannten Mandeln. Solche Mandeln mag der Geschichtenheld furchtbar gern. Das Interview beginnt mit der Frage nach dem *moralischen Wissen* der Kinder: »Darf man die Süßigkeiten nehmen oder darf man das nicht? Warum?«

Bereits mit vier bis fünf Jahren sagten so gut wie alle Kinder, dass Stehlen falsch sei (*Normkenntnis*). Bei der *Normbegründung* argumentierten nur wenige mit Sanktionen; die meisten verwiesen auf eine Norm oder gaben eine negative Bewertung der Tat oder des Täters ab. Diese Ergebnisse bestätigen diejenigen Turiels und widersprechen der Position von Piaget.

Im Fortgang der Geschichte nimmt der Held die Süßigkeiten, verletzt also die Norm, um seine Bedürfnisse zu befriedigen. Es folgen Fragen nach der *moralischen Motivation*: »Wie fühlt sich der Geschichtenheld? Warum?« Die Antworten auf diese Fragen lassen laut Nunner-Winkler einen Schluss darüber zu, was für den Geschichtenheld (und damit das Kind selbst) bedeutsamer ist: die Tatsache der Nichtbefolgung einer Norm (schlechtes Gefühl) oder der Bedürfnisbefriedigung (gutes Gefühl).

Die Ergebnisse zur moralischen Motivation ergaben, dass fast 80 Prozent der Vier- bis Fünfjährigen bei der Diebstahl-Geschichte erklärten, der Geschichtenheld würde sich *gut* fühlen, wenn er die Norm übertreten hat. »Stehlen darf man nicht, das ist ganz gemein, das ist echt unfair«, …, »Der fühlt sich gut, die Süßigkeiten schmecken klasse, weißt Du« (Nunner-Winkler 2005, S. 183). Dieses Phänomen, das auch »happy victimizer« genannt wird, fand sich im Alter von acht bis neun Jahren nur noch bei 23 Prozent und im Alter von zehn bis elf Jahren bei vier Prozent der Kinder.

Während also moralisches Wissen schon früh vorhanden ist, entwickelt sich die moralische Motivation erst in einem zweiten Schritt. Laut Nunner-Winkler ist Letztere ein Bestreben, das Rechte zu tun, nicht, um Nachteile zu vermeiden oder Vorteile zu erlangen, sondern weil es das Rechte ist. Und zwar nicht nur dann, wenn man gerade Lust dazu hat, sondern auch dann, wenn es den eigenen spontanen Neigungen zuwider läuft (2005, S. 187). Der Lernprozess, der dieser Motivation zugrunde liegt, wird je nach Kind unterschiedlich schnell und unterschiedlich erfolgreich durchlaufen.

Wie früh Kinder schon über moralisches Wissen verfügen, veranschaulichen die Untersuchungen von Hamlin, Wynn und Bloom (2007). Sie zeigten sechs und zehn Monate alten Kindern eine Art Puppentheater, in dem eine Kugel versuchte, einen Berg zu erklimmen (s. Abb. 17). In einem Fall wurde ihr dabei von einem Dreieck geholfen (Abb. 17.1), im anderen Fall wurde sie von einem Quadrat daran gehindert (Abb. 17.2). In einer anschließenden Testphase wurden dem Kind beide Charaktere (Dreieck und Quadrat) gleichzeitig präsentiert. Dabei zeigte sich eine deutliche Präferenz für den Helfer (Dreieck) gegenüber dem Verhinderer (Quadrat) insofern, als die Kinder spontan häufiger nach ersterem den Arm ausstreckten. Dieser Effekt wurde mit anderen Altersgruppen und Versuchsanordnungen repliziert (Hamlin et al. 2010: drei Monate; Hamlin/Wynn 2011: fünf und neun Monate). Präverbale Kinder bewerten also Andere auf der Basis ihrer Handlungen und verfügen bereits früh über moralbezogenes Wissen.

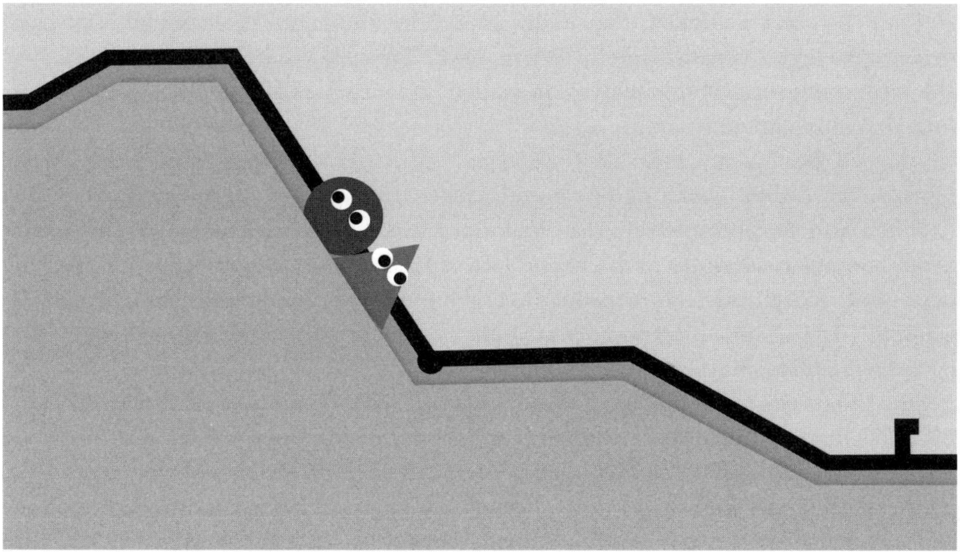

Abbildung 17.1: Versuchsanordnung von Hamlin et al. 2007

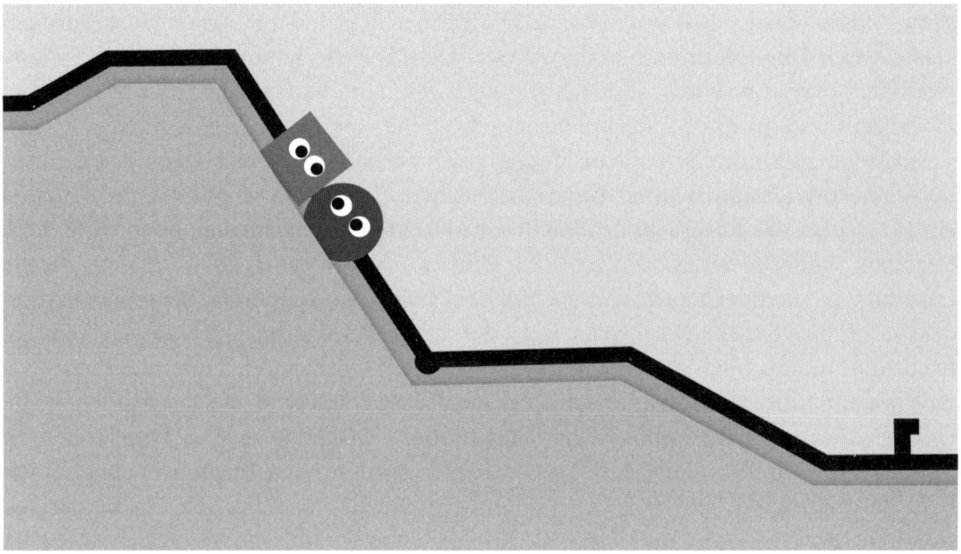

Abbildung 17.2: Versuchsanordnung von Hamlin et al. 2007: Das Dreieck hilft der Kugel beim Erreichen des Gipfels (17.1), das Quadrat hindert sie daran (17.2)

Folgendes Fazit lässt sich somit bezüglich der Entwicklung von Moral in der Kindheit ziehen: Kinder verfügen bereits wenige Monate nach der Geburt über moralisches *Wissen*. Da zu diesem frühen Zeitpunkt Sozialisationserfahrungen zur Erklärung dieses Phänomens sehr unwahrscheinlich sind, ist die Schlussfolgerung, dass es sich hier um eine angeborene Fähigkeit handelt, nahe liegend. Offensichtlich hat es einen Überlebensvorteil, zwischen »Gut« (Helfer) und »Böse« (Verhinderer) unterscheiden zu können – eine Fähigkeit, die zur Evolution der Kooperation zwischen Menschen beigetragen haben dürfte (Hamlin/Wynn 2011). Die moralische *Motivation* wird aber erst später aufgebaut – in einem Prozess, den Kinder unterschiedlich schnell und erfolgreich durchlaufen.

Hinsichtlich der Entwicklung des moralischen Urteils in der Jugend und somit den Arbeiten von Kohlberg wurde des Weiteren kritisiert, dass Menschen nicht immer konsistent auf einer Stufe urteilen, sondern je nach erfragtem Bereich – z. B. Familie oder Beruf – Argumente anbringen, die mal höheren und mal niedrigeren Stufen zugehören (Beck 2004, zitiert in Montada 2008). Demnach wäre das moralische Urteil *bereichsspezifisch*.

Eine Mitarbeiterin Kohlbergs, Carol Gilligan (1984), erhob den Vorwurf der Nicht-Berücksichtigung einer weiblichen »Fürsorge-Moral«. Kohlbergs Blick auf Moral sei insofern einseitig, als er eine männliche Gerechtigkeitsmoral in den Mittelpunkt stelle, die Rechte, Gesetz, Rationalität usw. berücksichtigt, zwischenmenschliche Beziehungen und Fürsorge füreinander aber außer Acht lässt bzw. weniger Wert schätzt. Ihre Behauptung, Frauen erreichten daher in der Regel im Vergleich zu Männern eine niedrigere Stufe des moralischen Urteils, ließ sich allerdings empirisch nicht bestätigen (Jaffee/Hyde 2000).

Kohlbergs Vernachlässigung moralischer Emotionen ist jedoch ein Thema, das in vielen Forschungsarbeiten jüngerer Zeit im Fokus steht. Malti (2010) weist darauf hin, dass das Fehlen moralischer Gefühle dazu führen kann, dass moralisches Regelwissen strategisch-manipulativ eingesetzt wird – z. B., um andere auszunutzen. Daher ist es wichtig, in Hinblick auf die moralische Entwicklung des Menschen sowohl den kognitiven Urteilsbereich als auch den der emotionalen Wertbindung zu beachten.

Basierend auf den Werken von Piaget und Kohlberg dominierte lange Zeit in der psychologischen Forschung die Ansicht, dass moralische Urteile das Ergebnis rationaler Denkprozesse sind. Ein Mensch wägt die verschiedenen Aspekte eines moralischen Problems ab und kommt daraufhin zu einer überlegten Entscheidung. Diese Ansicht wurde in jüngerer Zeit vor allem durch die Arbeiten des Sozialpsychologen Jonathan Haidt (2001) in Frage gestellt. Im Rahmen seines »Social Intuionist Model« (SIM) postuliert er, dass das Fällen von moralischen Urteilen ein *intuitiver* Prozess sei, der ohne bewusste Reflektionsprozesse stattfindet – ähnlich einem ästhetischen Urteil. Erst im *Nachhinein* erfolgen Begründungen der zuvor intuitiv getroffenen Entscheidungen, im Sinne einer nachträglichen Rechtfertigung.

Die im Rahmen dieses Paradigmas durchgeführten Studien wurden überwiegend mit Erwachsenen durchgeführt und thematisieren seltener die Frage nach der Entwicklung von Moral (vgl. Haidt/Bjorklund 2008).

Im Folgenden wird eine Studie vorgestellt, die untersucht, wie sich *intuitive Gerechtigkeitsurteile* in Kindheit und Jugend entwickeln. Gerechtigkeit ist ein Menschheitsthema, das in allen Disziplinen, die sich mit Moral beschäftigen, einen zentralen Stellenwert einnimmt. Ein Kernaspekt stellt dabei die Frage nach der gerechten Aufteilung von Ressourcen dar. Ist es gerecht, eine Verteilung daran zu orientieren, wie sehr sich die Beteiligten angestrengt oder wie viel sie geleistet haben – also am Beitragsprinzip (equity)? Oder sollte der Fokus einer gerechten Verteilung auf der Bedürftigkeit der Betroffenen liegen (need)? Ist nur halbe-halbe, also eine Gleichaufteilung wirklich gerecht (equality)? Wie entstehen Unterschiede zwischen Menschen bei der Bevorzugung eines bestimmten Aufteilungsprinzips?

Zur Überprüfung dieser Fragestellungen entwickelten Kienbaum und Wilkening (2009) eine experimentelle Versuchsanordnung, in der die Teilnehmerinnen und Teilnehmer gebeten werden, mehrfach eine Ressource intuitiv zwischen zwei Schulkindern zu verteilen, die sich in unterschiedlichem Maß angestrengt haben und in unterschiedlichem Maß bedürftig sind.

Kienbaum und Bauer (2013) untersuchten im Rahmen einer Längsschnittstudie Viertklässler und ihre Eltern mit diesem Experiment. Zu jeweils einem Drittel ließen die Kinder entweder sowohl die Information über die Anstrengungsbereitschaft als auch die Bedürftigkeit in ihre intuitive Aufteilungsentscheidung einfließen (Integration) oder sie richteten ihre Aufteilungsentscheidung ausschließlich nach dem Kriterium der Bedürftigkeit. Nur 13 Prozent gaben dem Kind mehr, das sich mehr angestrengt hatte. Bei den Eltern dominierte im Gegensatz dazu das Anstrengungsprinzip – entweder ausschließlich oder in Kombination mit der Bedürftigkeit (Integration). Die gewählten Aufteilungsprinzipien von Eltern und Kindern stimmten bei über zwei Drittel der Mutter-Kind- und Vater-Kind-Paare *nicht* überein.

Im Anschluss an die intuitiven Aufteilungsentscheidungen wurden die Versuchspersonen noch gefragt, *warum* sie denn so aufgeteilt hätten. Hier zeigte sich ein ganz anderes Bild: Fast die Hälfte der Kinder argumentierte ausschließlich mit dem Anstrengungsprinzip (»Wer mehr gearbeitet hat, der soll auch mehr bekommen«)! Intuitive Aufteilung und Begründung klaffen also deutlich auseinander.

Zwei Jahre später, in der sechsten Klasse der jeweiligen weiterführenden Schule, wurden die Kinder und ihre Eltern wieder untersucht. Bei den Kindern stieg die Zahl derjenigen, die ihre Aufteilungsentscheidung auf beide Prinzipien – Anstrengung und Bedürftigkeit – stützte, auf 54 Prozent an, während sich nur noch 20 Prozent ausschließlich an der Bedürftigkeit und 17 Prozent ausschließlich an der Anstrengung orientierten. Bei den Eltern gab es kaum Veränderungen gegenüber dem ersten Messzeitpunkt; sowohl Mütter wie Väter teilten überwiegend sowohl unter der Berücksichtigung von Anstrengung *und* Bedürftigkeit auf (Integration); an zweiter Stelle stand die ausschließliche Orientierung am Anstrengungsprinzip. Hinsichtlich der Übereinstimmung des gewählten Aufteilungskriteriums von Eltern und Kindern herrschte wie schon zum ersten Erhebungszeitpunkt bei zwei Drittel der Mutter-Kind- und Vater-Kind-Paare *keine* Übereinstimmung. Auch bezüglich der Antwort auf die Warum-Frage ergab sich ein ähnliches Bild wie zwei Jahre zuvor: Fast 40 Prozent der Kinder argumentierten ausschließlich mit der Anstrengung des Protagonisten aus der Geschichte. Wieder bestand also ein deutlicher Unterschied zwischen intuitiver und reflektierter Entscheidung.

Das Fazit der Längsschnittstudie lautet demnach, dass nach dem Übergang von der Grund- in die weiterführende Schule ein Entwicklungsprozess derart stattfindet, dass bei der intuitiven Aufteilung die Bevorzugung des Bedürftigkeitskriteriums nachlässt zugunsten einer Integration beider Kriterien, nämlich Bedürftigkeit *und* Anstrengungsbereitschaft. Bei der reflektierten Entscheidung wird immer das Anstrengungs- gegenüber dem Bedürftigkeitskriterium bevorzugt. Unterschiede in Abhängigkeit von der weiterführenden Schulform traten nicht auf.

Die Ergebnisse bzgl. der intuitiven Entscheidungen stehen in einem Gegensatz zu per Querschnitt gewonnenen Daten von Kienbaum (2013). In dieser Studie traten klare Unterschiede hinsichtlich der Bedeutung des Anstrengungskriteriums zwischen Schülerinnen und Schülern aus Hauptschule und Gymnasium auf: Erstere verwendeten dieses Kriterium deutlich seltener als Letztere.

Eine Möglichkeit zur Auflösung dieses Widerspruchs könnte die Zusammensetzung der Stichproben betreffen. Während die Hauptschul-Sechstklässler aus der Studie von Kienbaum (2013) alle aus einer einzigen Schulklasse stammten, setzte sich die Stichprobe der Längsschnittstudie aus Kindern zusammen, die eine Vielzahl von Schulen besuchten. Dies bedeutet, dass in ersterem Fall vermutlich das gesamte Leistungsspektrum vertreten war, wohingegen an der Längsschnittstudie möglicherweise nur »ausgewählte« Schülerinnen und Schüler teilnahmen, evtl. mit besseren Schulleistungen oder bildungsnäheren Eltern.

Eine weitere Möglichkeit könnte im Erhebungszeitpunkt bestehen, der im Fall der Querschnittsstudie 2006 endete. In den Zeitraum zwischen 2006 und 2011 (Beginn der Längsschnittstudie) fiel die Einführung des achtjährigen Gymnasiums sowie die Weltwirtschaftskrise – Ereignisse, die möglicherweise eine Verschiebung der Wertigkeiten hin zur Anstrengungsbereitschaft verursacht haben.

Ob und wenn ja welche dieser ex-post-facto Erklärungen zutrifft kann zum jetzigen Zeitpunkt nicht geklärt werden; hierfür sind weitere Studien vonnöten. Die Beantwortung der Frage, ob der Primat des Bedürftigkeitskriteriums bei den intuitiven Aufteilungsentscheidungen im Laufe des Jugendalters also je nach Lebensumständen/Schulform bestehen bleibt oder durch das Anstrengungskriterium ergänzt bzw. gar ersetzt wird, bedarf noch weiterer Forschung. Die Daten der Eltern jedenfalls legen nahe, dass »Bedürftigkeit« als alleiniges Kriterium für intuitive Aufteilungsentscheidungen auf dem Weg zum Erwachsenenalter deutlich an Bedeutung verliert. Bei den reflektierten Entscheidungen spielt die Bedürftigkeit bereits im Grundschulalter nur eine untergeordnete Rolle.

Diese Ergebnisse zeigen, welch große Unterschiede zwischen intuitiver und reflektierter Moral bestehen können. Zukünftige Forschung sollte sich u. a. mit der Frage beschäftigen, welche der beiden Formen relevanter für unser Alltagshandeln ist.

Wie können moralisches Urteilsvermögen und Handeln gefördert werden? Piaget (s. o.) hatte die Ansicht vertreten, dass die Interaktion mit Gleichaltrigen zu einer Weiterentwicklung der Moral bei Kindern führt. Diese Annahme hat sich jedoch nicht bestätigen lassen (vgl. z. B. Schmidt-Denter 2005, S. 239). Es scheint eher die *Qualität* einer Interaktion zu sein, die zu einem fortgeschrittenen moralischen Urteil führt, und weniger eine generelle Autoritätsabhängigkeit oder -unabhängigkeit (Trautner 1997). Empirisch belegte Förderungsmöglichkeiten werden im nächsten Abschnitt vorgestellt.

9.4 Förderung

Kohlberg hat nicht nur eine umfassende Konzeption der Entwicklung des moralischen Urteils vorgelegt, sondern auch Vorschläge zu einer psychologisch fundierten Moralerziehung. Zwei seiner zentralen didaktischen Vorschläge, die Dilemma-Diskussionen sowie die Gerechte Schulgemeinschaft, sollen im Folgenden genauer dargestellt werden.

Dilemma-Diskussionen

Sie gehen zurück auf das sogenannte »sokratische Gespräch«. Sokrates (469–399 v. Chr.) führte Gespräche mit den Bürgern Athens, in denen er seine Gesprächspartner auf produktive Weise verunsicherte, indem er ihnen z. B. Fragen stellte und Hinweise auf Widersprüche gab. Ziel war, sie ohne Belehrung zur Erkenntnis zu führen. Kohlberg will in Diskussionen kognitiv-moralische Konflikte erzeugen, durch deren Erleben Entwicklung stimuliert werden soll.

Auf den Kontext Schule angewandt, ist es Aufgabe der Lehrkraft, einen motivierenden Einstieg in das Dilemma zu schaffen, »sokratisch« nachzufragen, sich mit ihrer eigenen Meinung zurückzuhalten und stattdessen das Gespräch unter den Schülern zu fördern (Schuster 2001). Wichtig ist nicht das inhaltliche Ergebnis der Dilemma-Diskussion (die Entscheidung), sondern die intensive Auseinandersetzung mit Wertfragen und die argumentative Verteidigung von Standpunkten. Dabei spielt das Konflikterleben eine wesentliche Rolle; Voraussetzung hierfür ist, dass das Thema moralische Emotionen bei den Schülerinnen und Schülern auslöst.

In Deutschland wurde eine spezielle Variante, die »Konstanzer Methode der Dilemma-Diskussion (KMDD)«, entwickelt und evaluiert (Lind 2009). »Semi-reale« Dilemmata, also hypothetische Geschichten mit einem hohen Realitätsgehalt (Bsp. s. u.) werden vorgegeben und mit den Schülerinnen und Schülern diskutiert. Im Vordergrund steht dabei die Auseinandersetzung mit Gegenargumenten – im Gegensatz zur ursprünglichen Methode von Kohlberg, die vorschlug, die Schülerinnen und Schüler mit Argumenten, die eine Stufe *über* ihrem eigenen Urteilsniveau liegen, zu konfrontieren (»Plus-1-Konvention«). Letzteres erwies sich aber in der Praxis weder als praktikabel noch als erfolgreicher im Vergleich zur Auseinandersetzung mit Gegenargumenten (Lind 2009, S. 73). Um langfristige Entwicklungseffekte zu erreichen, sollten Dilemmadiskussionen alle zwei bis drei Wochen durchgeführt werden. Die Wirksamkeit der KMDD wurde in mehreren Studien nachgewiesen (Lind 2010).

Dilemma für Kinder: »Diese Geschichte erzählt von Paula. Paula ist acht Jahre alt und klettert sehr gerne auf Bäume. Sie ist sogar die beste Kletterin in der Nachbarschaft. Eines Tages fällt sie von einem Baum, verletzt sich aber nicht. Ihr Vater sieht den Sturz. Er ist besorgt und sagt ihr, sie solle ihm versprechen, nicht mehr auf Bäume zu klettern. Paula verspricht es und beide geben sich die Hand. Am gleichen Tag trifft Paula ihre Freundin Anna und andere Freunde. Annas süßes Kätzchen sitzt auf einem Baum und kommt nicht mehr alleine herunter. Es muss sofort etwas getan werden, denn sonst könnte das Kätzchen vom Baum fallen. Da Paula die beste Kletterin ist, fragen die Kinder sie, ob sie auf den Baum klettern könnte, um das Kätzchen zu retten. Doch Paula erinnert sich an das Versprechen, das sie ihrem Vater gegeben hat« (Schuster 2001, S. 207).

Dilemma für Jugendliche: »Thomas hat ein Problem mit seinem besten Freund Mario. Mario brach die Schule ab, weil sein Vater schwer krank wurde, um als Fahrer zu arbeiten und die Familie finanziell zu unterstützen. Auf einer Party hatten sie beide zu viel getrunken, doch Thomas' Freund wollte noch nach Hause fahren. Als er auf der Landstraße eine Linkskurve schneidet, kommt ihnen ein Auto entgegen. Die Fahrerin des Wagens versucht noch auszuweichen, aber die beiden Autos streifen sich und die Fahrerin kommt von der Fahrbahn ab. Thomas sagt Mario, er solle anhalten, um nach der Frau zu sehen, aber der hört nicht auf ihn. Am nächsten Morgen hört Thomas im Radio, dass die Beifahrerin des anderen Wagens in Lebensgefahr schwebt und die Polizei nach Zeugen sucht und nach dem in den Unfall verwickelten PKW fahndet. Thomas drängt seinen Freund, sich bei der Polizei zu melden, sonst würde er es tun. Aber Mario sagt, er könne das nicht tun. Thomas verspricht ihm zu schweigen« (Lind 2009, S. 140).

Gerechte Schulgemeinschaft

Das umfassendste Konzept zur Förderung von Moral ist sicherlich die von Kohlberg so genannte »just community«, zu Deutsch »Gerechte Schulgemeinschaft«. Ihr Ziel ist es, durch Beteiligung, Mitbestimmung und Verantwortungsübernahme von Schülerinnen und Schülern die Schule zu einem »[...] Kernbereich demokratischen Verhaltens, prosozialen Handelns [und] moralischen Urteilens [....]« zu machen (Oser/Althof 2001a, S. 237). Den Schülerinnen und Schülern wird die Möglichkeit der praktischen Erfahrung demokratischer Zusammenarbeit auf der Grundlage gemeinsamer moralischer Normen gegeben.

Kernstück der gerechten Schulgemeinschaft ist die *Gemeinschaftsversammlung*, an der alle in der Schule tätigen Personen (Lehrkräfte, Schüler_innen, Hausmeister und Sekretär_innen) teilnehmen. Dort werden aktuelle Themen (z.B. Diebstahl in der Schule, Beschädigung von Mobiliar, Zuspätkommen von Lehrkräften, Rauchen in den Toiletten, aber auch Verschönerung des Schulhofes, Planung eines Schulfestes u. Ä.) diskutiert und Beschlüsse gefasst. Sie findet in regelmäßigen Abständen während der Schulzeit statt.

Die Leitung übernehmen Mitglieder der *Vorbereitungsgruppe*, die aus Lehrkräften und Schülerinnen und Schülern aller Klassen besteht. Die Vorbereitungsgruppe sammelt in den Klassen die Themen für die nächste Gemeinschaftsversammlung, bereitet die Tagesordnung vor und gestaltet den Ablauf.

Ein drittes Organ ist der sogenannte *Vermittlungsausschuss*, in den amerikanischen Just-Community-Schulen *Fairness Committee* genannt. Dieser Ausschuss achtet darauf, dass die Beschlüsse des Parlaments ausgeführt werden und vermittelt im Streit zwischen Einzelnen oder Gruppen. Er berät aber auch, so dass Kinder sich mit ihren Sorgen an ihn wenden können. Es wird dann versucht, gemeinsam mit den Kindern eine Lösung zu finden.

Die gerechte Schulgemeinschaft wurde in Schulen verschiedener Länder (z.B. USA, Schweiz, Deutschland) erprobt und evaluiert. So wurde in Nordrhein-Westfalen von

1985 bis 1989 an drei Schulen das Programm »Demokratie und Erziehung in der Schule« durchgeführt (vgl. Dobbelstein-Osthoff et al. 1991). Die Ergebnisse der wissenschaftlichen Evaluation zeigen, dass sich die moralische Atmosphäre an den Schulen positiv entwickelt hat und die moralische Urteilsfähigkeit merklich angestiegen ist. Die Lehrkräfte berichteten einen intensiveren Zusammenhalt untereinander sowie eine gestiegene Identifikation der Schülerinnen und Schüler mit der Schule.

In der Schweiz wird die Gerechte Schulgemeinschaft an verschiedenen Schulen, darunter auch Grundschulen, durchgeführt. Die dort an einem Teil der Schulen durchgeführte Evaluation zeigt ebenfalls durchweg positive Effekte, wobei als interessantes »Nebenprodukt« erwähnt werden sollte, dass sich auch die Haltung der Schülerinnen und Schüler zum Lernen verbessert hat. Oser und Althof (2001a) erklären dies damit, dass vermutlich »die zwischenmenschlichen Reibungsverluste im Klassenzimmer geringer geworden sind« (Oser/Althof 2001a, S. 257).

10 Mitgefühl

Als zwischenmenschliche Emotion ist Mitgefühl für das soziale Miteinander der Menschen von zentraler Bedeutung. Definition, Theorien und aktuelle Forschung machen deutlich, worauf sich der Blick richten muss, um mit pädagogisch-psychologischen Angeboten Mitgefühl zu fördern. In diesem Kapitel werden die folgenden Fragen angesprochen:

- Wie unterscheidet sich Mitgefühl von Empathie?
- Gibt es eine alterskorrelierte Entwicklung von Mitgefühl?
- Wie entstehen interindividuelle Unterschiede in Mitgefühl?
- Wie kann man Mitgefühl fördern?

10.1 Bedeutung und Begrifflichkeiten

Mitgefühl ist eine zwischen-menschliche Emotion, die häufig erst dann in unser Bewusstsein gelangt, wenn sie ausbleibt: Wenn Schülerinnen und Schüler einen Mitschüler schikanieren, wenn ein Obdachloser zu Tode getreten wird – in all diesen und ähnlichen Fällen fragt man sich, wie es sein kann, dass die Täter so gar kein Mitgefühl für ihr Opfer empfinden. Arno Gruen (2005) bezeichnet die Frage nach dem Mitgefühl des Menschen als die Frage nach seinem Menschsein und nennt Auschwitz als mahnendes Beispiel dafür, wozu Menschsein ohne Mitgefühl entarten kann. Mitgefühl zählt also zu den wichtigsten zwischenmenschlichen Qualitäten und ist von Bedeutung sowohl in einer dyadischen Beziehung als auch im gesamtgesellschaftlichen Miteinander. Bevor wir uns der Frage zuwenden, wie sich Mitgefühl entwickelt und wie man es fördern kann, soll im Folgenden die Definition des Begriffs im Mittelpunkt stehen.

In der Umgangssprache wird Mitgefühl häufig mit Empathie gleichgesetzt. In der wissenschaftlichen Psychologie hat sich demgegenüber in den letzten Jahren eine Definition durchgesetzt, die Mitgefühl und Empathie voneinander unterscheidet (Eisenberg et al. 2014; Kienbaum 2014a,b; Singer 2006).

Definition

Dabei wird Empathie als der *übergeordnete* Begriff verstanden, der den Prozess des Sich-Einfühlens bezeichnet. Diese Einfühlung kann in positive (Freude) wie negative Zustände (Leid) stattfinden und setzt im Gegensatz zur sogenannten Gefühlsansteckung eine Ich-Andere-Unterscheidung voraus. Doris Bischof-Köhler (1989, S. 26) definiert daher Empathie als »die Erfahrung, unmittelbar der Gefühlslage eines anderen teilhaftig zu werden und sie dadurch zu verstehen. Trotz dieser Teilhabe bleibt das Gefühl aber anschaulich dem anderen zugeordnet«.

Damit ist gemeint, dass im Falle der Empathie dem sich einfühlenden Menschen klar ist, dass es sich um das Gefühl des anderen, und nicht um das eigene handelt – im Gegensatz zur Gefühlsansteckung, bei der der emotionale Zustand Anderer von uns selbst Besitz ergreift, wie z. B. beim ansteckenden Lachen oder Massenpanik.
Geht es um eine *Notlage*, so können laut Bischof-Köhler (1989) aus Empathie ganz verschiedene motivationale Zustände entstehen: Mitgefühl als motivierende Kraft zur Hilfeleistung auf der einen und antisoziale Motive wie Schadenfreude oder im Extremfall Sadismus auf der anderen Seite. Eisenberg et al. (2014) bezeichnen Empathie daher als wertneutral.

Definition

Mitgefühl (im Englischen »sympathy«) ist also *eine* mögliche motivationale Folge der Einfühlung in das Leid eines Anderen und wird definiert als »[...] an emotional response stemming from the apprehension or comprehension of another's emotional state or condition, but it does not involve experiencing the same emotion as the other would be expected to experience; rather, sympathy consists of feelings of sorrow or concern for the other« (Eisenberg et al. 2014, S. 184). Mitgefühl (im Englischen »sympathy«) ist also *eine* mögliche motivationale Folge der Einfühlung in das Leid eines Anderen und wird definiert als »[...] an emotional response stemming from the apprehension or comprehension of another's emotional state or condition, but it does not involve experiencing the same emotion as the other would be expected to experience; rather, sympathy consists of feelings of sorrow or concern for the other« (Eisenberg et al. 2014, S. 184).

Dem Mitgefühl kommt dabei eine bedeutende Rolle in der Motivation altruistischer Verhaltensweisen wie z. B. Trösten zu. Wann im menschlichen Lebenslauf tritt das so definierte Mitgefühl zum ersten Mal auf und wie entwickelt es sich weiter?

10.2 Entwicklung

Im vorausgehenden Abschnitt wurde bereits darauf hingewiesen, dass Empathie – und damit in der Folge auch Mitgefühl – ein Verständnis darüber voraussetzt, dass der Kummer in der *anderen* Person entstanden ist und nicht in der eigenen. Entwicklungspsychologisch dürfte demnach Mitgefühl erst dann auftreten, wenn ein Kind über die Fähigkeit verfügt, eigenes Erleben von dem anderer Menschen abzugrenzen. Dies wird üblicherweise nachgewiesen, indem überprüft wird, ob Kinder sich im Spiegel erkennen (rougetest, Amsterdam 1972). Im Alter von etwa 1,5 Jahren ist diese Fähigkeit in der Regel vorhanden – zeitgleich mit dem ersten Auftreten tröstender Verhaltensweisen bei Kindern.

Die Anfänge: Mitgefühl und Selbsterkennen

Bischof-Köhler (2012) untersuchte den Zusammenhang zwischen Selbsterkennen und Mitgefühl bei mehr als 120 16 bis 24 Monate alten Kindern und fand heraus, dass nur diejenigen, die sich im Spiegel erkannten, einer traurigen Spielpartnerin gegenüber Mitgefühl und Hilfsbereitschaft zeigten. Damit hat sie einen eindrucksvollen Nachweis für die Ich-Andere-Unterscheidung als kognitiver Voraussetzung von Empathie und Mitgefühl geliefert. In jüngster Zeit wird diskutiert, ob diese Unterscheidung schon früher auftritt als bisher angenommen und der rouge-test evtl. eine zu anspruchsvolle Prüfung darstellt (Davidov et al. 2013; Eisenberg et al. 2015; Jensen et al. 2014; Kienbaum 2014; Roth-Hanania et al. 2011). Hier sind weitere Forschungsergebnisse abzuwarten, bevor die Schlussfolgerung gezogen werden kann, dass Mitgefühl bereits im ersten, und nicht erst im zweiten Lebensjahr auftritt.

Weitere Entwicklung: Zu- oder Abnahme

Auch bezüglich der weiteren Entwicklung von Mitgefühl lassen sich in der Literatur verschiedene Positionen finden. Die prominenteste geht auf Martin Hoffman (2000) zurück, der eine *Zunahme* von Mitgefühl im Verlauf der Kindheit postuliert. Sein Modell basiert auf der Annahme, dass kognitive Entwicklungsfortschritte einen Anstieg von Mitgefühl verursachen. Wie Bischof-Köhler geht auch er davon aus, dass in der frühen Kindheit die Heranbildung einer psychischen Grenze, die es dem Kind erlaubt, eigenes Erleben von dem eines anderen abzugrenzen, von zentraler Bedeutung für die Entstehung von Mitgefühl ist.

Die Herausbildung dieser Grenze vollzieht sich in seinem Modell über vier Phasen, die sich von einer völlig fehlenden Unterscheidung zwischen eigenem und fremdem Kummer (s.o., Gefühlsansteckung) bis zur Entstehung einer stabilen Ich-Andere-Unterscheidung im Alter von ca. 18 Monaten erstrecken. Bei der fünften und letzten Phase seines Modells sind die Kinder laut Hoffman (2008) zwischen sieben und zehn Jahren alt und verfügen über das Bewusstsein, dass die Gefühle des anderen evtl. auch über die aktuelle Situation hinausgehen können. Mitgefühl kann nun auch ohne konkrete situative Hinweisreize entstehen und auf ganze Gruppen von Personen ausgeweitet werden, die in schwierigen oder gar tragischen Umständen leben, wie z.B. einem Krieg.

Diese Entwicklung wurde ermöglicht durch verschiedene Prozesse: Fortschritte z.B. im Bereich der sprachlichen Entwicklung führen dazu, dass die Kinder nicht mehr unmittelbar Zeuge des Kummers einer anderen Person sein müssen, sondern deren Emotionen auch aufgrund von symbolischen Hinweisreizen ableiten können. Auch sind sie mit zunehmendem Alter immer besser in der Lage, Gründe, Konsequenzen und Korrelate von komplexeren Emotionen (wie z.B. Eifersucht oder der Angst vor Gesichtsverlust) oder Situationen zu verstehen und darauf zu reagieren.

Hoffman selbst hat sein Modell nicht empirisch geprüft, so dass vor allem die Altersangaben zur letzten Phase nur als grobe Anhaltspunkte zu verstehen sind. Die Zwillingsstudien von Knafo et al. (2008) sowie von Zahn-Waxler et al. (2001) zeigen jedoch längsschnittlich eine Zunahme von Mitgefühl und prosozialem Verhalten von

14 Monaten bis zu einem Alter von drei Jahren, was als Bestätigung eines graduellen Übergangs von starker Selbstbezogenheit zu einer Betroffenheit für andere hin gelten kann.

Eine andere Sicht auf die Entwicklung von Mitgefühl wurde von Hay (1994) und in jüngerer Zeit von Davidov et al. (2013) formuliert. Nach Hay *verringern* sich prosoziale Aktivitäten ab einem Alter von ungefähr zwei Jahren, da Kinder lernen, wer wann wofür Hilfe verdient. Das oben beschriebene spontane Trösten, das Kleinkinder im Normalfall im Verlauf des zweiten Lebensjahres zeigen, verliert laut Hay den Charakter eines sozialen Impulses und wird zu einer überlegten Entscheidung. Diese Entscheidung basiert auf Regeln, die die Kinder von den sie umgebenden Erwachsenen lernen.

Volland, Ulich und Fischer (2004) konnten z. B. nachweisen, dass vier- bis achtjährige Kinder einem Rezipienten dann mit größerer Wahrscheinlichkeit Hilfe anbieten, wenn er jünger und vertraut ist, einen großen Schaden erlitten hat sowie nicht selbst für diesen verantwortlich ist. Auch Reziprozität wirkte sich positiv aus: Einem Kind, das auch schon einmal geholfen hatte, wurde eher Hilfe angeboten. Mit steigendem Alter der Kinder nahm der Einfluss der Rezipientenmerkmale zu.

Auch wenn Hays Theorie im engeren Sinne prosoziales Verhalten betrifft, kann sie ebenfalls auf die Entwicklung von Mitgefühl angewendet werden, da Aussagen wie »Er ist selber schuld« ganz klar anzeigen, dass dieser Mensch kein Mitgefühl verdient. Van der Mark, van IJzendoorn und Bakermans-Kranenburg (2002) fanden z. B. einen Anstieg in Mitgefühl gegenüber dem Kummer der Mutter bei 16 bis 22 Monate alten Mädchen, aber eine Abnahme gegenüber dem Kummer einer fremden Person. Dies würde für die Anwendung der Regel, dass vertraute Personen eher unser Mitgefühl verdienen als fremde, sprechen.

Eine dritte Position wurde jüngst von Davidov et al. (2013) veröffentlicht. Die Autoren postulieren, dass sich Mitgefühl gar nicht altersabhängig verändert, da nicht davon ausgegangen werden kann, dass der affektive Kern des Gefühls qualitativen Veränderungen über die Zeit unterliegt. Dieser Aussage ist insofern zuzustimmen, als die Fähigkeit, zu fühlen, sicherlich angeboren ist und nicht erlernt werden kann. Dennoch gibt es Aspekte wie die Intensität von Gefühlen, ihre Auftretenshäufigkeit oder die Situationen, in denen wir sie zeigen, die Lernprozessen unterliegen und damit auch veränderbar sind.

Welche der drei Positionen findet empirisch die meiste Unterstützung? Eine Meta-Analyse (Eisenberg/Fabes 1998, zitiert in Eisenberg et al. 2014) ergab eine alterskorrelierte Zunahme von Empathie und Mitgefühl über Kindheit und Jugendalter, zumindest wenn die Daten per Beobachtung oder Selbstbericht gewonnen wurden. Längsschnittstudien aus jüngerer Zeit sprechen ebenfalls für eine Zunahme von Mitgefühl über die Kindheitsjahre (Kienbaum 2014a; Malti et al. 2013). Es scheint also gerechtfertigt, die vorsichtige Schlussfolgerung zu ziehen, dass mehr Argumente für eine alterskorrelierte Entwicklung im Sinne eines zunehmenden Mitgefühls sprechen als dagegen. Diese Zunahme kann jedoch von sehr unterschiedlichen Niveaus aus stattfinden: Sowohl Kienbaum (2014a) als auch Malti et al. (2013) stellten interindividuelle Unterschiede im Mitgefühl der von ihnen untersuchten Kinder fest, die über die Jahre der Studien eine hohe Stabilität aufwiesen. Davon, wie diese Unterschiede entstehen, soll im nächsten Abschnitt die Rede sein.

10.3 Entstehung interindividueller Unterschiede

Einfache Alltagsbeobachtungen zeigen, dass Menschen sich stark in der Art und Weise, wie sie auf den Kummer einer anderen Person reagieren, unterscheiden: Während die einen spontan mitfühlen und trösten, fühlen andere sich als Zeuge von Kummer angespannt und unwohl, während Dritte wiederum einfach wegschauen. Die Ursachen hierfür können auf sehr unterschiedlichen Ebenen gesucht werden.

Genetische Einflüsse: Sie werden klassischerweise über Vergleichsstudien zwischen ein- und zweieiigen Zwillingen untersucht. Der zugrunde liegende Gedanke ist dabei, dass eine höhere Übereinstimmung zwischen eineiigen im Vergleich zu zweieiigen Zwillingen für einen genetischen Einfluss auf das interessierende Merkmal spricht. Der Anteil der durch genetische Einflüsse erklärten Varianz verschiedener Studien variiert je nach Alter der teilnehmenden Personen und Untersuchungsmethode. Die aktuell größte Längsschnittstudie, in der die Reaktionen von 400 Zwillingspaaren aus Colorado im Alter von 14, 20, 24, und 36 Monaten auf den simulierten Kummer ihrer Mutter bzw. der Versuchsleiterin beobachtet wurden, ergab 34 Prozent erklärter Varianz im Alter von 24 Monaten, die auf 47 Prozent mit 36 Monaten anstieg (Knafo et al. 2008). Pragmatisch scheint es aufgrund dieser Daten das Naheliegendste zu sein, von einer biologischen Prädisposition zu Mitgefühl und prosozialem Verhalten auszugehen, die sich z. B. in Effekten auf das Temperament zeigt (s. u.), trotzdem aber breiten Raum für Einflüsse von Seiten der Umwelt lässt. Von diesen soll im Folgenden die Rede sein.

Umwelteinflüsse: Sie können auf unterschiedlichen Ebenen untersucht werden, eine davon ist die kulturelle. Studien, die im engeren Sinne das Mitgefühl von Menschen verschiedener *Kulturen* untersuchen, sind eher selten. Kienbaum (1995) verglich die Reaktionen fünfjähriger Kindergartenkinder aus Konstanz und Moskau auf den simulierten Kummer einer studentischen Spielpartnerin. In einer standardisierten Beobachtungssituation spielte jedes Kind einzeln mit der Studentin (s. Abb. 18) Dieser passierte ein Missgeschick, woraufhin sie anfing zu schluchzen.

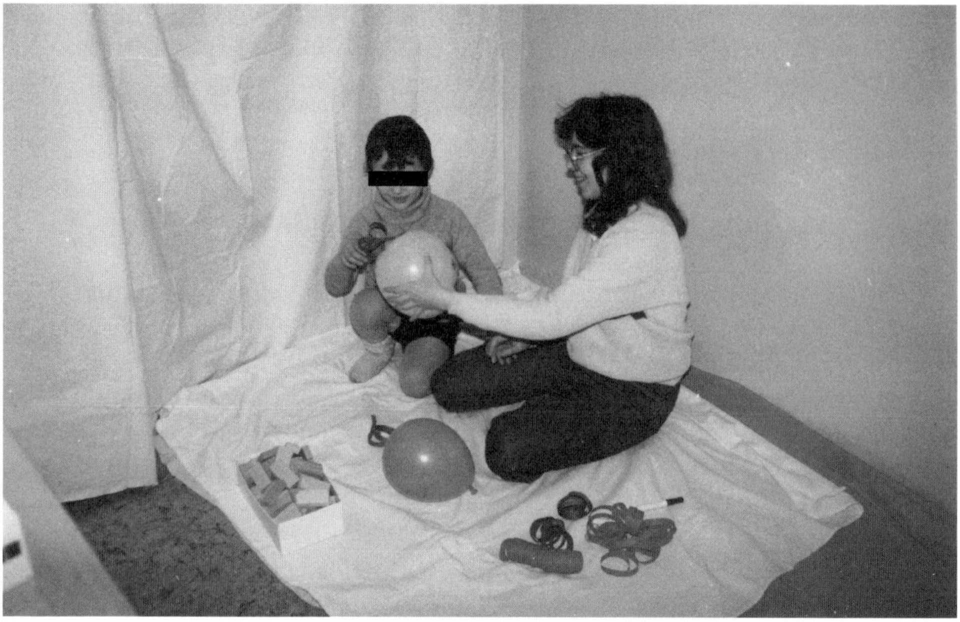

Abbildung 18: Kind und studentische Spielpartnerin in Moskau

Die deutschen Mädchen zeigten daraufhin signifikant mehr Mitgefühl als die anderen drei Gruppen, die sich nicht voneinander unterschieden. Das geringere Mitgefühl der deutschen Jungen im Vergleich zu den deutschen Mädchen entspricht dem Forschungsstand der überwiegend in westlichen Kulturen durchgeführten Studien (Chaplin/Aldao 2013; Eisenberg et al. 2015) und könnte sowohl durch geschlechtsspezifische Sozialisationsprozesse als auch genetische Unterschiede erklärt werden. Wieso jedoch unterschieden sich die sowjetischen Mädchen und Jungen nicht voneinander, und wie ist der kulturelle Unterschied zu erklären, der im Wesentlichen dadurch entstand, dass die deutschen Mädchen die höchsten und die sowjetischen Mädchen die niedrigsten Werte im Mitgefühl erzielten?

Interviews zu den Erziehungszielen der Moskauer Mütter ergaben, dass diese von ihren Kindern Disziplin erwarteten, die Autorität der Erwachsenen betonten und vor allem ihre Töchter als »brav« und wenig verantwortlich für ihre Handlungen ansahen. Insgesamt wurden die sowjetischen Kinder stark zu angepasstem Verhalten erzogen (Kienbaum 1993). Die deutschen Mütter betonten demgegenüber wesentlich stärker die Wichtigkeit der Selbstständigkeit und Eigenaktivität ihrer Kinder.

Für die Ergebnisse der Studie könnte dies bedeuten, dass Kinder, für die eine erwachsene Person (wie die Spielpartnerin in der Studie) stets Autorität bedeutet, möglicherweise Verunsicherung empfinden, wenn diese offen ihren Kummer zeigt, und deswegen weniger mit Mitgefühl als mit Anspannung und Unwohlsein reagieren. Für die sowjetischen Mädchen scheint dies in besonders ausgeprägtem Maß zuzutreffen, weshalb sie sich einerseits stark von den deutschen Mädchen unterschieden und andererseits auf einem ähnlich niedrigen Niveau Mitgefühl zeigten wie die Jungen (für ähnliche Ergebnisse im Vergleich zwischen Kindern aus Deutschland, Israel, Indonesien und Malaysia s. Trommsdorff et al. 2007).

Die Bedeutung der Interaktion mit erwachsenen Bezugspersonen innerhalb und außerhalb der Familie

Mutter-Kind-Interaktion: Wesentlich häufiger als auf der kulturellen Ebene wurden die Gründe für Unterschiede im kindlichen Mitgefühl im Rahmen der *Mutter-Kind-Interaktion* gesucht. Eine zentrale Variable stellt dabei die Wärme und Unterstützung dar, die ein Kind von Seiten seiner Bezugspersonen erfährt, wenn es selber Kummer, Angst, Scham oder ähnliche Gefühle erlebt. Ein Kind, das in einer solchen Situation in seinen Gefühlen angenommen und wertgeschätzt wird sowie Unterstützung in der Bewältigung der Situation erhält, sollte mehr Mitgefühl entwickeln als ein Kind, das gegenteilige Erfahrungen macht.

Die Mechanismen, die diese positive Entwicklung bewirken, können in folgenden Prozessen vermutet werden: Das Kind lernt, dass Gefühle von Hilflosigkeit oder Kummer ohne Scham ausgedrückt werden dürfen. Auf dieser Basis entsteht das Gefühl, die Umwelt kontrollieren und ihr vertrauen zu können, woraus sich wiederum die Fähigkeit entwickeln kann, aus dem Gefühl eigener emotionaler Sicherheit heraus offen auf die Bedürfnisse anderer einzugehen. Zudem bieten warme und unterstützende Erwachsene prosoziale Verhaltensmodelle. Ungeachtet dieser überzeugenden theoretischen Argumente ist die empirische Befundlage für einen Zusammenhang zwischen mütterlicher Wärme und kindlichem Mitgefühl eher gemischt. Während manche Studien ihn bestätigen, gibt es auch Evidenz für keinen oder gar einen negativen Zusammenhang (Eisenberg et al. 2006). Ein Grund hierfür liegt möglicherweise in den unterschiedlichen methodischen Zugängen, die die Studien verwenden: So fanden Kienbaum, Volland und Ulich (2001) keinen Zusammenhang zwischen per Interview mit den Müttern erhobener Wärme und Unterstützung und dem Mitgefühl ihrer Kinder; wohingegen mehrere Studien, die Wärme und Unterstützung aus Perspektive der Kinder erfassten, positive Zusammenhänge berichten (Carlo et al. 2011; Kienbaum 2015; Miklikowska et al. 2011). Möglicherweise ist die kindliche Perspektive die validere, da die Einschätzungen der Eltern stark sozialer Erwünschtheit unterliegen können. Doch auch bei den Studien, die einen positiven Zusammenhang zwischen elterlicher Wärme/Unterstützung und kindlichem Mitgefühl berichten, ist der Anteil der erklärten Varianz nicht besonders hoch. Dies bedeutet, dass es noch andere Variablen geben muss, die dazu führen, dass manche Kinder mehr und manche weniger Mitgefühl zeigen.

Interaktion mit Bezugspersonen außerhalb der Familie: Eine im Vergleich zu den Eltern wesentlich seltener untersuchte Gruppe sind außerfamiliale Bezugspersonen wie

Erzieherinnen und Erzieher oder *Lehrerinnen und Lehrer*. Kommt auch ihnen eine Bedeutung für die Entwicklung des Mitgefühls der ihnen anvertrauten Kinder zu, oder ist nur der elterliche Einfluss ausschlaggebend? Beginnen wir mit den Fachkräften in der Kindertagesstätte. Ähnlich wie bei den Eltern liegt es nahe, zu vermuten, dass warmes und unterstützendes Verhalten in Situationen, in denen das Kind Kummer, Angst, Scham oder ähnliche Emotionen empfindet, sich positiv auf die kindliche Fähigkeit zum Mitgefühl auswirken sollte. Dass es aber nicht nur auf Wärme und Unterstützung ankommt, zeigen zwei Studien aus den USA: Caplan und Hay (1989) beobachteten Reaktionen auf Kummer in einem Universitätskindergarten. Sie stellten einerseits fest, dass die Erzieherinnen im Schnitt innerhalb von 7,9 Sekunden auf den Kummer »ihrer« Kinder reagierten, insofern also ganz klar Modelle für hilfreiches Verhalten darstellten. Andererseits konnten sie aber auch beobachten, dass die Erzieherinnen die Kinder nie zum Helfen aufforderten und spontan auftretende prosoziale Handlungen nicht verstärkten. Insofern ist es nicht verwunderlich, dass 92 Prozent der Kinder auf Nachfrage angaben, die Erzieherin sei diejenige, die im Falle von Kummer einem Kind helfen müsse. Zu einem ähnlichen Ergebnis kamen Eisenberg, Cameron, Tryon und Dodez (1981). Auch sie konnten beobachten, dass Erzieherinnen *nie* positiv auf das hilfreiche Verhalten von Jungen reagierten und nur in fünf bis elf Prozent auf das von Mädchen.

Diese Studien lassen den Schluss zu, dass es ebenfalls wichtig ist, Kinder in Akte des Mitfühlens und Tröstens miteinzubeziehen. Dafür ist es nötig, ihnen, wenn möglich, Handlungs- und Entscheidungsspielräume zu gewähren sowie sie positiv zu verstärken, sobald sie mitfühlend-tröstendes Verhalten zeigen.

Inwieweit beide Variablen – Wärme/Unterstützung sowie das Gewähren von Handlungs- und Entscheidungsspielräumen – eine Rolle bei der Entwicklung mitfühlend-tröstenden Verhaltens fünfjähriger Kindergartenkinder spielen, untersuchte Kienbaum (2001; 2003). 105 Kinder sowie deren Erzieherinnen nahmen an der Studie teil. Die Kinder wurden in zwei standardisierten Interaktionssituationen beobachtet, in denen einer Handpuppe ein Missgeschick passierte, woraufhin sie Traurigkeit simulierte. Die Reaktionen der Kinder wurden videografiert und in Hinblick darauf analysiert, ob sie Mitgefühl und tröstende Verhaltensweisen zeigten.

Die Erzieherinnen wurden ebenfalls beobachtet. Im Gegensatz zu den Kindern wurden hier aber Beobachtungen im natürlichen Umfeld, während des Freispiels im Kindergarten, durchgeführt. Festgehalten wurde zum einen, wie häufig und wie intensiv eine Erzieherin im Umgang mit den Kindern warmes Verhalten zeigte. Zum anderen wurde erfasst, inwiefern die Kinder durch die Erzieherin Lenkung und Kontrolle erfahren bzw. inwieweit ihnen Freiräume gewährt werden, innerhalb derer die Erzieherin, wenn nötig, Anregungen zur Selbsthilfe gibt und sie in diesem Sinne aktiv begleitet, ohne sie zu bevormunden.

Das Ergebnis war sehr deutlich: Ein warmes, aktiv begleitendes Verhalten der Erzieherinnen ging einher mit erhöhtem mitfühlend-tröstendem Verhalten bei den Kindern. Es ist also wichtig, ein emotional positives Verhältnis zu den Kindern aufzubauen und ihnen gleichzeitig genügend Freiräume zuzugestehen, in denen sie, begleitet von einer feinfühligen erwachsenen Person, eigene Erfahrungen z.B. im Bereich des Mitfühlens und Tröstens machen können. Besonders deutlich war dieser Zusammenhang bei den Jungen. Dies könnte möglicherweise damit erklärt werden, dass sich Jungen im Vergleich zu Mädchen in der Regel in konfliktreicheren Beziehungen zu ihren Erzieherinnen befinden (Ahnert et al. 2006; de Schipper et al. 2008; Mayer et al. 2013; O'Connor/McCartney 2006). Ausgehend von dieser schlechteren »Startposition« profitieren Jungen möglicherweise besonders von einem positiven Verhalten seitens der Erzieherinnen – im Sinne der Kompensation eines Defizits.

Hinsichtlich der *Bedeutung der Lehrer_innen* für die Entwicklung von Mitgefühl sind empirische Studien ebenfalls rar gesät. Im Rahmen einer Längsschnittstudie (Kienbaum 2012; 2014a,b) wurden Daten zur Lehrer_innen-Kind-Beziehung in der ersten und zweiten Klasse Grundschule erhoben. Dabei zeigte sich, dass diejenigen Erstklässler mehr Mitgefühl zeigten, die ein gutes Verhältnis zu ihrer Lehrkraft hatten. In der zweiten Klasse war das Mitgefühl der Kinder erhöht, die sowohl ihre Eltern als auch ihre Lehrerin als warm und unterstützend wahrnahmen.

Möglicherweise kommt der Lehrkraft in der ersten Klasse insofern eine herausgehobene Rolle zu, als die Kinder bei Beginn dieses neuen Lebensabschnittes besonders sensibilisiert und aufnahmebereit sind, wodurch die neue Bezugsperson in ihrem Leben mehr Einfluss erhält. Nach einer Phase der Konsolidierung (zweite Klasse) sind dann die Kinder im Vorteil, die zu allen wichtigen Bezugspersonen (Eltern, Lehrkraft) eine gute Beziehung haben.

Die Bedeutung der kindlichen Persönlichkeit

Kinder sind aber nicht nur passive Empfänger von Sozialisationseinflüssen, sondern beeinflussen ihrerseits die sie umgebenden Bezugspersonen – z.B. durch ihre *Persönlichkeitsmerkmale*. Selbst-Regulation, Emotionalität, Schüchternheit und Aggressivität sind Eigenschaften, die laut verschiedenen Autoren zu Unterschieden im Mitgefühl bei Kindern beitragen. *Selbst-Regulation* und *Emotionalität* hängen insofern zusammen, als Kinder, die sich durch hohes Mitgefühl auszeichnen, einerseits emotional sind – also nicht gleichgültig bleiben, sondern sich vom Geschehen anrühren lassen –, andererseits aber ihre Gefühle auch gut regulieren können, da sie im anderen Falle von ihnen überwältigt würden und sich dann nicht mehr auf den Anderen einlassen könnten (Eisenberg et al. 2015).

Schüchternheit: Schüchterne Kinder zeigen in der Regel weniger Mitgefühl (Kienbaum 2014b; Young et al. 1999). Dies lässt sich damit erklären, dass *Schüchternheit* ein Persönlichkeitsmerkmal ist, dass mit erhöhter Erregung einhergeht. Laut Kagan und Mitarbeitern (Kagan et al. 1999) ist die Schwelle zur Auslösung von Erregung im limbischen System bei schüchternen im Vergleich zu nicht-schüchternen Kindern niedriger. Erhöhte Erregung aber steht Mitgefühl und prosozialem Verhalten entgegen

(Hoffman 2000), da die beobachtende Person mehr mit der Bewältigung ihrer Erregung als mit dem Kummer des Gegenübers beschäftigt sein wird.

Allerdings kann es auch Bedingungen geben, die diesen Zusammenhang verändern: In der bereits erwähnten Studie von Kienbaum (2003, 2015) zeigten fünfjährige Mädchen umso *mehr* Mitgefühl, je schüchterner sie waren – aber nur, wenn ihre Mutter sich im Falle von Kummer oder Angst der Tochter sehr warm und unterstützend verhielt. Das *mütterliche Erziehungsverhalten* stand hier in einer Wechselwirkung mit dem Temperament der Tochter. Aufgrund der bereits erwähnten leichteren Erregbarkeit der schüchternen Kinder und ihrer damit vermutlich einhergehenden erhöhten Sensibilität können besonders günstige Sozialisationsbedingungen also dazu führen, dass statt des negativen ein positiver Zusammenhang zwischen Schüchternheit und Mitgefühl entsteht.

Aggressivität: Hinsichtlich der Aggressivität scheint es auf den ersten Blick keine Zweifel zu geben: Aggressivere Menschen zeigen weniger Mitgefühl. Hierfür sprechen allein die vielen Trainingsprogramme, die über die Förderung von Mitgefühl eine Verringerung von Aggressivität erreichen sollen (z.B. Malti/Perren 2015) sowie empirische Belege, die überwiegend aus dem Jugend- und Erwachsenenalter stammen (z.B. MacEvoy/Leff 2012). In der Kindheit, speziell in der Zeit vor Schulantritt, scheinen die Zusammenhänge jedoch komplexer zu sein: Verschiedene Studien fanden heraus, dass Kinder im Vorschulalter, die aggressiver eingeschätzt wurden, *mehr* Mitgefühl zeigten (Gill/Calkins 2003; Kienbaum 2003, 2015).

Um diesen scheinbaren Gegensatz verstehen zu können, ist es hilfreich, sich die Bedeutung des lateinischen Wortes »aggreddi« zu vergegenwärtigen, das sowohl »herangehen« als auch »angreifen« bedeutet. Während Angreifen und Mitgefühl sich gegenseitig ausschließen, ist Herangehen eine unabdingbare Voraussetzung für aus Mitgefühl motiviertem Hilfeverhalten. Herangehen und Angreifen sind außerdem mit unterschiedlichen Niveaus aggressiven Verhaltens verbunden, denn die Aggression eines Angreifers ist sicherlich höher einzuschätzen als die einer herangehenden Person. Während also hohe Aggression und Mitgefühl einander ausschließen, ist es vorstellbar, dass die erhöhte Aggression von Kindern, die insgesamt nicht sehr aggressiv sind, mit erhöhtem Mitgefühl und daraus resultierender Hilfsbereitschaft einhergehen kann. Eisenberg, Spinrad und Knafo (2015) gehen davon aus, dass Aggression in letzterem Fall eher ein Anzeichen von Selbstbehauptung als von Feindseligkeit oder der Intention, einem anderen Schaden zuzufügen, ist.

In der Studie von Kienbaum (2001, 2003, 2015) zeigten die fünfjährigen Mädchen umso mehr mitfühlend-tröstende Reaktionsbereitschaft, je aggressiver sie einschätzt wurden. Dabei fiel ihr Aggressionsniveau im Vergleich zu den Jungen signifikant niedriger aus, so dass man im Sinne von Eisenberg, Spinrad und Knafo (2015) vermuten kann, dass diese Mädchen eher selbstbehauptend und aktiv als feindselig waren und in der Folge weniger Ängste hatten, auf die traurige Spielpartnerin zuzugehen.

Zusammenfassend zeigen die in diesem Abschnitt dargestellten Studien, dass interindividuelle Unterschiede im Mitgefühl sowohl durch Persönlichkeitsunterschiede als auch durch Sozialisationsprozesse innerhalb wie außerhalb der Familie des Kindes zu erklären sind. Darauf aufbauend beschäftigen wir uns nun mit der Frage, wie Mitgefühl gefördert werden kann.

10.4 Förderung von Mitgefühl

Das vorangegangene Kapitel hat uns bereits einige Aspekte aufgezeigt, mit deren Hilfe Erwachsene das Mitgefühl von Kindern fördern können:

- warmes und unterstützendes Verhalten in Situationen, in denen ein Kind Kummer, Angst, Scham oder ähnliche »negative« Emotionen erlebt
- Modellverhalten nicht nur dem Kind, sondern auch anderen Menschen gegenüber
- Miteinbeziehen von Kindern in Akte des Mitfühlens und Tröstens
- positive Verstärkung von Mitgefühl

Im Folgenden soll es nun um eine spezielle Situation gehen, nämlich um *Disziplinierungsmaßnahmen* im Falle, dass sich das Kind einem anderen gegenüber unempathisch verhält. Wie soll man in solch einer Situation am besten reagieren? Stellen Sie sich vor, Sie sind Lehrerin und beobachten auf dem Pausenhof, wie ein Kind ein anderes schubst. Die häufigste Reaktion wird sicherlich sein, das »Täter«-Kind zu bestrafen. Doch ist dies die optimale Reaktion in Hinblick auf eine langfristige Entwicklung sozialen Verhaltens?

Um diese Frage zu beantworten, ist es hilfreich, sich zu vergegenwärtigen, wozu Strafe führt: Zum einen löst sie eine hohe Erregung im bestraften Kind aus, dessen Aufmerksamkeit daraufhin auf die strafende Person und die negativen Folgen für es selbst gelenkt wird – und nicht auf das Geschehen, das zur Strafe geführt hat. Zum anderen entstehen negative Gefühle gegenüber der strafenden Person, die die Beziehung in Zukunft belasten können. Schließlich wird das Kind einem strafenden statt einem hilfreichen Modell ausgesetzt. Strafen tragen also weder zum Verständnis des Leids des »Opfers« bei, noch versorgen sie ein Kind mit der Erfahrung, selbst geholfen zu haben. In der Regel führen sie nur dazu, dass negatives Verhalten in solchen Situationen unterlassen wird, in denen Entdeckung droht. Hoffman (2000) hat eine Alternative erforscht, die er Induktion oder induktive Erziehung nennt.

Definition

Induktionen sind nach Hoffman Disziplinierungsmaßnahmen, in denen »[...] parents highlight the other's perspective, point up to the other's distress, and make it clear that the child's action caused it« (2000, S. 143).

Es geht also darum, dem »Täter« die Gefühle und Gedanken des »Opfers« bewusst zu machen, wodurch die *negativen Konsequenzen der Handlung für das Opfer* in den Mittelpunkt der Aufmerksamkeit gerückt werden. Die dadurch entstandene empathische

Betroffenheit sollte dazu führen, die zukünftigen Handlungen des Kindes in eine altruistische Richtung zu lenken; ferner vermitteln Induktionen den Kindern ein Gefühl der Verantwortlichkeit. Besonders wirksam sollten laut Hoffman Induktionen sein, die konkrete Wiedergutmachungsakte vorschlagen. Deren Ausführung, gekoppelt mit Lob und der Reduzierung von Schuldgefühlen, müssten seiner Ansicht nach die besten Auswirkungen bezüglich Mitgefühl und Hilfsbereitschaft haben.

Die theoretischen Gründe für die Wirksamkeit von Induktionen sieht Hoffman (1975, S. 234) darin, dass sie ein optimales Erregungsniveau für den Lernprozess induzieren, da sie einerseits die Aufmerksamkeit des Kindes erregen, andererseits aber den Lernvorgang nicht unterbrechen. Die Aufmerksamkeit wird dabei auf die Konsequenzen seines Handelns für den anderen gelenkt, statt auf die negativen Konsequenzen für es selbst im Falle von Strafe durch die Eltern. Deren Rolle tritt in den Hintergrund, da die Kinder im Laufe der Zeit den Wunsch, anderen nicht schaden zu wollen, verinnerlichen. Während diese Überlegungen für die Eltern-Kind-Interaktion in verschiedenen Altersgruppen belegt sind (Carlo et al. 2011; Krevans/Gibbs 1996; Zahn-Waxler et al. 1979), fehlt es an empirischer Evidenz in Hinblick auf pädagogische Kontexte außerhalb der Familie (Kindertagesstätten, Heime, Schulen, …).

Die bisher beschriebenen Möglichkeiten setzen bei den erwachsenen Bezugspersonen der Kinder an und zeigen auf, wie in der *alltäglichen Interaktion* das Mitgefühl von Kindern gefördert werden kann. Daneben gibt es natürlich auch Programme, die es sich zum Ziel gesetzt haben, sozio-emotionale Kompetenzen von Kindern im Rahmen spezieller Trainings zu fördern. Als Beispiele aus dem deutschsprachigen Bereich sollen hier »Papilio« und »Faustlos« genannt werden.

Papilio ist ein primärpräventives Programm, das im Kindergarten implementiert wird (Scheithauer et al. 2008); Faustlos existiert mittlerweile in Versionen für Kindergarten, Grund- und Sekundarschule (Schick/Cierpka 2010). Beide Programme legen einen Schwerpunkt auf den Umgang mit Gefühlen, u. a. Empathie, beide sind evaluiert und können zumindest teilweise eine Verbesserung der angestrebten Kompetenzen bei den Kindern nachweisen. So erreichten die mit Papilio trainierten Kinder im Gegensatz zur Kontrollgruppe höhere Werte im durch die Erzieherinnen eingeschätzten prosozialen Verhalten; aus Sicht der Eltern bestand dieser Unterschied allerdings nicht. Die Grundschulversion von Faustlos wurde von Schick und Cierpka (2003) evaluiert. Es zeigten sich verschiedene wünschenswerte Effekte – so konnten z. B. die mit Faustlos trainierten Kinder im Vergleich zur Kontrollgruppe ihre Gefühle in Situationen, die Angst und Kontrollverlust beinhalten (Besuch bei Arzt, Gewitter), besser verbalisieren; ein Anstieg in Empathie war jedoch nicht nachzuweisen (zur Kritik des verwendeten Messinstrumentes vgl. Kienbaum 2008).

Zusammenfassend lässt sich feststellen, dass eine Förderung des kindlichen Mitgefühls am ehesten dann erreicht werden kann, wenn Maßnahmen sowohl auf der Ebene des Kindes als auch auf der Ebene der erwachsenen Bezugspersonen (Eltern, Erzieherinnen, Lehrkräfte etc.) ansetzen.

11 Gender

Mit dem Anliegen, Geschlechtervielfalt zu respektieren, verbinden sich vielfältige Herausforderungen für unsere Gesellschaft ganz allgemein und für qualifizierte Angebote des Lehrens und Lernens im Besonderen. In der Diskussion der Herausforderungen werden Folgen für den Zugang zu Bildung und für die Geschlechterforschung in der Pädagogischen Psychologie deutlich. Die Reflexion von Geschlechtervielfalt erweist sich als wichtige Kompetenz für die pädagogisch-psychologische Praxis.

11.1 Beobachtungen

Geschlechtervielfalt

Die Idee von Zweigeschlechtlichkeit kann seit Buttler (1991) nicht unhinterfragt bleiben. Denn neben Menschen mit männlichem und weiblichem biologischem Geschlecht werden auch Menschen mit intersexuellen biologischen Geschlechtsmerkmalen geboren. Das Phänomen der Intersexualität findet in der Medizin und Psychologie zunehmend Beachtung (Richter-Appelt 2013; Bennecke et al 2015; vgl. auch Kiegelmann 1999). Haben Eltern ein Baby, das nicht eindeutig einem zweigeschlechtlichen Schema zugeordnet werden kann, sind sie heute meist auf einfühlsames medizinisches Personal angewiesen und profitieren von psychologischer Beratung (Bennecke et al 2015). Manchmal raten Mediziner_innen zu Operationen zur Festlegung auf eines der beiden vorgegebenen Geschlechter. Solche Operationen sind sehr umstritten, da diese nicht mehr rückgängig zu machen sind und in den körpereigenen Hormonhaushalt derart eingreifen, dass lebenslange Hormoneinnahmen notwendig werden (Bennecke et al 2015, S. 8). Hinzu kommt das ethische Problem der fehlenden informierten Einwilligung, da ein Baby nicht in der Lage ist, einer operativen Zuordnung zu einem der beiden gesellschaftlich anerkannteren Geschlechter zuzustimmen. Intersexuelle Personen und ihre Familien profitieren sehr von der zunehmenden gesellschaftlichen Offenheit für die Überwindung des zweigeschlechtlichen Denkens und Handelns. In diesem Zusammenhang analysiert Wolf (2014) Menschenrechtsverletzungen von Personen, die nicht in die zweigeschlechtliche Zwangsheteronormativität passen und zeigt in Diagnosemanualen Pathologisierungsprozesse als Strategien der Diskriminierung auf. Denn Intersexualität wird in solchen Manualen oft als Krankheit kategorisiert (Bennecke et al 2015).

Ein weiteres Phänomen neben der Intersexualität, also dem Phänomen, dass Menschen in ihrem Körper nicht ausschließlich über typische weibliche oder typische männliche Geschlechtsmerkmale verfügen und daher biologisch nicht einem der beiden vorgegeben Geschlechter zugeordnet werden können, ist die Transsexualität. Der

Körper von transsexuellen Menschen kann bei Geburt und nach der Pubertät zwar männlich oder weiblich zugeordnet werden. Diese Geschlechtszuordnung entspricht jedoch nicht dem Empfinden der Personen. Erst durch eine Geschlechtsumwandlung erfahren Transsexuelle eine Übereinstimmung ihres Körpers mit Ihrer Geschlechtsidentität (vgl. Richter-Appelt 2013). In Deutschland sind die Hürden für eine Geschlechtsumwandung von transsexuellen Menschen höher als die Hürden für eine Geschlechtsangleichung von intersexuellen Menschen an eine der beiden Kategorien weiblich oder männlich der angenommenen Zweigeschlechtlichkeit. Die medizinische Versorgung erscheint daher auf das Ziel ausgerichtet, eindeutig weibliche oder eindeutig männliche Geschlechtszugehörigkeiten zu schaffen und heterosexuelle Sexualität zu ermöglichen (vgl. Richter-Appelt 2013).

Definition

Geschlechtervielfalt

- *Intersexuell* bezeichnet Menschen, deren Geschlechtszugehörigkeit weder eindeutig weiblich oder männlich ist.
- *Transsexuell* bezeichnet Menschen, die erst nach einer Geschlechtsumwandlung erreichen, dass ihr erlebtes Geschlecht mit dem körperlichen Geschlecht übereinstimmt.
- *Transgender* bezeichnet Menschen, die sich mit dem ihnen sozial zugewiesenen sozialen Geschlecht nicht identifizieren.
- *Homosexuell* bezeichnet Menschen, die Menschen des gleichen Geschlechts begehren können.
- *Bisexuell* bezeichnet Menschen, die sowohl Menschen des gleichen als auch eines von ihrem eigenen Geschlecht verschiedenen Geschlecht begehren können.
- *Heterosexuell* bezeichnet Menschen, die Menschen eines von ihrem eigenen Geschlecht verschiedenen Geschlecht begehren können.
- Vgl. auch: *Travestiekünstler* bezeichnet Männer, die sich mit Frauenkleidung verkleiden

Nicht nur Menschen mit biologischen Geschlechtsmerkmalen, die nicht eindeutig weiblich oder männlich sind, widersprechen der Annahme von festgelegten eindeutigen Geschlechtszuordnungen. Auch homosexuelle Personen hinterfragen durch ihr alltägliches Handeln und ihr soziales Verhalten Geschlechtsstereotypen. Sie tragen durch ihr »doing gender« zur gesellschaftlichen Vielfalt bei. Conchita Wurst gewann im Jahr 2014 den Eurovision Song Contests und hat damit zur öffentlichen Wahrnehmung von homosexuellen Travestiekünstlern beigetragen. Thomas »Tom« Neuwirth hat mit der Teilnahme als Conchita Wurst u.a. durch die Kombination von »weiblicher« Kleidung und »männlichem« Vollbart Genderstereotype medienwirksam in Frage gestellt.

Abbildung 19: Conchita Wurst.
Foto: © Markus Morianz

In der aktuellen öffentlichen Debatte werden unterschiedliche Gruppen, die die Annahme einer Zweigeschlechtlichkeit in Frage stellen, oft gemeinsam wahrgenommen. So setzen sich politische Organisationen unter der Abkürzung »LSBTTIQ« für die Rechte von lesbischen, schwulen, bisexuellen, transgender, transsexuellen, intersexuellen und queeren Menschen ein, beispielweise im Bundesland Baden-Württemberg als Dachverband »Netzwerk LSBTTIQ« (http://www.netzwerk-lsbttiq.net). In Deutschland arbeitet die Bundesstiftung Magnus Hirschfeld (BMH) gegen die Diskriminierung von »Lesben, Schwulen, Bisexuellen, Transgender, trans*- und inter*-geschlechtlichen/-sexuellen Personen (Abkürzung: LSBTTI*)« (http://mh-stiftung.de/ueber-die-stiftung).

Insgesamt hat sich in vielen Ländern die gesellschaftliche Toleranz für Menschen erhöht, die nicht in das Schema der Zweigeschlechtlichkeit passen. So gibt es beispielweise im Schwedischen mittlerweile das genderneutrale Pronomen »hen« für intersexuelle Personen, die eben nicht mit sie oder er angesprochen werden können. Auch nimmt die Sichtbarkeit von Personen zu, die eine Transgender-Identität haben und Geschlechtsumwandlungen vollziehen. Pinto und Moleiro (2015) schlagen ein Stufenmodell für gelingende Identitätsentwicklung von Transgender-Personen vor (Pinto/Moleiro 2015, S. 15). Eltern und pädagogische Fachkräfte profitieren vom Wissen um Geschlechtervielfalt und können damit besser auf die Situation von LSBTTIQ-Menschen eingehen.

Unterscheidung zwischen biologischen und sozialen Geschlechtern

In der Genderforschung wird zwischen biologischen Geschlechtern (»sex«) und sozialen Geschlechtern (»gender«) unterschieden (Gildemeister 2008). »Sex« oder »biologisches Geschlecht« steht hier für biologisch sichtbare oder biologisch bedingte Geschlechterunterschiede. »Gender« oder »soziales Geschlecht« bezeichnet sozial konstruierte Geschlechtsunterschiede.

Für die Pädagogische Psychologie ist die Unterscheidung zwischen sozialem und biologischem Geschlecht bedeutsam, weil soziale Geschlechtsrollenerwartungen in Familien, Medien, Bildungsinstitutionen, in öffentlichen Räumen (z. B. Spielplätze) etc. Lernumgebungen bilden, mit denen sich Heranwachsende auseinandersetzen. Carol Gilligan (1982, 2011) kritisiert psychologische Auswirkungen von gesellschaftlich vermittelten Normen und Rollenerwartungen des sozialen Geschlechts. Zunächst zeigte sie negative Folgen solcher Gendererwartungen für Mädchen und Frauen auf und forschte dann gezielt mit männlichen Forschungsteilnehmenden bevor sie ihre Beziehungspsychologie generell für alle Geschlechter ausarbeitete (Gilligan 2011).

Sozial konstruierte Geschlechtsrollenerwartungen können unter Umständen einen hilfreichen Orientierungsrahmen für gesellschaftlich erwartetes und anerkanntes Verhalten und für soziales Ansehen bieten. Gleichzeitig bergen eben diese sozial konstruierten Erwartungen an das soziale Geschlecht die Gefahr von Diskriminierungen.

So verfestigen sich Ungleichheitsstrukturen, die in vielen Kulturen tradiert wurden und werden, insbesondere, wenn diese Annahmen von Differenz mit Wertungen, Ressourcenverteilungen oder Gewalt verbunden sind. Homosexualität wird in einigen Ländern der Welt auch heute noch unter Strafe gestellt, bis hin zur Todesstrafe (Beyrer 2014).

Häufig schränken gesellschaftliche Vorstellungen über Gender und individuelle Umsetzungen und Verfestigungen solcher Vorstellungen auch Menschen ein, die zweigeschlechtliches Denken zunächst selbst nicht in Frage stellen. Beispielsweise ist in vielen Kulturen in Industrieländern das Vorurteil, Mädchen seien für Mathematik und Naturwissenschaften weniger begabt als Jungen (Kessels et al. 2014). Dabei ist interessant, dass sich viele Kinder und Jugendliche solche Annahmen zu eigen machen, was dazu führen kann, dass Mädchen die (vermeintliche) Matheschwäche nutzen, um weniger zu üben oder sich in Mathematik weniger anzustrengen. Wenn Mädchen ihre Identität als Mädchen bedroht sehen, weil sie entgegen der Vorannahme doch gute Leistungen zeigen und sich dann weniger anstrengen, um ihre Identität zu schützen, wird dieses Phänomen auch »stereotype threat« genannt (Kessels et al. 2014). Eckert und Imhof (2013) konnten einen Effekt in Bezug auf Leseleistung von Jungen durch stereotype threat nicht finden und plädieren für eine differenzierte Betrachtungsweise sowohl von unterschiedlichen Lernbereichen wie Lesen oder Rechnen, als auch von anderen Kategorien, wie Geschlecht. Bereits bei Kindern am Beginn ihrer Schulzeit konnten Wolter und Hannover (2014) Einschätzungen von Kindern über ihre Fähigkeiten beobachten, die im Zusammenhang mit Geschlechtsstereotypen stehen.

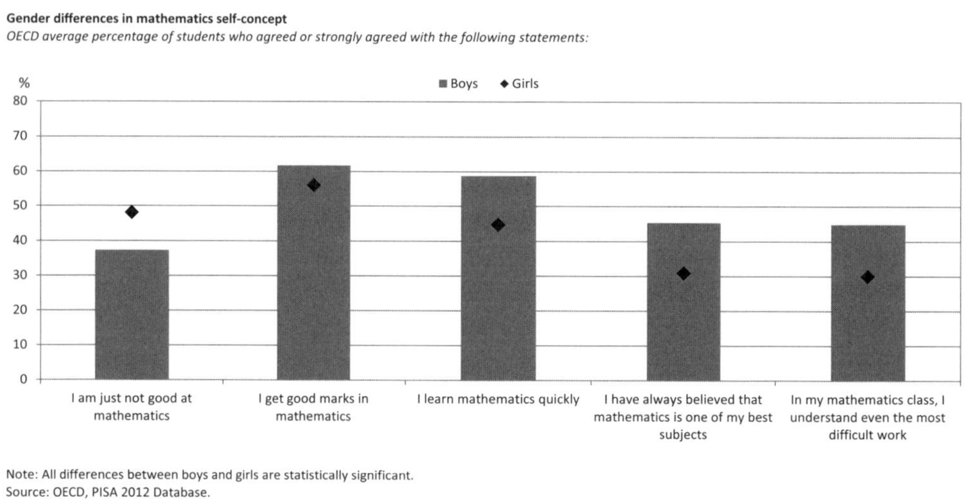

Abbildung 20: Unterschiede im Selbstkonzept für Mathematik (OECD, http://www.oecd.org/pisa/keyfindings/PISA2012_Gender_Ch3_Fig_ENG.xlsx

Werden nun große Gruppen von Jugendlichen dazu befragt, wie sie ihre Fähigkeiten in Mathematik einschätzen, können Unterschiede zwischen den Gruppen gefunden werden. Ohne Beachtung der Kritik an einer Zweigeschlechtlichkeitshypothese teilten Wissenschaftler_innen der OECD Bildungsstudie PISA 2012 Jugendliche ausschließlich in weiblich oder männlich ein (OECD 2014). Sie ließen Jugendliche Fragen zu ihrem mathematikbezogenem Fähigkeitsselbstkonzept ankreuzen. Hierbei fanden sie, dass in der Gruppe »weiblich« im Durchschnitt mehr Antworten gegeben wurden, die auf ein niedriges mathematikbezogenes Fähigkeitsselbstkonzept hinweisen, als in der Gruppe »männlich«.

Die oben abgebildeten Zahlen beziehen sich auf Jugendliche aus allen Mitgliedsländern der OECD. Werden nur Gruppen aus einzelnen Ländern verglichen, fällt auf, dass es auch Unterschiede unter den an der Studie beteiligten Ländern gibt. So wurde z. B. errechnet, wie viele als »weiblich« und wie viele als »männlich« eingeordnete Jugendliche bei dem Leistungstest in den jeweiligen Ländern die jeweils besten Leistungen in Mathematik zeigten. Es zeigte sich, dass in einigen Ländern der Anteil von »männlichen« Jugendlichen, die zu den Besten in diesem Test gehörten, größer war als der Anteil der »weiblichen« Jugendlichen. Aber nicht in allen: In Finnland z. B. zeigten mehr »Mädchen« Spitzenleistungen als »Jungen« (s. Abb. 21, S. 150). Solche Beobachtungen deuten auf einen Zusammenhang zwischen der jeweiligen sozialen Umwelt und deren geschlechtsspezifischen Erwartungen hin.

Die Unterscheidung zwischen Sex und Gender ist hilfreich, um insbesondere auf die sozialen Konstruktionen von Geschlecht hinzuweisen und von oft diskriminierenden Vorurteilen über biologische oder »angeborene« und vermeintlich unveränderliche Unterschiede zwischen den Geschlechtern abzukommen. Aber selbst die Annahme von biologischen Unterschieden wird mittlerweile kritisch gesehen. Denn in der Psychologie können zwar Daten über Körperphänomene gesammelt werden, beispielsweise durch bildgebende Verfahren (z. B. durch fMRT). Aber selbst bei diesen Daten bleibt die Frage offen, ob diese beobachteten körperlichen Unterschiede vor sozialen Erfahrungen existierten oder aufgrund dieser Erfahrungen ausgebildet wurden. Zu diskutieren ist zudem, ob hormonelle Einflüsse auf die Entwicklung als umweltbedingt oder als »rein« biologisch gedeutet werden sollen. Schließlich reagiert der Körper auf Erfahrungen und Umwelteinflüsse, beispielsweise mit der Ausschüttung von Stresshormonen, und ist nicht einfach umweltunabhängig »vorprogrammiert«. So schlägt die Neuropsychologin Kaiser (2012, S. 134) die Bezeichnung »sex/gender« als zusammenhängenden Begriff vor, um zu verdeutlichen, dass eine strikte Trennung von Sex und Gender nicht sinnvoll ist.

Wenn in der Pädagogischen Psychologie über Lernprozesse innerhalb und außerhalb von Schule und formalen Institutionen des Lernens geforscht wird, sind dabei Menschen mit vielfältigen Hintergründen im Blick, neben Mädchen und Jungen auch Kinder, Jugendliche und Erwachsene aller möglichen Geschlechter.

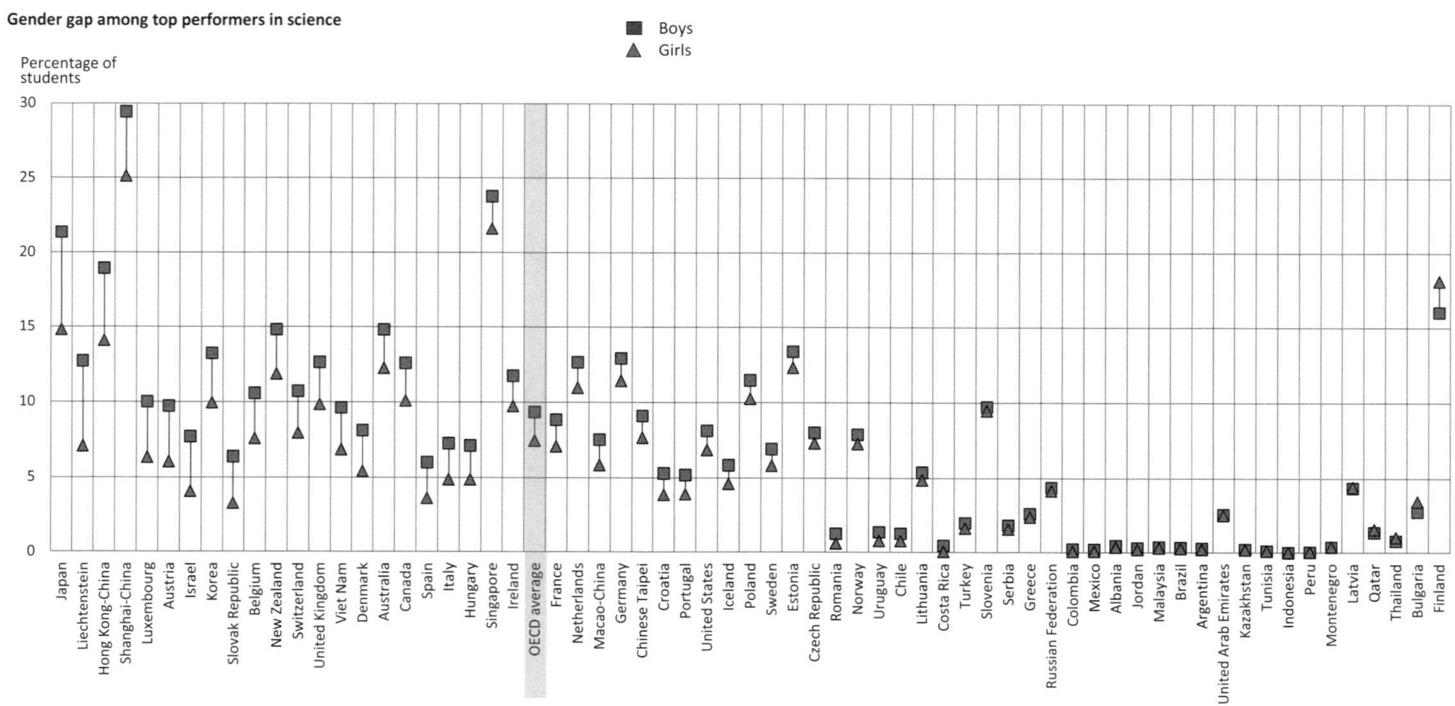

Countries and economies are ranked in descending order of the percentage-point difference between the percentages of boys and girls among top performers in science.
Source: OECD, PISA 2012 Database.

Abbildung 21: Gender Gap in der Spitzenforschung (OECD, http://www.oecd.org/pisa/keyfindings/PISA2012_Gender_Ch3_Fig_ENG.xlsx)

Doing gender

Mit welchen sozialen Geschlechtern sich dabei die Individuen identifizieren und welche Geschlechter ihnen zugeschrieben werden, ist ein sozialer Prozess, der immer wieder neu ausgehandelt wird. Einige poststrukturalistische Genderforscher_innen gehen davon aus, dass das Geschlecht immer nur in dem Moment vorhanden ist, in dem es auch durch Verhalten und Denken konstruiert und inszeniert wird. Judith Butter spricht in diesem Zusammenhang von »doing gender« (Buttler 1991).

Definition

Doing gender steht für soziale Prozesse, in denen Menschen ihre soziale Positionierung und inhaltliche Deutung in Bezug auf das Geschlecht aktiv konstruieren. Dabei knüpfen sie an die in ihrem konkreten sozialen Kontext vorgegebenen Deutungsschemata an und tragen gleichzeitig dazu bei, eben diese Deutungen durch aktive Handlungen zu verändern.

Beispielsweise gelang es erst im Jahr 1990 in Appenzell in der Schweiz das Stimmrecht für Frauen und damit die vollen Bürger_innenrechte für sie durchzusetzen. Nentwich (2009) hat in einer empirischen Studie über Aushandlungsprozesse und politische Aktionen in diesem Zusammenhang aufgezeigt, wie doing gender konkret sowohl geltende geschlechtsbezogene Normen anfragt und gleichzeitig genau an diese Normen anknüpft. Für die Pädagogische Psychologie ist die Gestaltung von Lernmedien ein geeigneter Gegenstand zur Analyse von Prozessen der sozialen Konstruktion von Geschlecht. Moser, Hannover und Becker (2013) schlagen ein Kategoriensystem vor, mit dem die Verfestigung sozialer Ungleichheit bezogen auf das Geschlecht in Schulbüchern aufgedeckt werden kann, beispielsweise durch geschlechterungerechte Sprache oder Abbildungen.

11.2 Hintergründe

Zugang zu Bildung

Ein Blick in die Geschichte macht deutlich, dass die soziale Konstruktion von Geschlecht auch Einfluss auf den Zugang zu Bildung in vielen Gesellschaften hatte und hat. Aber nicht nur das soziale Geschlecht ist eine Kategorie nach der Möglichkeiten für Bildung, Lernen und Zugang zu qualifizierter Ausbildung und Berufstätigkeit in vielen Gesellschaften zugeordnet wird. Familien, die über vergleichsweise wenig Geld verfügen, hatten und haben es oft schwerer, (Schul-)Bildung für ihre Kinder zu ermöglichen, als Familien mit einem höheren sozio-ökonomischen Status. Häufig werden Personen aufgrund unterschiedlicher Kategorien mehrfach diskriminiert, z.B.

aufgrund ihres Geschlechts, ihrer sozialen Schicht und ihrer ethnischen Zugehörigkeit. Der Begriff »Intersektionaliät« bietet eine Kategorie, mit der das Zusammenspiel solcher Mechanismen gezielt analysiert werden kann. So zeigte die Juristin Crenshaw (1989) auf, wie sich Rassismus und Sexismus überschneiden und sich als intersektional analysieren lassen.

Bezogen auf Bildungszugänge in Deutschland führt Geißler (2002) aus, dass in vielen Regionen des heutigen Deutschlands erst im 19. Jahrhundert Schulbildung allgemein möglich wurde. Während zunächst nur Jungen aus reichen Familien gezielt Unterricht erhielten, wurde die allgemeine Schulpflicht erst nach und nach eingeführt. Noch bis weit ins 20. Jahrhundert war mit dem Abitur der höchste Schulabschluss nur drei Prozent eines Geburtenjahrgangs zugänglich. Im Jahr 2014 dagegen betrug die Quote in Deutschland 42 Prozent (Bildungsbericht: http://www.bildungsbericht.de/daten2014/d_web2014.pdf). Auch unter Berücksichtigung eines doppelten Abiturjahrgangs in einigen Bundesländern ist die Steigerung enorm.

Verteilung von Erwerbsarbeit und Reproduktionsarbeit unter den Geschlechtern

Auch wenn die Quote von jungen »Frauen« mit Abitur im Vergleich zu früher gestiegen ist, bedeutet dies noch nicht, dass Berufschancen, Einkommensmöglichkeiten und die Vereinbarkeit von Familie und Beruf auf die Geschlechter ausgeglichen verteilt sind. Becker-Schmidt und Knapp (1987) wiesen auf gesellschaftliche Bedingungen hin, die soziales Lernen und Biographien beeinflussen. Sie beschrieben, dass widersprüchliche Erwartungen im Berufsleben und in der Familienarbeit eine hohe Ambivalenztoleranz abverlangen. Dies insbesondere bei »Frauen«, die oft die Reproduktionsarbeit in den Familien übernehmen oder übertragen bekommen und die gleichzeitig seltener Karriere machen (Becker-Schmidt/Knapp 1987, S. 43).

> Nicht nur Schulbesuch und Karrierechancen werden als Frage von Gendergerechtigkeit diskutiert, sondern die Vereinbarkeit von Familie und Beruf insgesamt für Väter, Mütter und pflegende Angehörige.

In Deutschland wurden einige politische Maßnahmen zu dieser Vereinbarkeit getroffen: Durch die Einführung von zwei Partnermonaten beim Elterngeld sollen Väter gezielt für eine Auszeit von der Berufstätigkeit zugunsten der Betreuung ihrer Kinder ermutigt werden (Bundeselterngeld- und Elternzeitgesetz vom 5. Dezember 2006, BGBl. I S. 2748). Ostner/Schumann (2011) deuten die Rechtsgeschichte in Deutschland so, dass sie häufig hinter der gelebten Vielfalt von Familienformen zurückbleibt und plädieren dafür, Gesetze so zu gestalten, dass auch Lebensformen jenseits des Ernährermodells und der heterosexuellen Ehe als Familien rechtlich anerkannt werden können. Das »Ernährermodell« steht hier für die Verteilung von Familienarbeit in der Form, dass eine Ehefrau sich unbezahlt um Reproduktionsarbeit, Haushaltsführung und die Betreuung von Kindern und Pflegebedürftigen kümmert und dafür von einem Ehemann, der bezahlter Berufstätigkeit nachgeht und sich nicht an der Reproduktionsarbeit beteiligt, mitfinanziert, also ernährt wird. Gelebte Gendervielfalt in der Gesellschaft zeigt sich jedoch in vielfältigen Familienformen, in denen Menschen unterschiedlicher Geschlechter mit Kindern zusammenleben. Aus traditionellen Kernfamilien beispielsweise entsteht durch das Coming-out eines Transgender-Elternteils eine geänderte Familienform. Auch gewinnen Regenbogenfamilien durch eine zunehmende rechtliche, politische und öffentliche Beachtung von Partnerschaften von Homosexuellen in der Gesellschaft an Akzeptanz (Jansen et al. 2014). Eine Gleichstellung von Ehe und eingetragener Lebenspartnerschaft ist momentan in Deutschland noch nicht umgesetzt, gilt aber mittlerweile als möglich: Seit 2015 steht in Irland der Eheschließung von Homosexuellen durch einen Volksentscheid nichts mehr im Wege. Relevant für die pädagogische Psychologie sind die öffentliche Anerkennung der Vielfalt von Gendermodellen und Familienformen und der Verteilung von Erwerbsarbeit und Familienarbeit, weil Lebensformen und Berufsbiographien miteinander verknüpft sind. Soziale Anerkennung von heterogenen Modellen des sozialen Zusammenlebens beeinflussen Lernprozesse, Lernmotivation und soziale Anerkennung von Berufswegen bei Schüler_innen. Vervecken und Hannover (2015) zeigten in einer Studie mit Kindern, dass die Verwendung von weiblichen und männlichen Berufsbezeichnungen (z. B. Ingenieurinnen und Ingenieure) im Vergleich zur ausschließlich männlichen Ausdrucksweise bereits ausreicht, um das Selbstvertrauen von Kindern in Bezug auf eine mögliche Berufswahl zu erhöhen. Gelebte und sozial anerkannte Vielfalt beeinflusst das Lernen und die Selbststeuerung von Lerner_innen nachhaltig. Nentwich (2003) hat in diesem Zusammenhang genderbezogene Konstruktionsprozesse genauer untersucht.

Bei der Analyse der Bedeutung von gelebter Arbeitsteilung in Bezug auf berufliche Tätigkeiten und Reproduktionsarbeit in Familien erscheint es zudem wichtig, nicht nur die sozialen Rahmenbedingungen für das Eingehen von Ehe und Lebenspartnerschaften in den Blick zu nehmen, sondern auch die Frage von Trennung und Scheidung. Denn politisch erzielte Fortschritte der Gendergerechtigkeit und Anerkennung von Heterogenität in Lebensformen beziehen sich oft nicht auf die Situation von Kindern und deren getrennten Eltern. In Deutschland orientiert sich die gängige Rechtsprechung in Bezug auf Familien in Trennung und Scheidung am oben genannten Ernährermodell. Unabhängig von der gelebten Arbeitsteilung zwischen Partner_innen bei Kinderbetreuung und Erwerbsarbeit gilt für Jugendämter und Familiengerichte der Standard, dass getrennte Väter ihre Kinder mit Geld versorgen und getrennte Mütter mit ihren Kindern zusammenwohnen. So fasst Sünderhauf (2014, 2013) die Rechtssituation folgendermaßen zusammen: »Die gesetzliche Regelung in der Auslegung der überwiegenden Rechtsprechung schreibt das überkommene Modell der überwiegenden Betreuung des Kindes durch die Mutter […] – auch nach Trennung der Eltern – fest« (Sünderhauf 2014, S. 470). Ein Bedarf für die rechtliche und soziale Unterstützung von gendergerechten Lebensformen als sozialer Kontext für das Lernen und die Berufsvorbereitung von Heranwachsenden und von Menschen in Übergangssituationen wie einer Trennung besteht also weiterhin.

Gender in der psychologischen Forschung

In der Psychologie wird die Frage nach Gender aus unterschiedlichen Perspektiven betrachtet. So unterscheiden Shields und Dicicco (2011) drei Kategorien von Fragestellungen:

- Aus persönlichkeitspsychologischer Perspektive kann gefragt werden, ob es geschlechtstypische Persönlichkeiten gibt. Unter dem Stichwort Gleichheits- oder Differenzdebatte wird in diesem Zusammenhang gefragt, ob beispielsweise in der Frauenbewegung für *gleiche* Rechte für alle gekämpft werden soll, oder ob es nicht besser wäre, die jeweiligen Besonderheiten oder *Differenzen* der Geschlechter zu betonen und in der Folge von der Politik das Eingehen auf differente Bedürfnisse zu fordern. Aus Sicht der Differenzposition stehen dann nicht gleiche Rechte für alle im Vordergrund, sondern differente Forderungen, die auf die jeweiligen Gruppen zugeschnitten sind. Wenn »Frauen« für Kinderbetreuung besonders geeignet sind oder wenn »Frauen« aufgrund von sozialer Diskriminierung in Hausfrauenpositionen gedrängt werden oder aufgrund von sozialen Konventionen Familienarbeit übernehmen, dann macht es Sinn, sich für eine bessere Vereinbarkeit von Familie und Beruf für »Frauen« einzusetzen. Denn so können sie dieser besonderen Aufgabe besser Rechnung tragen.
- Es kann untersucht werden, ob es geschlechtsspezifische *Unterschiede* zwischen den Geschlechtern gibt. Hierbei kommt insbesondere der oben bereits diskutierte Ansatz zur Unterscheidung zwischen biologischem und sozialem Geschlecht zum Tragen.
- Aus sozialpsychologischer Perspektive können *gesellschaftliche* Erwartungen und Geschlechtsrollen erforscht werden, samt deren Auswirkungen auf die psychologische Entwicklung von Menschen. Auch soziale Beziehungen zwischen Gruppen werden in diesem Zusammenhang untersucht.

In vielen empirischen Forschungsprojekten wird u.a. das Geschlecht der Teilnehmenden mit abgefragt. Hierbei wird in der Regel ausschließlich zwischen »weiblich« und »männlich« unterschieden. Auf der Basis von so erhobenen Daten werden Analysen zu Geschlechterunterschieden vorgenommen (z.B. Maccoby/Jacklin 1974; Maccoby 1988). Oft wird solchen Studien Essentialismus vorgeworfen. Denn wenn erstens nur zwei Geschlechter als Antwortmöglichkeit zugelassen werden und zweitens aufgrund der Zuordnung zu diesen beiden Kategorien Kausalaussagen gemacht werden, dann können Forschungsarbeiten so verstanden werden, dass weibliche und männliche Personen in ihrer Essenz, also ihrem »Wesen« nach unterschiedlich und diese Unterschiede die Ursache von beobachtbaren Unterschieden seien, beispielsweise in der Kognition, Emotion oder im Verhalten. Soziale Konstruktionen von Geschlecht würden dann nicht stattfinden. Quaiser-Pohl (2011) hat sich kritisch mit solchen Forschungsansätzen auseinandergesetzt.

Daneben gibt es Theorien und Forschungsarbeiten in der Psychologie, die Geschlecht als soziale Zuschreibung betrachten (s. o. Diskussion um Sex und Gender sowie doing gender). Aber selbst wenn Wissenschaftler_innen davon ausgehen, dass das Geschlecht kein Kern von Menschen ist, der biologisch festgelegt und unveränderbar ist, gibt es unterschiedliche Ansätze dazu, was genau mit sozialem Geschlecht oder sozialer Konstruktion gemeint ist.

Eine wichtige Frage für das Verständnis von sozialer Konstruktion ist es, nachzuforschen, wer die Konstruktion vornimmt und wie sie vorgenommen wird. So beschrieb Scheu (1977) u. a. eindrücklich ihre Wahrnehmungen darüber, wie Weiblichkeitserwartungen im Alltag von Babies und Kleinkinder den Alltag bestimmen. Die Diskussion um diskriminierende Rollenerwartungen und patriarchalische Gesellschaftsstrukturen bereicherte Thürmer-Rohr (2008) durch die Infragestellung eines vereinfachten Opfer-Täter-Diskurses, der historisch gewachsene Kulturen und Politiken von Diskriminierung, Entmündigung und Gewalt so interpretiert, als würden »Frauen« quasi qua Geschlecht grundsätzlich aus einer Opferposition agieren. Neuere Trends in der Geschlechterforschung verweisen heute auf das Zusammenspiel unterschiedlicher Diskriminierungsstrukturen und analysieren mit dem Konstrukt »Intersektionaliät« soziale Einflüsse und Ungleichbehandlungen von Rassismus, Klassismus, Sexismus, Heterosexismus, Ethnozentrismus und andere Formen der Unterdrückung (z. B. Riegel 2013, s. auch Kap. 6). Logel et al. (2012) untersuchten die Frage nach dem Zusammentreffen von Rassismus und Sexismus mithilfe des Konstrukts »stereotype threat« und zeigen auf, dass je nach Kontext und sozialer Identifizierung der Personen und Gruppen Unterschiede zu beobachten sind.

Auch wenn in vielen psychologischen Studien nicht über doing gender und Intersektionalität geforscht wird, ist Geschlecht häufig ein Thema. So wird unter dem Konstrukt »Geschlechtskonstanz« angenommen, dass das Denkschema, das eigene Geschlecht sowie das Geschlecht anderer sei unveränderbar, ein wichtiger Entwicklungsschritt von heranwachsenden Kindern sei. Lohaus, Vierhaus und Maas (2010, S. 186) beispielsweise geben Entwicklungsstadien mit Altersangaben an, die Kinder durchlaufen sollen: Unter Bezug auf Kohlberg und Bischof-Köhler nennen sie drei Stadien einer »Geschlechtskonstanz« samt Altersangaben, wann Kinder diese durchschnittlich erreichen: Geschlechtsidentität (3;11 Jahre), Geschlechtsstabilität (4;5 Jahre) und Geschlechtskonstanz (4;7 Jahre). Hierbei geben sie bei den Altersangaben jeweils auch Konfidenzintervalle an. Solche Theorien bergen die Gefahr, die Annahme einer unveränderlichen Geschlechtszugehörigkeit und die Annahme einer Heteronormativität und Zweigeschlechtlichkeit zu verfestigen. Menschen mit einer Genderidentität, die diesem vereinfachten Schema nicht entsprechen, werden nicht wahrgenommen oder noch schlimmer, aktiv ausgegrenzt (s. o. Kasten »Geschlechtervielfalt«). Eine soziale Konstruktion von einer großen Bandbreite von Erscheinungsformen, die beim doing gender inszeniert werden, kommt nicht vor.

Die Frage danach, wie doing gender empirisch untersucht werden kann, ist in der quantitativ orientierten Psychologie bisher nicht häufig gestellt worden. Qualitative Datenerhebungen, wie die oben erwähnte Studie über das Erkämpfen des Wahlrechts für Frauen in Appenzell sind häufiger (Nentwich 2009). Eine experimentelle psychologische Studie über soziale Prozesse der Tradierung von Geschlechtsstereotypen legte Kashima (2000) vor. Er ging der Frage nach, ob Menschen innerhalb von Gesellschaften Informationen besser erinnern, wenn diese von Stereotypen abweichen oder den Stereotypen entsprechen. In Anlehnung an Bartlett (1932) ließ er Versuchspersonen eine fiktive Geschichte nacherzählen, in denen Aussagen enthalten waren, die sowohl stereotypkonform in Bezug auf Gender waren, als auch Aussagen enthielten, die Genderstereotypen widersprachen. Anschließend legte er die Nacherzählungen weiteren Versuchspersonen vor, mit der gleichen Aufgabe, diese Geschichte zusammenzufassen. Diesen Vorgang wiederholte Kashima, bis die Erzählung fünf Mal wiedergegeben wurde. In der Auswertung verglich er die Anzahl der stereotypkonformen und sterotypwidersprechenden Aussagen, die in den veränderten Erzählungen noch enthalten waren:

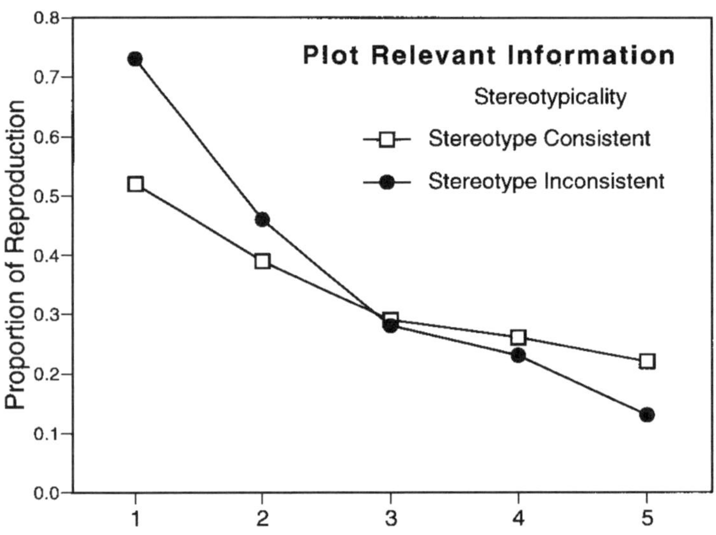

Abbildung 22: Stereotypenkonforme und -widersprechende Aussagen (aus: Kashima 2000, S. 599). Befund: Gegen Ende der »Kette« wurden etwas mehr stereotypkonsistente Informationen zum roten Faden der Erzählung weitergegeben.

Gegen Ende der Erzählkette wurden mehr stereotypkonforme als sterotypwidersprechende Aussagen wiedergegeben. Diese Daten interpretiert Kashima (2000) dahingehend, dass gegen Ende der Kette konforme Stereotypen besser behalten wurden und sah damit die Theorie bestätigt, die annimmt, dass in Gesellschaften stereotypes Verhalten besser erinnert werde, als Verhalten, dass typischen Gendervorstellungen widerspricht.

11.3 Perspektiven

Die Reflexion von Gender in der Pädagogischen Psychologie ist aus mehreren Gründen sinnvoll: Zum einen gilt es, zu verstehen, dass Geschlecht nicht einfach eine absolut festgelegte »natürliche« Kategorie ist, die unumstößlich am »Wesen« eines Menschen haftet. Im Gegenteil: Wie viele Geschlechter in einer sozialen Gruppe wahrgenommen und ausgelebt werden, ist eine Frage der sozialen Konstruktion. Menschen verhalten sich entsprechend sozial vereinbarter Geschlechter. Hierbei sind sie zum einen von Geschlechtsrollenerwartungen und Geschlechtsnormen beeinflusst, die nicht immer frei von Diskriminierungen sind. In einer langen Geschichte vieler Gesellschaften haben sich beispielsweise »Frauen« erst mühsam Rechte erkämpfen müssen. Mit dem Begriff Gender werden Unterschiede und Gemeinsamkeiten der Geschlechter benannt. Früher wurde in vielen Gesellschaften lediglich zwischen »weiblich« und »männlich« unterschieden. Innerhalb dieser Unterscheidung gibt es eine Differenzierung zwischen biologischem Geschlecht und sozialem Geschlecht. Während der Begriff des biologischen Geschlechts äußerlich sichtbare biologische Merkmale einbezieht, richtet sich das Konzept von sozialem Geschlecht auf die jeweiligen Erwartungen, die in der Gesellschaft auf die entsprechenden Personen einwirken. Das soziale Geschlecht bezeichnet damit eine intersubjektiv ausgehandelte soziale Konstruktion. Beispielsweise erleben Kinder und Jugendliche in vielen Gesellschaften, die Erwartung, dass sie in Mathematik und Naturwissenschaften schlecht sind, wenn sie als weiblich identifiziert werden. Viele glauben dieser Erwartung und strengen sich deshalb im Mathematik- und naturwissenschaftlichen Unterricht weniger an. Durch geringere Leistung bestätigen sie die Erwartung, dass »Mädchen« in Mathematik nicht so gut zu sein brauchen. Darüber hinaus wird heute berücksichtigt, dass die Zweigeschlechtlichkeit, also die Unterscheidung nur zwischen weiblich und männlich, ebenfalls eine soziale Konstruktion ist. Andere Geschlechter, die sich nicht im Modell der Zweigeschlechtlichkeit wiederfinden, werden hierbei systematisch ausgeschlossen. In der psychologischen Forschung wird Geschlecht nicht als eine »angeborene« Kategorie gesehen, die unveränderlich zum »Wesen« einer Person gehört, vielmehr kann Geschlecht als ein sozial konstruiertes Identitätsmerkmal verstanden werden, das im alltäglichen Handeln immer wieder neu bestätigt oder verfestigt wird, so beispielsweise in der Gestaltung von Familienzusammensetzung und der Verteilung von Erwerbsarbeit und Reproduktionsarbeit.

Einige Eckpunkte lassen sich als Konsequenzen der aktuellen Genderforschung für die Pädagogische Psychologie festmachen: Zum einen erweist sich die noch sehr häufig verbreitete Annahme der Zweigeschlechtlichkeit als überdenkenswert. Statt davon auszugehen, dass Menschen ausschließlich »weiblich« oder ausschließlich »männlich« sind, sollte grundsätzlich mehr Freiheit für die jeweils eigene Ausgestaltung der geschlechtlichen Identität eingeräumt werden. Das Konzept von doing gender ist hilfreich für das Verständnis von Prozessen, in denen Menschen ihre Genderzugehörigkeit immer wieder durch ihr Handeln, Denken, Fühlen gestalten und erschaffen. Insbesondere die Art und Weise, wie sie soziale Beziehungen leben, hat Auswirkungen auf die individuelle Geschlechtsidentität und sozial konstruierte Erwartungen, Diskriminierungen und die Vergabe von Privilegien. Geschlecht kann also nicht als Konstante angesehen werden. Gleichzeitig erscheint es als wichtig, das Zusammenspiel unterschiedlicher gesellschaftlicher Diskriminierungsformen im Blick zu halten, die Heterogenität innerhalb von sozialen Gruppen anzuerkennen und die Verknüpfungen und Verstrickungen unterschiedlicher Formen von sozialer Ungleichheit in den Blick zu nehmen (vgl. Kap. 6). Auch in sozialen Gruppen von Menschen, die sich mit einem Geschlecht identifizieren, besteht eine große Heterogenität.

Teil IV: Ausblick

12 Bildung und Selbstbildung

Pädagogische Psychologie beschäftigt sich mit allen Fragen des Lehrens und Lernens. Wir haben aufgezeigt, inwieweit Pädagogische Psychologie Antworten auf sehr schwierige Fragen im Umfeld von Lehren und Lernen geben kann. Für diejenigen, die sich auf eine Tätigkeit in den unterschiedlichen pädagogischen Arbeitsfeldern vorbereiten, ist die Vielfalt von Themen, Theorien und Methoden oft verwirrend. Und jene, die bereits berufstätig sind, stehen oft in der Komplexität des Alltags mit seinen vielfältigen Herausforderungen. Aber wie lässt sich das vielfältige Wissen ordnen und für die Praxis nutzen? Im Folgenden möchten wir aufzeigen, wie sich Theorien, Befunde und Erfahrungswissen über ein Modell ordnen lassen und so der Transfer von Theorie und Praxis gelingen kann. Damit verbindet sich die Erwartung, dass pädagogisch-psychologische Praxis immer auch die Arbeit an sich selbst verlangt, verbunden mit der Aufgabe, auf sich selbst zu achten und Verantwortung nicht nur für die Entwicklung der anderen, sondern auch für das eigene Wohlbefinden zu übernehmen.

12.1 Vom Umgang mit Komplexität

Mit Jürgen Mittelstraß (1989) können wir annehmen, dass Bildung uns hilft, Verbindungen zu schaffen, zwischen dem, was wir wissen und dem was wir wollen. Wer gebildet ist, kann sein Handeln zwischen Wissen und Wollen ausrichten. Selbst in schwierigen Situationen findet er bzw. sie gute Lösungen. Um solche Lösungen zu finden, ist Wissen sicher wichtig. Aber bei Bildung geht es wohl um mehr, als nur um Wissensinhalte. Wobei dieses »Mehr« schwer zu fassen ist (Steinebach 2006).

Herausforderungen: Pädagogisches Handeln steht vor vielfältigen Herausforderungen: Schülergewalt, Cliquenbildung, Mobbing, Ausgrenzung nach Migration, Alkohol- und Tabakkonsum, Gesundheitsprobleme, Magersucht, selbstverletzendes Verhalten, problematische Lebenssituationen, Problemklassen, übermäßiger Medienkonsum, häusliche Gewalt, Gewalt beim Fußball und Straßengewalt, sexueller Missbrauch und vieles mehr. In ihrer Entwicklung erleben Kinder, Jugendliche und Erwachsene Krisen und kritische Lebensereignisse und drohen oft genug an Entwicklungsaufgaben zu scheitern. Und selbst wenn wir nicht direkt betroffen sind, können sich Ereignisse auf den pädagogischen Alltag auswirken. Berichte über Shootings, Terroranschläge, militärische Auseinandersetzungen und Staatspleiten schaffen allenfalls Unsicherheit und erschweren so eine gelungene Bewältigung des Alltags. Gleichzeitig stehen wir in einem Wandel, indem sich Technologien und Wissen grundlegend und schnell weiterentwickeln. Es ist nicht unbedingt geschickt, im letzten Kapitel eines psychologischen Lehrbuchs die Frage zu stellen, ob die Psychologie oder genauer noch die Pädagogische Psychologie eine Hilfe sein kann, um unsere Welt besser zu verstehen, Problemlösungen zu entwerfen und unsere Lebenswelten etwas besser zu machen. Die Antwort auf diese Frage fällt unterschiedlich aus, abhängig von erkenntnistheoretischen Annahmen, anthropologischen Überzeugungen und wissenschaftstheoretischen Positionen. Was kann Pädagogische Psychologie beitragen, um die Herausforderungen des Lebens besser zu meistern?

Theorie als Hilfe: Um Pädagogische Psychologie besser nutzen zu können, müssen wir nach den grundlegenden gesicherten Erkenntnissen fragen: Wie können wir pädagogisch-psychologisches Wissen so aufbereiten, dass es eine Hilfe für den Alltag mit all seinen sehr unterschiedlichen Problemen darstellt? Eine Frage, die sich für alle Wissenschaften stellt. So hat E. O. Wilson (1998) mit seinem Konzept der »consilience« die Forderung verbunden, die Wissensfelder auf einfache und klare, aber auch aussagekräftige Wahrheiten zu reduzieren, wenn eben diese Wissensinhalte aus verschiedenen fachwissenschaftlichen Perspektiven heraus bestätigt werden. So haben wir in diesem Buch versucht jene Theorien und Forschungsbefunde vorzustellen, die aus verschiedenen Perspektiven heraus bestätigt wurden. Und dennoch sind es vielfältige Befunde, die in ihrer Summe oft unübersichtlich nebeneinanderstehen. Die Angewandte Psychologie lebt von einer Verbindung von Theorie und Praxis. Abzugrenzen davon ist einerseits die Theoretische Psychologie, in der die Praxis selbst eine sehr geringe Rolle spielt. Andererseits ist die Angewandte Psychologie von der praktischen Psychologie zu unterscheiden, die als Pragmatik ohne Theoriebezug verstanden wird. Angewandte Psychologie lässt sich als angewandte Wissenschaft, als Profession oder als analytische Perspektive verstehen. In diesem Sinn ist die Pädagogische Psychologie ein Teilgebiet der Angewandten Psychologie.

Bereits 1972 machte Jan Smedslund deutlich, dass sich Psychologie im professionellen Handeln von Psychologinnen und Psychologen spiegelt. Das Wechselspiel von Theorie und Praxis kann überall stattfinden mit und durch jeden. Psychologie ist reflexiv und deshalb kann auch die Psychologie selbst der psychologischen Forschung und Reflexion unterworfen werden. Alles in allem kann sich psychologische Theorie Wirklichkeiten schaffen, die diese psychologischen Theorien verifizieren sollen. Von daher ist also – so wäre zu ergänzen – Vorsicht geboten (Smedslund 1972).

Angewandte Psychologie als hypothesengeleitete Praxis: Als Angewandte Psychologie ist die Pädagogische Psychologie handlungsorientiert, sie fordert Veränderung. Ihr Nutzen zeigt sich in den Erkenntnissen und Erfolgen, die über Forschung und Evaluation nachgewiesen werden. Pädagogisch-psychologisches Handeln übersetzt grundlegende Theorien in alltägliche Erfahrungen. Wie können wir uns diesen Übersetzungsprozess denken? Es ist wohl am einfachsten, wenn wir uns den pädagogisch-psychologischen Alltag als hypothesengeleitet vorstellen. Dabei sehen wir Hypothesen als Grundlagen beruflichen Handelns. Hypothesen werden unter Bezugnahme auf Theorien formuliert. Sie geben Antworten auf unterschiedliche Fragen: Welche

Vergleiche zu ähnlichen Problemen sind zulässig? Welches sind wichtige frühere oder aktuelle Bedingungen, die dazu beigetragen haben, dass die Probleme entstanden sind, oder die aktuell dazu beitragen, dass die infrage stehenden Probleme bestehen bleiben? Wie lassen sich die gegebenen Bedingungen verändern? Verfüge ich über die notwendigen Kompetenzen? Oder kurz: Kann ich das und darf ich das? Ist das z.B. Teil meines Arbeitsauftrags? Welche Vorgehensweisen entsprechen meinem berufsethischen Kodex? In diesem Sinne unterscheiden wir Vergleichshypothesen, Bedingungshypothesen, Änderungshypothesen, Kompetenzhypothesen und Werthypothesen (vgl. Kaminski 1970; Steinebach 1988).

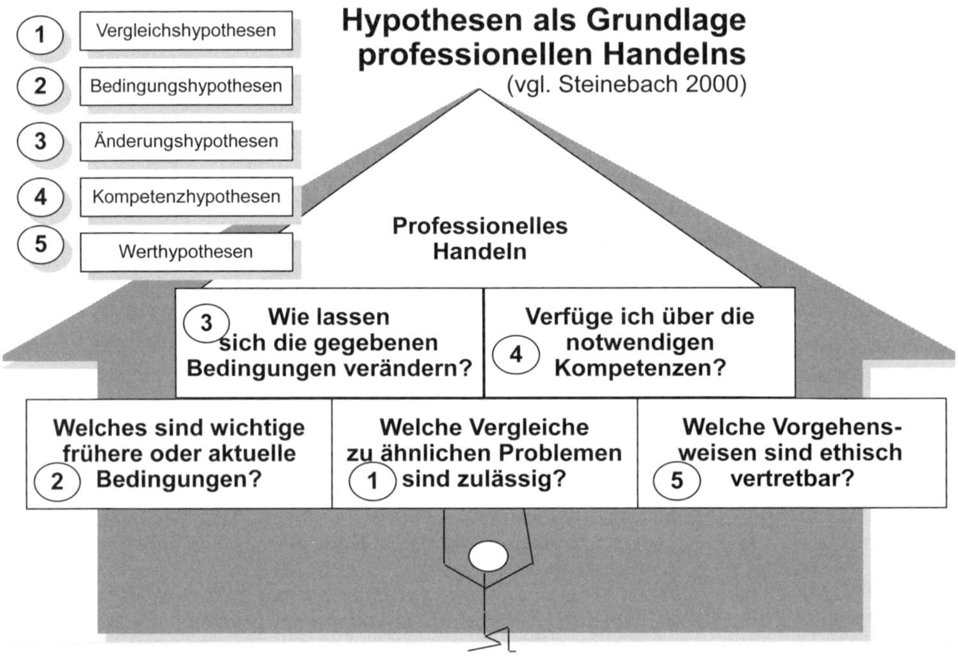

Abbildung 23: Hypothesen

Nun würde es uns sicher alle überfordern, wenn wir im Alltag für jede Situation entsprechende Hypothesen ausformulieren würden. Zum Glück brauchen wir die ausführliche Reflexion solcher Hypothesen nur in der Phase der Planung und Evaluation, oder wenn wir in der Gefahr sind, an unsere Grenzen zu stoßen. In solchen Situationen sind uns dann aber auch andere Fachleute eine Hilfe. Sie helfen uns, gute Hypothesen zu formulieren, dies als Expertinnen und Experten, als Kolleginnen und Kollegen in der Supervision oder in der kollegialen Beratung. Schwierige pädagogische Situationen verlangen ein Bedingungsmodell, das als Arbeitsmodell die Richtung pädagogischen Handelns vorgibt. Basis für die Hypothesen im Modell sind einerseits wissenschaftliche Theorien und Befunde, andererseits aber auch persönliche Erfahrungen. Wissenschaftliche Evidenzbasierung und Berufs- bzw. Lebenserfahrung ergänzen sich hier. Ideal ist es natürlich, wenn wir ein solches Arbeitsmodell gemeinsam mit unseren Klientinnen und Klienten entwerfen können. Dieses Modell ist dann Grundlage für die gemeinsame Planung des Vorgehens und die Bewertung der Erfolge. Am Ende geht es nicht nur darum, zu entscheiden, ob die gesteckten Ziele erreicht wurden. Es geht auch darum, festzuhalten, was aus alldem für die Zukunft gelernt werden kann. Im besten Falle verändert sich also nicht nur das Verhalten der Klientinnen und Klienten. Im besten Falle lernen auch die Profis etwas dazu. In dem Maße, indem dies bewusst und reflektiert geschieht, verstehen wir berufliche Praxis als Bildung und Selbstbildungsprozess.

12.2 Lernen und Bildung als selbstgestalteter Prozess

Professionelles Handeln und Selbstentwicklung: Berufliches Handeln im Umfeld von Lehren und Lernen steht also vor immer neuen Herausforderungen. Da ist es natürlich naheliegend, nicht nur das Lernen der Schülerinnen und Schüler als Selbstlernprozess zu verstehen, sondern auch die Verantwortung für die Verbesserung des eigenen beruflichen Handelns den Fachkräften selbst in die Hand zu geben. Auch hier verlangt selbstgesteuertes Lernen Wissen, aber auch Kompetenzen der Kooperation und Kommunikation. Diese Fähigkeiten betreffen nicht nur kognitive, sondern auch emotionale und motivationale Kompetenzen. Was also bereits früher zur Bedeutung emotionaler Kompetenzen in der Ausbildung von Fach-, Methoden- und Sozialkompetenzen gesagt wurde, gilt in gleicher Weise für das Lernen und die berufliche Entwicklung von Fachkräften (vgl. Kap. 1). Es geht nicht nur darum, mehr deklaratives Wissen anzuhäufen, es geht auch um Selbstwahrnehmung und Selbstwirksamkeit, um praktische und emotionale Intelligenz, um Selbstkontrolle und Sinnperspektiven im Leben, aber auch um die Bereitschaft, Verantwortung für andere zu übernehmen und einen Beitrag zu einer Kultur gegenseitiger Unterstützung zu leisten. Auch Fachkräfte sollten ihr Handeln als effektiv erleben, sollten ihren Alltag reflektieren und positiv bewerten können, sollten mit ihren Gefühlen klar kommen und in ihrem Leben einen Sinn sehen, sollte ihre eigenen Ziele und Wünsche immer wieder kritisch reflektieren und bei Bedarf den gegebenen Bedingungen anpassen. Und schließlich sollen auch Fachkräfte Beziehungen pflegen, die sie unterstützen und ihnen bei Bedarf Hilfe geben.

Lebenswelt und Bildungslandschaft: Die Lebenswelt verstehen wir als die Welt, die wir individuell erleben. Sie stellt die Wirklichkeit dar, in der jeder handelt und sich mit den anderen austauscht. Aus konstruktivistischer Sicht ist unsere Lebenswelt die Basis für unser Weltverständnis. Eine Bildungslandschaft bildet die unterschiedlichen Angebote ab, die unser Lernen fördern. Hier finden wir formelle und institutionelle Angebote, aber auch informelle Lernorte. Die Passung zwischen Lebenswelt und Bildungslandschaft fördert in besonderer Weise unser Lernen und unsere Entwicklung. Von daher ist es eine entscheidende Frage, wie es in der beruflichen Praxis um Fort- und Weiterbildung oder Supervision steht. Und um Angebote der betrieblichen Gesundheitsförderung in den Einrichtungen, in denen die Fachkräfte tätig sind.

12.3 Erziehungs- und Entwicklungsziele

Pädagogische Psychologie hilft uns, passende Hypothesen als Grundlage für professionelles Handeln zu formulieren. Wenn wir den Erziehungs- und Bildungsprozess entsprechend reflektieren, bietet sich die Möglichkeit, dass unser eigenes Wissen wächst und wir Schritt für Schritt kompetenter werden. Die Frage ist, was wir mit alldem erreichen möchten. Geht es nur darum, das Wissen besser vermittelt werden kann? Und wenn es z. B. gilt, Kompetenzen zu vermitteln, wozu sollen diese Kompetenzen dann nützlich sein? Wohin soll die Reise gehen?

Antworten auf diese Frage können unterschiedlich ausfallen. Versteht man Psychologie als empirische Wissenschaft, in der strikt zwischen Seins-Sätzen und Soll-Sätzen unterschieden wird, wird man bei der Diskussion von Werten und Zielen sehr vorsichtig sein. Empirisch können wir fassen, was ist, aber nicht was sein soll (Bem/De Jong 2013). Von daher muss eine empirische Wissenschaft die Bestimmung der Ziele anderen überlassen. Allerdings können wir Erkenntnisse dazu liefern, wann und unter welchen Bedingungen Ziele erreicht werden können, oder welche Zwischenziele hilfreich sind, um grundlegendere Ziele zu erreichen. Von daher scheint es naheliegend zu bestimmen, was gebraucht wird, damit ein Mensch selbst seine Ziele bestimmen kann und was er benötigt, um diese Ziele im Leben erfolgreich zu verfolgen. Eine Möglichkeit, notwendige Bedingungen und Kompetenzen klarer zu fassen, bietet die kybernetische Theorie adaptiv selbstoptimierender Systeme. Ein Modell aus dieser Theoriegruppe werden wir später vorstellen. Eine andere Möglichkeit ist, sich an Zielen und Werten zu orientieren, die als universell gelten. Hier wäre an Menschenrechte und Menschenwürde, an die Erfüllung allgemeiner Grundbedürfnisse, an Gesundheit oder die Förderung von Resilienz zu denken. In all diesen Ansätzen spielt die freie Selbstbestimmung des Menschen eine besondere Rolle. Erziehung und Bildung haben die Aufgabe, Bedingungen für die Möglichkeit eines selbstbestimmten Lebens, auch in der Auseinandersetzung mit Beeinträchtigungen, Erschwernissen, Krisen oder Erkrankungen zu schaffen. Hier wird dann der Mensch als ein sich entwickelndes System verstanden, das in der Auseinandersetzung mit Herausforderungen das eigene Leben und Überleben sichert, sich aber auch positiv weiterentwickelt, sich neue Kompetenzen angeeignet und neuen Herausforderungen besser gewachsen ist.

12.4 Lebenslanges Lernen als Selbstentwicklung

Bedingungen für Selbstoptimierung: Was sind das für Bedingungen, die eine solchermaßen optimale Entwicklung unterstützen? Es scheint sinnvoll, zunächst verschiedene Elemente zu unterscheiden, die das aktuelle Erleben und Verhalten eines Menschen und damit auch die Entwicklung eines Kindes mit Behinderung, beeinflussen. Daneben ist es wichtig, verschiedene Ebenen zu unterscheiden, auf die pädagogische, psychologische und medizinische Hilfen zielen. Und schließlich wird zu überlegen sein, in welchem Zusammenhang diese Ebenen stehen, welche Faktoren für Stabilität und Wandel im Beziehungsgefüge von Elementen, Ebenen und Umwelt eine Rolle spielen. Probleme und Zielgruppen in Erziehung und Bildung, wie auch bei psychologischen Angeboten allgemein sind sehr heterogen. Die Krankheiten, Störungsbilder, Entwicklungs-, Verhaltensprobleme und problematischen Lebenslagen sind sehr verschieden, auch dann, wenn man sich eigentlich nur mit einem Problem beschäftigt. Um dem Menschen in seiner besonderen Situation gerecht zu werden, müssen neben den Problemen auch die Stärken berücksichtigt werden. Wenn ein Modell hier eine Hilfe sein und all diese Faktoren berücksichtigen soll, muss es recht weit gefasst sein. Wenn es aber zugleich auch übersichtlich sein soll, wird es recht theoretisch und abstrakt. Die Ausgangsfrage ist, was Menschen brauchen, um ihre Entwicklung weitgehend selbstständig zu meistern? Wir wollen die Überlegungen von Brandtstädter (1980) zum Ausgangspunkt für die Konstruktion eines Arbeitsmodells menschlicher Entwicklung nehmen. In ihm unterscheiden wir unterschiedliche Elemente, Ebenen und Bereiche (vgl. Steinebach 2000, 2013; Steinebach et al. 2012).

Tabelle 18: Modellelemente, -ebenen und -bereiche des kybernetischen Entwicklungsmodells (s. Abb. 24, vgl. Steinebach 2013)

Fünf Elemente (1 bis 5)	Vier Ebenen (I bis IV)	Vier Bereiche (A bis D)
- Wahrnehmen (1)	- neurochemisch (I)	- Mikro (A)
- Ausführen (2)	- neuromusculär (II)	- Meso (B)
- Abbilden (3)	- emotional (III)	- Exo (C)
- Motivieren (4)	- kognitiv (IV)	- Makro (D)
- Verarbeiten und Bewerten (5)		

Elemente und Strukturen: Die kybernetische Theorie adaptiv selbstoptimierender Systeme unterscheidet perzeptorische (»1« in Abb. 24) und effektorische Systemglieder (»2«). Ein internes Modell der Außenwelt (»3«), das ein Selbstmodell und ein Umweltmodell beinhaltet, soll interne und externe Prozesse abbilden. Ein kognitiv-semantisches Systemglied (»5«) soll das Eingehende oder intern Ablaufende und nunmehr abgebildete benennen, ein evaluatives Systemglied soll diese und andere Prozesse bewerten. Ein motivdynamisches Systemglied (»4«), das eine organismisch-biogenetische Motivationsbasis, ein Selbstideal und ein Umweltideal umfasst, soll im Systemgeschehen innere und äußere körperliche, intrinsische und extrinsische Motive einbringen. In Verbindung mit dem kognitiv-semantischen und dem evaluativen Systemglied bildet das motivdynamische Systemglied einen Optimalwertkreis bzw. ein adaptives Führungsgrößensystem: Unter geänderten externen oder internen Bedingungen bilden sich neue, aus Sicht des Systems angemessenere Richtwerte (vgl. Brandtstädter 1980).

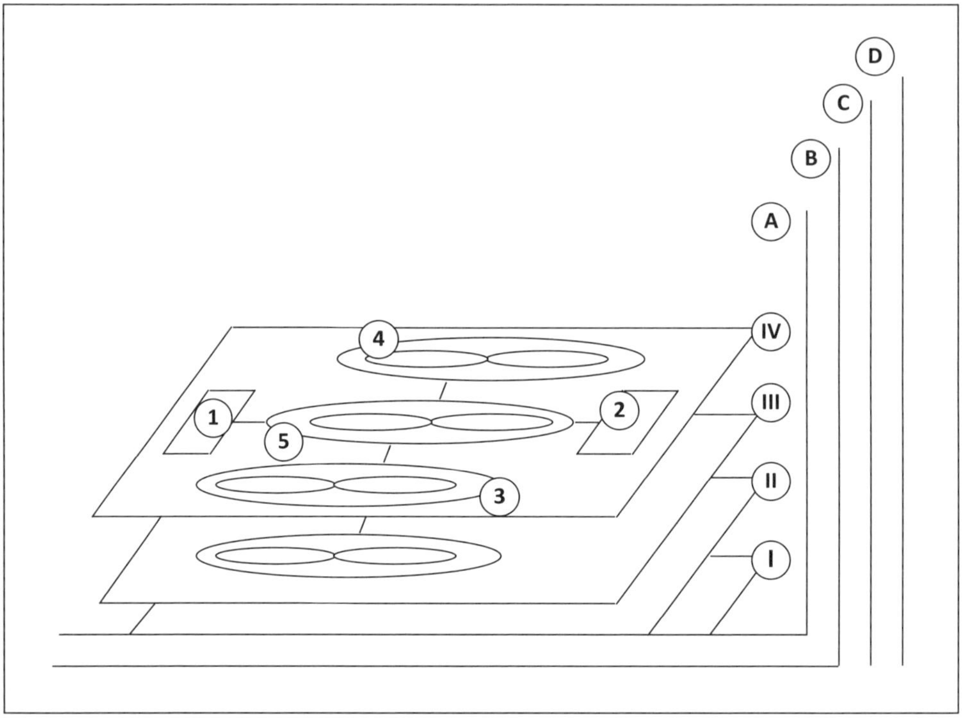

Abbildung 24: Entwicklung und Bildung als systemischer Prozess

Welche Bedeutung haben die genannten Systemelemente für Erziehung, Bildung und Entwicklungsförderung? Die Wahrnehmung ist immer dann Gegenstand, wenn es um eine Sensibilisierung für Auslösereize geht. So müssen z. B. Kinder lernen, problematische Situationen zu erkennen, bevor sie diese alternativ bearbeiten oder auch meiden können. Wahrnehmung bezieht sich aber nicht nur auf äußere Reize, sondern auch auf innere Prozesse. Hier geht es z. B. um das Körperschema bzw. Körperkonzept. Um Eingehendes angemessen verarbeiten zu können, sind Vergleiche wichtig. Dazu bedarf es gespeicherter Erfahrungen, Abbildungen von internen und externen Prozessen. Maßnahmen setzen voraus, dass die eingehenden Informationen nicht nur wahrgenommen, sondern auch benannt und bewertet werden. Eine diffuse Wahrnehmung von Veränderungen ist nicht genug. Sie müssen benannt werden, um dann adäquat reagieren zu können. Sicher ist auch hier die Integration von Wahrnehmungseindrücken einzuordnen. Im Sinne des Modells richtet sich Erziehung und Bildung auch auf die Beeinflussung der Motivdynamik und sucht so bei der Ausbildung »neuer Führungsgrößen« zu helfen. Das kann heißen, dass ein Verzicht auf überzogene Ziele angenommen wird, wo er notwendig ist. Zugleich werden alternative Möglichkeiten der Selbstverwirklichung erarbeitet. Mit Blick auf die genannten Modellelemente lassen sich sehr grundlegende kognitive oder emotionale Prozesse unterscheiden.

Tabelle 19: Leitfragen zur Erstellung eines pädagogisch-psychologischen Arbeitsmodells (vgl. Brandtstädter 1980; Steinebach 1988, 2000, 2006; Steinebach/Steinebach 2013)

Ebeneninterner Prozess	**Beschreibung**	**Leitfragen**	**Prozesse und mögliche Wirkungen**
Bereich und Funktion	**Aufgaben, z. B. …**		
Wahrnehmen (1)	die Umwelt und den eigenen Körper differenzierter wahrnehmen	Werden alle problemrelevanten Aspekte wahrgenommen? Welche Sinneseindrücke entsprechen diesen Wahrnehmungen?	Wahrnehmung der problembezogenen Realität, Wahrnehmung sozialer Prozesse in der Gruppe, Rückkopplungsprozess (1 mit 5), Korrektur verzerrter Wahrnehmung (1 mit 3 und 4) durch Rückmeldungen aus der Gruppe
Verarbeiten (5)			
- Benennen	den Wahrnehmungen angemessene Begriffe zuordnen	Welche Worte werden gewählt, um die Wahrnehmungen zu beschreiben? Wäre eine andere oder eine größere Zahl von Begriffen hilfreich?	Reflexion verleugneter Wahrnehmung (5 mit 1 und 3), Erkennen von Bewertungsschemata und von negativen und positiven Mustern
- Bewerten	die Begriffe in Beziehung setzen, Beurteilungskriterien kennen und ggf. verändern	Mit welchen Konzepten werden die Begriffe in Beziehung gebracht und erklärt?	Bewertung von Ereignissen, Möglichkeiten und Handlungsfolgen (5 mit 3 und 4), Bewertung unter Bezug auf Gruppennormen (4 mit 3 und 5), Bewertung des Handlungsbedarfs (4 mit 5)
Abbilden (3)			
- der Umwelt	zwischen Umwelt und Selbst unterscheiden, Umweltaspekte angemessen spiegeln	Wie genau wird zwischen Umwelt und Selbst, Fremdem und Eigenem unterschieden?	Differenziertheit und Erklärungswert des Umweltmodells (3 mit 5), Widersprüche ohne Wertung abbilden (1 mit 3)

Ebeneninterner Prozess	Beschreibung	Leitfragen	Prozesse und mögliche Wirkungen
Bereich und Funktion	**Aufgaben, z. B. ...**		
- des Selbst	Misserfolge und Erfolge konstruktiv verarbeiten	Wie werden die Unterschiede bewertet? Wie sieht jemand sich selbst, insbes. wenn es um die in Frage stehenden Probleme geht?	Selbstkonzept, Realselbst, Identität, Modifikation des Selbstbildes (3 mit 4 und 5)
Motivieren (4)			
- nach äußeren Werten	Erwartungen der sozialen Umwelt erfragen, Rückmeldungen einfordern	Was weiß jemand über die Erwartungen seiner Umwelt? Wie geht sie/er mit positiven und negativen Rückmeldungen um?	Erwartungen an die soziale Umwelt, Fremdmaßstäbe und mögliche Fremdbewertung kennen und ggf. kritisch hinterfragen (5 mit 4 und 3)
- nach eigenen Werten	dich abgrenzen von fremden Werten und eigene Werte leben	Wie genau wird zwischen eigenen Wünschen, Erwartungen und Standards und jenen der anderen unterschieden?	Selbstwertschätzung ausbauen (4 mit 5), Internalisierte Werthaltungen kennen und ihre Umsetzung im Alltag fördern
Ausüben (2)	wertbezogen Fertigkeiten umsetzen und verbessern	Wie gewissenhaft werden Handlungen entworfen, gegen Alternativen verteidigt und umgesetzt? Wie werden Verlauf und Folgen des eigenen Handelns geprüft?	Zielgerichtete Lösungsversuche (2 mit 4 und 5), Sorge für wertorientiertes Handeln im Alltag (2 mit 3, 4 und 5)

Es stellt sich aber die Frage, ob so bereits die biophysiologischen Bedingungen genügend berücksichtigt sind. Es scheint angemessener, die genannten Modellelemente und -prozesse auf körperlichen, emotionalen und kognitiven Prozessebenen zu suchen. Dieser Frage soll im folgenden Abschnitt nachgegangen werden.

Ebenen und Prozesse: Wenn wir all die genannten körperlichen, emotionalen, kognitiven und sozialen Bedingungen, die für die Bewältigung einer Krise oder Entwicklungsaufgabe wichtig sind, als Elemente eines einzelnen Systems verstehen, werden Probleme und Fehlentwicklungen nur schwer verständlich. Stattdessen scheint es sinnvoller, verschiedene Ebenen zu unterscheiden: Die Ebene der Stoffwechselprozesse (Ebene »I« in Abb. 24), die Ebenen der muskulären Regulation (»II«), die vorbegrifflich-emotionale Ebene (»III«) und die rational-kognitive Ebene (»IV«). In der Tradition der kybernetischen Systemtheorie können wir dann annehmen, dass es sich jeweils um teilautonome Systeme handelt, die zunächst die anfallenden Störungen intern zu regeln suchen. Erst wenn dies nicht gelingt, werden höhere Ebenen »eingeschaltet« und in die Problembewältigung einbezogen. Wir können annehmen, dass diesen Ebenen unterschiedliche Bewusstseinsstufen entsprechen (vgl. Steinebach 1988).

Wie grenzen sich System und Umwelt voneinander ab? Welche Beziehungen bestehen zwischen System und Umwelt? In der kybernetischen Systemtheorie versucht das System bestimmte Ziele zu erreichen, indem es sich mit der Umwelt auseinandersetzt. Diese Auseinandersetzung wird vom System über bestimmte Kontrollwerte oder Führungsgrößen kontrolliert. Das System bewältigt seine Aufgaben, d.h. es adaptiert, indem es auf die Umwelt Einfluss nimmt oder neue Führungsgrößen definiert (Brandtstädter 1980; Kiss 1990). In der Theorie autopoietischer, selbstreferentieller Systeme wird das Verhalten über selektive Umweltkontakte im Rahmen eines innengerichteten systemintern ablaufenden Selbstherstellungsprozesses erklärt (Luhmann 1984, 1987; Kiss 1990). Theoretisch bietet die Erweiterung des Modells von verschiedenen Elementen einer Ebene zu vergleichbaren Elementen unterschiedlicher Ebenen die Möglichkeit, den Entwicklungsoptimismus der kybernetischen Systemtheorie zu relativieren: Wir gehen dann davon aus, dass es bei den Informations- und Aktivationsprozessen zwischen zwei und mehr Ebenen immer zu Verzögerungen, Störungen oder Verzerrungen i.S. von »Missverständnissen« kommt. Zudem ist davon auszugehen, dass Widersprüche zwischen Ebenen zu Konflikten führen. Ein Modell, das diese Ebenen unterscheidet, bietet auch die Möglichkeit, Betrachtungsweisen und Maßnahmen der verschiedenen Berufsgruppen zu systematisieren. So beziehen sich ärztlich-diagnostische Maßnahmen wesentlich auf die Ebene der Stoffwechselprozesse und der muskulär-neuronalen Regulation. Psychologische und pädagogische Interventionen beziehen sich wesentlich auf die emotionale und kognitive Ebene.

Es wäre nun leicht, den genannten Ebenen eine »Umweltebene« beizufügen. Aber damit wäre der Interpretationsbogen von biologischen Prozessen über emotionale und kognitive bis hin zu umweltseitigen Prozessen überspannt. Bei genauer Betrachtung zeigen sich bereits Interpretationsprobleme, wenn es um die Übertragung der vorgeschlagenen Modellelemente auf eine rein biochemische oder muskulär-neuronale Ebene geht. Eine Übertragung auf Aspekte der sozialen und nonsozialen Umwelt ist dann umso schwieriger. Wir wollen daher im Modell interne und externe Prozesse klarer voneinander trennen und, unter Berufung auf ökologische Entwicklungs- und Sozialisationstheorien, verschiedene Ebenen der Mensch-Umwelt-Interaktion unterscheiden. Dies soll im folgenden Abschnitt geschehen.

Stabilität und Wandel: Stabilität und Entwicklung erscheinen aus der Sicht der ökologischen Entwicklungspsychologie ganz wesentlich von Wandlungen in den Mensch-Umwelt-Beziehungen bestimmt. So unterscheidet Bronfenbrenner (1981) verschiedene Bedingungen menschlicher Entwicklung, systematisiert in einer verschachtelten

Struktur von Entwicklungsumwelten. Er bezeichnet das ort- und zeitspezifische, tätigkeits- und rollenabhängige Beziehungsgefüge zwischen Person und Umwelt als Mikrosystem (Bereich »A« in Abbildung 24). Das Mesosystem (»B«) besteht umfassender aus allen wichtigen Settings, in denen sich eine Person zu einem bestimmten Zeitpunkt befindet. Die entwicklungsbestimmenden Settings sind ihrerseits von weiteren formellen und informellen Strukturen beeinflusst, die der Autor als Exosystem (»C«) zusammenfasst. Übergeordnete institutionelle Muster der Kultur oder einzelner Subkulturen sind dem Makrosystem (»D«) zugeordnet. Mit dieser Systematik können wir in unserem Fall nun die wichtigen »Umweltaspekte« berücksichtigen: Die Interaktion zwischen Mutter und Kind oder zwischen Vater und Kind, die Situation im Kindergarten, die Situation am Arbeitsplatz des Vaters, aber auch die Einstellungen der Gesellschaft zur Integration von Kindern mit Behinderungen.

Aus Sicht einer ökologischen Entwicklungspsychologie ist Bronfenbrenners Systematik unter verschiedenen Aspekten wichtig:

- Ökologische Übergänge erweisen sich als »Entwicklungsmotoren«, indem sie umfassende Anforderungen an das Individuum stellen, deren Bewältigung nur als Folge einer positiven Entwicklung denkbar ist.
- Die Auseinandersetzung mit Lebensproblemen macht unterschiedliche ökologische Übergänge notwendig. Dies ist unmittelbar verständlich, wenn an Veränderungen in der schulischen Betreuung für ein Kind, an ergänzende offene Angebote u.a.m. gedacht wird.
- Phasen des Übergangs können unterschiedlich lange dauern und damit Phasen einschließen, in denen das Individuum Teil verschiedenster, auch konfligierender Mikro- bzw. Mesosysteme ist. So werden bestehende Rollenunterschiede in verschiedenen Systemen als starke Belastung erlebt. Es ist schwer, sich immer wieder neu auf die im jeweiligen System geltende Identität einzustellen (vgl. Willke 1995; Steinebach 2000).

Es ist durchaus sinnvoll, die Unterscheidung verschiedener Umweltsysteme, ähnlich wie die Unterscheidung von Systemelementen und Systemebenen, zur Charakterisierung verschiedener Maßnahmen heranzuziehen. So richten sich viele pädagogische Angebote an Kinder und Jugendliche oder an Familien als ein besonders wichtiges Mikrosystem, dem ein besonderer Beitrag bei der Bewältigung der bestehenden Probleme zukommt. Es können aber auch außerfamiliale Systeme im Fokus pädagogischer Angebote stehen. Hinzu kommen Maßnahmen, die sich übergeordneten Systemen widmen. Hier wäre z.B. die Gemeinde zu nennen. Sicher wären aber auch Maßnahmen auf gesellschaftlicher Ebene denkbar.

Ist dieses komplexe Wirkungsgefüge zwischen individuellen, sozialen, nonsozialen Faktoren überhaupt zu beeinflussen? Der Wert des hier vorgestellten Modells liegt zunächst darin, die Vielzahl von Variablen und Aspekten zu ordnen, mit Blick auf die Variablen Interventionen zu begründen oder auch die Wirkungen von Interventionen auf verschiedene Variablen zu reflektieren. Dies ist unverzichtbar, um die oft bestehende Kluft zwischen medizinischem, psychologischem und pädagogischem Handeln zu überbrücken: Ein gemeinsames Bedingungsmodell ist die angemessene Grundlage für die Planung, Umsetzung und Reflexion von Maßnahmen der interdisziplinären Praxis. Ein solches Modell muss daher die biochemischen, muskulär-neuronalen, emotionalen, kognitiven und verschiedenen sozialen und nonsozialen Aspekte des Entwicklungsverlaufes berücksichtigen. Was braucht eine Fachkraft, um an dieser Komplexität nicht zu verzweifeln? Welche Fähigkeiten machen Erfolge wahrscheinlich? Die Aus- und Weiterbildung sollte insbesondere solche Kompetenzen in den Blick nehmen, die ein verantwortungsvolles Systemmanagement wahrscheinlich werden lassen. Mit Blick auf die Theorie selbstreferentieller Systeme lassen sich hier nennen: Das Wissen um Strukturen, zeitliche Abläufe, kompetenter Umgang mit Gefühlen, Kontaktfähigkeit, Fertigkeiten der Systemförderung und Theoriewissen (Manteufel/Schiepek 1995; Steinebach 2000). Das klingt sehr reflektiert und »verkopft«. Im Alltag sind es wohl Unsicherheit, Überforderung, Belastungserleben, Wut und Enttäuschungen die uns deutlich machen, dass sich etwas ändern muss. Solche Gefühle fordern auch eine Bewertung des eigenen Lebens mit Blick auf die Grundbedürfnisse. Sicher braucht es den sicheren Blick für das Machbare und die Bereitschaft, auf sich selbst zu achten, um für die Auseinandersetzung mit den komplexen Herausforderungen nicht alle Kraft und allen Mut zu verlieren. Es braucht aber auch die Bereitschaft, sich um die Erfüllung der eigenen Bedürfnisse zu sorgen, ohne die der anderen zu übergehen.

12.5 Achtsamkeit und (Selbst-)Verantwortung

Es geht also darum, dass wir uns im Beruf trotz all der Anstrengung wohlfühlen. Was zeichnet jene Menschen aus, die sich trotz all der Belastungen und Herausforderungen des Alltags »rund um wohl fühlen«? Mit Ryff und Keyes (1995) können wir annehmen, dass sie grundsätzlich eine positive Einstellung zu sich selbst haben. Sie leben in zufriedenstellenden und vertrauensvollen Beziehungen und sorgen sich um das Wohl der anderen. Sie erleben sich als selbstbestimmt und unabhängig und können sich auch sozialem Druck widersetzen. Sie erleben sich in verschiedensten Situationen als kompetent. Wenn notwendig, passen sie ihre Lebensbedingungen ihren eigenen Bedürfnissen und Werten an. Sie haben verschiedene Ziele im Blick und geben ihrem Leben eine Richtung. Grundsätzlich sind sie offen für neue Erfahrungen. Sie schätzen ihr eigenes Potenzial, ihre eigenen Kompetenzen und vertrauen auf eine grundsätzlich positive Entwicklung. Es überrascht nicht, dass sich diese Forschungsbefunde sehr gut in den Modellen optimaler Entwicklung darstellen lassen. Die positive Einstellung zu sich selbst betrifft das Selbstbild, vertrauensvolle Beziehungen und die Bereitschaft, sich für das Wohl der anderen einzusetzen, und auch das Umweltbild. Die Bereitschaft, entsprechend der eigenen Werte und Ziele auf die Umwelt Einfluss zu nehmen, betrifft den Steuerungskreislauf von Wahrnehmung, Selbst- und Umweltideal mit den Prozessen der Bewertung und wirkt auf die Bereitschaft, entsprechend zu handeln.

Um sich auch im Beruf optimal zu entwickeln und sich dabei auch wohl zu fühlen, müssen die eigenen »Systemelemente« und Ebenen differenziert und verbessert werden. Was heißt das? Sicher geht es darum, sich selbst und seine Umwelt klar wahrzunehmen. Hier geht es nicht nur um die eigenen Wünsche und Ziele, sondern auch um die Wahrnehmung des eigenen Körpers. Dabei spielt die ganzheitliche Wahrnehmung im Gegenwärtigen eine besondere Rolle. Sie wird begleitet von einer wertschätzen Reflexion des eigenen Erlebens. Erleben und Reflexion bringen Körper und Umwelt in Beziehung. Dabei ist es das Ziel, immer wieder Denken und Fühlen, Erleben und Handeln in Einklang zu bringen. Heute finden wir diese Überlegungen insbesondere als Grundlage von Angeboten zur Förderung der Achtsamkeit. So unterscheiden Baer und Mitarbeitende (2006) fünf Facetten von Achtsamkeit: beobachten, beschreiben, mit Gewahrsein handeln, Nicht-Bewerten innerer Erfahrung sowie Non-Reaktivität gegenüber innerer Erfahrung. Hier liegen dann auch wichtige Unterschiede zu anderen Angeboten, die uns helfen sollen mit Stress oder Belastungen im beruflichen Alltag umzugehen. Achtsamkeit zählt ganz wesentlich auf die nicht wertende Wahrnehmung. Wird Achtsamkeit so verstanden, hat sie positive Auswirkungen auf die Lebenszufriedenheit, den Selbstwert, auf eine optimistische Lebenseinstellung und die Wahrnehmung der eigenen Autonomie. Zudem fördern sie die Zufriedenheit mit dem eigenen Körper, aber auch die Fähigkeit zur Empathie. Allgemein bestehen positive Zusammenhänge zur psychischen und physischen Gesundheit (Nakamura 2012). Konkret verringert die nicht bewertende Aufmerksamkeit negative Formen der Selbst-Aufmerksamkeit und macht es so leichter, mit emotionalen Belastungen umzugehen. Das »Nicht-Streben« führt zu einer Relativierung von Zielen und Erwartungen und zu einer Reduktion des erlebten Drucks.

12.6 Team und Organisation

Nun soll nicht der Eindruck entstehen, als sei mit Übungen zur Achtsamkeit das Wohlbefinden in einem sehr belastenden Beruf zu garantieren. Neben dem Vorsatz, auf das eigene Wohlbefinden zu achten und dafür am Selbsterleben zu arbeiten, sollte sich der Blick auch auf die Arbeitsbedingungen richten. Eine ganz wesentliche Rolle für die Arbeitszufriedenheit spielen soziale Aspekte. Hier ist etwa an die sozialen Beziehungen im Kollegium oder Team zu denken. Wie sich zeigt, haben sich die Erwartungen an die kollegiale Zusammenarbeit und an die Teams deutlich erhöht. Oft wird der Wunsch formuliert, dass man nicht nur einfach gut zusammenarbeitet, sondern dass man sich auch gegenseitig unterstützt, entlastet, motiviert, gemeinsam Schwierigkeiten des Berufs reflektiert und dass man auch gemeinsam lernt und sich weiterentwickelt. Für viele werden die sozialen Beziehungen am Arbeitsplatz zwar nicht ein Ersatz, aber doch zumindest eine Möglichkeit zum Ausgleich fehlender oder schwieriger sozialer Beziehungen im familialen Umfeld. Worauf ist bei diesen sozialen Beziehungen zu achten? Was ist wichtig an einem Kollegium oder an einem Team? Wie in allen sozialen Gruppen spiele Nähe und Distanz, aber auch Hierarchie und Einflussnahme eine wichtige Rolle. Zusammenhalt ist wichtig, um emotionale Unterstützung zu erleben. Es geht aber auch darum, wichtige Prozesse mitgestalten zu können und so Einfluss nehmen zu können auf Ziele und Abläufe. Es ist sicher eine Stärke »guter« Teams, wenn sie das soziale Miteinander offen und transparent reflektieren können. Diese offene Kommunikation ist ein wichtiges Merkmal der Teamkultur. Wichtig ist auch gegenseitiges Vertrauen, eine gemeinsame Identität, ein gemeinsames Verständnis der aktuellen Situation, wie auch der Ziele, die es anzustreben gilt. Bereitschaft zu lernen, Flexibilität und die Offenheit für Informationen stellen sicher, dass notwendige Veränderungen rechtzeitig eingeleitet werden. Für den Einzelnen bzw. die Einzelne ist es wichtig, dass er bzw. sie sich in diese Prozesse engagiert einbringen kann. Damit wird sichergestellt, dass seine bzw. ihre Bedürfnisse berücksichtigt werden und die Tätigkeit als sinnvoll erlebt wird. So wird man sich zugleich als autonom, aber auch als zugehörig erleben und spüren, dass die eigenen Kompetenzen im Beruf zum Tragen kommen (Albrecht 2013). Achtsamkeit des Einzelnen fördert sicher die Resilienz in der Auseinandersetzung mit den Herausforderungen des Berufsalltags. Es gilt aber auch, Sorge zu tragen, dass der Einzelne Teil eines resilienten Teams und einer resilienten Organisation ist. Was wäre z.B. eine resiliente Schule? Was würde sie auszeichnen? Resiliente Organisationen verfügen über die Fähigkeit, mit plötzlichen Änderungen oder dauerhaftem Wandel besser umzugehen:

- Sie haben Mitarbeiter, Teams und Führungskräfte, die fähig sind, die Realität zu akzeptieren und anzupacken.
- Das Überleben der Organisation wird trainiert, schon bevor es kritisch wird.
- Sie sind als Organisation fähig, Bedeutung im Leben zu finden. Das Wertesystem resilienter Organisationen dient als Halt in schwierigen Situationen.
- Sie sind fähig, zu improvisieren und alle Ressourcen zur Problembewältigung einzusetzen (Steinebach et al. 2013).

Fazit: Nicht nur Individuen, sondern auch Organisationen sind in der Lage, ihre Resilienz zu verbessern. Dazu gehört einerseits die bestmögliche Vorbereitung auf vorhersehbare kritische Veränderungen und Ereignisse, andererseits aber auch die bewusste Entwicklung der o.g. Eigenschaften bei den Mitarbeitern und Führungskräften (vgl. Scharnhorst 2008).

Literatur

Abraham, C./Kok, G./Schaalma, H.P./Luszczynska, A. (2011): Health Promotion. In: Martin, P.R./Cheung, F.M./Knowles, M.C./Kyrios, M./Littlefield, L./Overmier, J.B./Prieto, J.M. (Hrsg.): IAAP Handbook of Applied Psychology. Chichester: Wiley, S. 83–111.

Aden-Grossmann, W. (2014): Geschichte des Kindergartens. In: Braches-Chyrek, R./Röhner,C./Sünker,H./Hopf, M. (Hrsg.): Handbuch Frühe Kindheit. Opladen: Budrich, S. 231–240.

Aebli, H. (1983): Zwölf Grundformen des Lehrens. Stuttgart: Klett-Cotta.

Ahnert, L./Pinquart, M./Lamb, M. E. (2006): Security of children's relationships with nonparental care providers: a meta-analysis. In: Child Development 77 (3), S. 664–679.

Albrecht, S.L. (2013): Work Engagement and the Positive Power of Meaningful Work. Advances in Positive Organizational Psychology; S. 237–260.

Amsterdam, B. (1972): Mirror self-image reactions before age two. In: Developmental Psychobiology 5 (4), S. 297–305.

Angermeier, W. F. (1977): Lernen. In: Herrmann, Th./Hofstätter, P. R./Huber, H. P./Weinert, F. E. (Hrsg.): Handbuch psychologischer Grundbegriffe. München: Kösel, S. 259–277.

Antonovsky, A. (1987): Unraveling The mystery of health – How people manage stress and stay well. San Francisco: Jossey-Bass Publishers.

Appel, M./Schreiner, C. (2014): Digitale Demenz? Mythen und wissenschaftliche Befundlage zur Auswirkung von Internetnutzung. In: Psychologische Rundschau, 65 (1), S. 1–10.

Arnold, R. (1996): Weiterbildung. Ermöglichungsdidaktische Grundlagen. München: Vahlen.

Baer, R.A./Smith, G.T./Hopkins, J./Krietemeyer, J./Toney, L. (2006): Using self-report assessment methods to explore facets of mindfulness. In: Assessment 13, 27–45.

Balgo, R. (1997): Wie können wir etwas über das Wissen wissen, über das Lernen lernen und über das Lehren lehren. In: System Schule. Jg. 1/4, S. 118.

Baltes, P. B. (1997): Die universelle Architektur der menschlichen Ontogenese: Implikationen für die Zukunft des vierten Lebensalters. In: Psychologische Rundschau 48, S. 191–210.

Bandura, A. (1976): Die Analyse von Modellierungsprozessen. In: Bandura, A. (Hrsg.): Lernen am Modell. Ansätze zu einer sozial-kognitiven Lerntheorie. Stuttgart: Klett-Cotta, S. 9–61.

Bartlett, F. C. (1932): Remembering: A study in experimental and social psychology. Cambridge, UK: Cambridge University Press.

Becker-Schmidt, R./Knapp, G.-A. (1987): Geschlechtertrennung – Geschlechterdifferenz: Suchbewegungen sozialen Lernens. Bonn: Verl. Neue Gesellschaft.

Bednorz, P./Schuster, M. (2002): Einführung in die Lernpsychologie. 3. Auflage. München: Reinhardt.

Behringer, L/Höfer, R. (2005): Wie Kooperation in der Frühförderung gelingt. München: Reinhardt.

Belwe, A./Schutz, T. (2014): Smartphone geht vor. Wie Schule und Hochschule mit dem Aufmerksamkeitskiller umgehen können. Bern: hep.

Bem, S./De Jong, H.L. (2013): Theoretical issues in Psychology. An Introduction. 2. Auflage. London: Sage.

Bennecke, E./Werner-Rosen, K./Thyen,U./Kleinemeier, E./Lux, A./Jürgensen, M./Grüters, A./Köhler, B. (2015): Subjective need for psychological support (PsySupp) in parents of children and adolescents with disorders of sex development (dsd). In: European Journal of Pediatry, S. 1–11.

Bergmann, C./Eder, F. (2005): Allgemeiner Interessen-Struktur-Test mit Umwelt-Struktur-Test (UST-R) – Revision (AIST-R). Göttingen: Hogrefe.

Berk, L. E. (2011): Entwicklungspsychologie. München: Pearson Studium.

Berry, J.W. (2001): A psychology of immigration. In: Journal of Social Issues, 57, S. 611–627.

Beyrer C. (2014): Pushback: The Current Wave of Anti-Homosexuality Laws and Impacts on Health. PLoS Med 11(6), e1001658.

Bialystok, E. (2011): Reshaping the mind: The benefits of bilingualism. In: Canadian Journal of Experimental Psychology/Revue canadienne de psychologie expérimentale 65 (4), S. 229–235.
Bierbaumer, N./Schmidt, R.F. (2010): Biologische Psychologie. 7. Auflage. Heidelberg: Springer
Bildungsbericht: www.bildungsbericht.de/daten2014/d_web2014.pdf [Abruf 1.4.2015].
Bilke-Hentsch, O./Wölfling, K./Batra, A. (2014): Praxisbuch Verhaltenssucht. Symptomatik, Diagnostik und Therapie bei Kindern, Jugendlichen und Erwachsenen. Stuttgart: Georg Thieme.
Bischof-Köhler, D. (1989): Spiegelbild und Empathie. Bern: Huber.
Bischof-Köhler, D. (1998): Zusammenhänge zwischen kognitiver, motivationaler und emotionaler Entwicklung in der frühen Kindheit und im Vorschulalter. In: Keller, H. (Hrsg.): Lehrbuch Entwicklungspsychologie. Bern: Huber, S. 319–376.
Bischof-Köhler, D. (2012): Empathy and self-recognition in phylogenetic and ontogenetic perspective. In: Emotion Review 4 (1), S. 40–48.
Bloch,P./Toft, U./Reinbach, H.C./Clausen, L.T./Mikkelsen, B.E./Poulsen, K./Jensen, B.B. (2014): Revitalizing the setting approach – supersettings for sustainable impact in community health promotion. International Journal of Behavioral Nutrition and Physical Activity, 11, S. 118–133.
Bonfadelli, H./Friemel, T. (2011): Medienwirkungsforschung. 4., völlig überarbeitete Auflage. Konstanz: UVK.
Brandtstädter, J. (1977): Normen. In: Herrmann, Th./Hofstätter, P. R./Huber, H. P./Weinert, F. E. (Hrsg.): Handbuch psychologischer Grundbegriffe. München: Kösel, S. 327–334.
Brandtstädter, J. (1979): Zur Bedeutung der Pädagogischen Psychologie für die Planung und Kritik der Erziehungspraxis. In: Brandtstädter, J./Reinert, G./Schneewind, K. A. (Hrsg.): Pädagogische Psychologie. Probleme und Perspektiven. Stuttgart: Klett-Cotta, S. 79–102.
Brandtstädter, J. (1980): Gedanken zu einem psychologischen Modell optimaler Entwicklung. Zeitschrift für klinische Psychologie und Psychotherapie, 28 (3), S. 209–222.
Brandtstädter, J. (2007): Entwicklungspsychologie der Lebensspanne: Leitvorstellungen und paradigmatische Orientierungen. In: Brandtstädter, J./Lindenberger, U. (Hrsg.): Entwicklungspsychologie der Lebensspanne. Ein Lehrbuch. Stuttgart: Kohlhammer, S. 34–66.
Brandtstädter, J. (2011): Positive Entwicklung. Zur Psychologie gelingender Lebensführung. Berlin und Heidelberg: Springer
Brandtstädter, J./Rothermund, K. (1998): Bewältigungspotentiale im höheren Alter: adaptive und protektive Prozesse. In: Kruse, A. (Hrsg.): Psychosoziale Gerontologie. Bd. 1: Grundlagen. Göttingen: Hogrefe, S. 223–237.
Braun, E./Weiß, T./Seidel, T. (2014): Lernumwelten in der Hochschule. In: Seidel, T./Krapp, A. (Hrsg.): Pädagogische Psychologie. Weinheim: Beltz, S. 433–453.
Brendtro, L./Brokenleg, M./van Bockern, S. (2002): Reclaiming youth at risk (revised edition). Bloomington: Solution Tree.
Brendtro, L.K./Brokenleg, M./Bockern, S.V. (2006): Reclaiming youth at risk. Our hope for the future. 2. Auflage. Bloomington: Solution Tree.
Brezinka, W. (1990): Grundbegriffe der Erziehungswissenschaft. München: Reinhardt.
Bormann, I./Rürup, M. (Hrsg.) (2013): Innovationen im Bildungswesen. Analytische Zugänge und empirische Befunde. Wiesbaden: VS.
Bouton, M. E. (2007): Learning and behavior: A contemporary synthesis. Sunderland, MA: Sinauer Associates.
Brickenkamp, R./Schmidt-Atzert, L./Liepmann, D. (2010): d2-R: Test d2 – Revision. Hogrefe, Göttingen.
Bronfenbrenner, U. (1979): The ecology of human development. Cambridge: Cambridge University Press.
Bronfenbrenner, U. (1981): Die Ökologie der menschlichen Entwicklung. Stuttgart: Klett.
Bronfenbrenner, U. (1989): Ecological systems theory. In: Annals of child development, (6), S. 187–249.
Bronfenbrenner, U. (1990): The ecology of cognitive development. In: Zeitschrift für Sozialisationsforschung und Erziehungssoziologie (ZSE), (2), S. 101–114.
Bronfenbrenner, U. (1999): Environments in developmental perspective: Theoretical and operational mo-

dels. In: Friedman, S. L./Wachs, Th. D. (Hrsg.): Measuring environment across the life span. Washington, DC: American Psychological Association, S. 3–28.

Budzinski, M. (Hrsg.) (1988): Alle Menschen sind Ausländer. Fast überall; ein Aktionsbuch. Göttingen: Lamuv-Verl (Lamuv-Taschenbuch, 57).

Bundeselterngeld- und Elternzeitgesetz vom 5. Dezember 2006 (BGBl. I S. 2748).

Bundesrat (2015): Jugend und Medien. Zukünftige Ausgestaltung des Kinder- und Jugendmedienschutzes der Schweiz. Bern: Schweizerische Eidgenossenschaft.

Buttler, J. (1991): Das Unbehagen der Geschlechter. Aus dem Amerikanischen von Menke, K. Frankfurt a. M.: Suhrkamp.

Calmbach, M./Thomas, P.M./Borchard, I./Flaig, B. (2012): Wie ticken Jugendliche 2012? Lebenswelten von Jugendlichen im Alter von 14 bis 17 Jahren in Deutschland. Düsseldorf: Verlag Haus Altenberg.

Caplan, M. Z./Hay, D. F. (1989): Preschoolers' responses to peers' distress and beliefs about bystander intervention. In: Journal of Child Psychology and Psychiatry and Allied Disciplines 30, S. 231–242.

Carlo, G./Knight, G. P./McGinley, M./Hayes, R. (2011): The Roles of Parental Inductions, Moral Emotions, and Moral Cognitions in Prosocial Tendencies Among Mexican American and European American Early Adolescents. In: The Journal of Early Adolescence 31 (6), S. 757–781.

Casey, B. J./Getz, S.,/Galvan, A. (2008): The adolescent brain. In : Developmental Review 28 (1), S. 62–77.

Chaplin, T. M./Aldao, A. (2013): Gender differences in emotion expression in children: A meta-analytic review. In: Psychological Bulletin 139 (4), S. 735–765.

Citlak, B./Leyendecker, B./Schölmerich, A./Driessen, R./R.L. Harwood (2008): Socialization goals among first and second generation migrant Turkish and German mothers. In: International Journal of Behavioral Development 32 (1), S. 56–65.

Claessens, G. (1989): Enkulturation. In: Endruweit, G./Trommsdorff, G. (Hrsg.): Wörterbuch der Soziologie. Stuttgart: Enke, S. 145–146.

Clancey, W. (1997): Situated cognition. On human knowledge and computer representations. Combridge: University Press.

Comstock, D.L./Hammer, T.R./Strentzsch, J./Cannon, K./Parsons,J./Salazar II, G. (2008): Relational-Cultural Theory: A Framework for Bridging Relational, Multicultural, and Social Justice Competencies. Journal of Counseling & Development, 86, S. 279 – 287.

Council of the European Union (2011): Council conclusions on »The European Pact for Mental Health and Well-being: results and future action«, Luxembourg, 6 June 2011. http://www.consilium.europa.eu/uedocs/cms_data/docs/pressdata/en/lsa/122389.pdf [Abruf 11.11.2011]

Craik, F. I. M./Bialystok, E./Freedman, M. (2010): Delaying the onset of Alzheimer disease: Bilingualism as a form of cognitive reserve. In: Neurology 75 (19), S. 1726–1729.

Cranney, J./Dunney, D.S. (2011): Psychological Literacy and the Psychological Literate Citizen. New Frintiers for a Global Discipline. In: Cranney, J./Dunn, D.S. (2011): The psychologically literate citizen. Foundations and global perspectives. Oxford: Oxford University Press. S. 3–12.

Creed, T. A./Reisweber, J./Beck, A. T. (2011): Cognitive Therapy for Adolescents in School Settings. New York: Guilford.

Crenshaw, K. (1989): Demarginalizing the Intersection of Race and Sex: A Black Feminist Critique of Antidiscrimination Doctrine, Feminist Theory and Antiracist Politics. In: The University of Chicago Legal Forum 140, S. 139–167.

Dahinden, U.,/Aschwanden, M./Bauer, L. (2012): Verpasste Chancen? Altersspezifische digitale Ungleichheiten bei der Nutzung von Mobilkommunikation und Internet. In: Churer Schriften zur Informationswissenschaft – Schrift 55. Chur, 2012. Online verfügbar unter http://www.emf.ethz.ch/fileadmin/redaktion/public/downloads/2_foerderung/dokumente_projekte/CSI_56_DahindenAschwandenBauer.pdf [Abruf 11.02.2016].

Davidov, M./Zahn-Waxler, C./Roth-Hanania, R./Knafo, A. (2013): Concern for Others in the First Year of Life: Theory, Evidence, and Avenues for Research. In: Child Developement Perspectives 7 (2), S. 126–131.

Dobbelstein-Osthoff, P./Lind, G./Oser, F./Reinhardt, S./Schirp, H. (1991): Demokratie und Erziehung in der Schule: Förderung moralisch-demokratischer Urteilsfähigkeit. Soest: Landesinstitut für Schule und Weiterbildung.

Donges, P. (2006): Mediatisierung. In: Bentele, G./Brosius, H.-B./Jarren, O. (Hrsg.): Lexikon Kommunikations- und Medienwissenschaft. Wiesbaden: VS, S. 164–165.

Dooris, M. (2009): Holistic and sustainable health improvement: the contribution of the settings-based approach to health promotion. In: Perspectives in Public Health 129 (1), 29–36.

Dreyer, S./Hasebrink, U./Lampert, C./Schröder, H.-D. (2013): Entwicklungs- und Nutzungstrends im Bereich der digitalen Medien und damit verbundene Herausforderungen für den Jugendmedienschutz. Teilbericht II. Bern: Bundesamt für Sozialversicherungen.

Dummert, F./Endlich, D./Schneider, W./Schwenck, C. (2014): Entwicklung schriftsprachlicher und mathematischer Leistungen bei Kindern mit und ohne Migrationshintergrund. In: Zeitschrift für Entwicklungspsychologie und Pädagogische Psychologie 46 (3), S. 115–132.

Eckert, C./Imhof, M. (2013): Was Mädchen schadet, muss für Jungen noch lange nicht schädlich sein: die Leseleistung von Jungen unter Stereotype Threat. In: Gender 3, S. 60–76.

Eisenberg, N./Cameron, E./Tryon, K./Dodez, R. (1981): Socialization of prosocial behavior in the preschool classroom. In: Developmental Psychology 17 (6), S. 773–782.

Eisenberg, N./Fabes, R. A. (1998): Prosocial development. In: Damon, W. (Hrsg.): Handbook of Child Psychology: Vol. 3. Social, emotional, and personality development (5th. ed.). New York: Wiley, S. 701–778.

Eisenberg, N./Fabes, R. A./Spinrad, T. L. (2006): Prosocial development. In: Damon, W./Eisenberg, N./ Lerner, R. M. (Hrsg.): Handbook of child psychology, Bd. 3. Hoboken: Wiley, S. 646–718.

Eisenberg, N./Spinrad, T. L./Knafo, A. (2015): Prosocial Development. In: Lerner, R. M./Lamb, M. (Hrsg.): Handbook of Child Psychology and Developmental Science, 7. Aufl. New York: Wiley, S. 610–656).

Eisenberg, N./Spinrad, T. L./Morris, A. (2014): Empathy-related responding in children. In: Killen, M./Smetana, J. G. (Hrsg.): Handbook of Moral Development, Bd. 2. New York: Psychology Press, S. 184–207.

Erikson, E. H. (1959): Identity and the life cycle: Selected papers. New York: International Universities Press.

Erpenbeck, J./von Rosenstiel, L. (2007): Handbuch Kompetenzmessung. 2. Auflage. Stuttgart: Schäffer-Poeschel Verlag.

European Federation of Psychologists Associations (2011): Postion Statement on Health. Bruxelles: EFPA.

European Network for Psychology Learning and Teaching (2009): EUROPLAT

European Network for Psychology Learning & Teaching. http://eacea.ec.europa.eu/llp/project_reports/documents/erasmus/networks_2009/eras_enw_155981.pdf [Abruf 30.12.2014].

Europäische Union (2009): Follow up to the Be Healthy, Be Yourself conference: A roadmap for a better youth health in Europe. http://ec.europa.eu/health-eu/doc/youth_conference_ road _map.doc [Abruf 10.09.2011].

Europäische Union (2011): Youth Health. http://ec.europa.eu/health-eu/youth/initiative/ index_en.htm [Abruf 10.09.2011].

Europäische Union (2012): Empfehlung des Rates vom 20. Dezember 2012 zur Validierung nichtformalen und informellen Lernens (2012/C 398/01): http://eur-lex.europa.eu/LexUriServ/LexUriServ.do?uri=OJ :C:2012:398:0001:0005:DE:PDF [Abruf 29.12.2015].

Falschlehner, G. (2014): Die digitale Generation. Jugendliche lesen anders. Wien: Carl Ueberreuter.

Faltermaier, T./Mayring, P./Saup, W./Strehmel, P. (1992): Entwicklungspsychologie des Erwachsenenalters. Stuttgart: Kohlhammer.

Fend, H. (2000): Entwicklungspsychologie des Jugendalters. Ein Lehrbuch für pädagogische und psychologische Berufe. Opladen: Leske + Budrich.

Frankenberg, E./Kupper, K./Wagner, R./Bongard, S. (2013): Immigrant Youth in Germany. In: European Psychologist 18 (3), S. 158–168.

Franke-Mayer, D. (2014): Zur Geschichte der Frühpädagogik. In: Braches-Chyrek. R./Röhner,C./Sünker,H./ Hopf, M. (Hrsg.): Handbuch Frühe Kindheit. Opladen: Budrich, S. 241– 250.

Freedman, M./Alladi, S./Chertkow, H./Bialystok, E./Craik, F.I.M/Phillips, N.A./Duggirala, V./Raju, S.B./Bak, T.H. (2014): Delaying Onset of Dementia: Are Two Languages Enough? In: Behavioral Neurology, Article ID 808137.

Friedrich, K. (2013): Wirkungen gewalthaltiger Medienangebote. In: Schweiger, W./Fahr, A. (Hrsg.): Handbuch Medienwirkungsforschung. Wiesbaden: Springer VS, S. 401–418.

Fürstenau S./Niedrig H. (2007): Transnationale Migration und Jugend. In: Johler R./Thiel A./Schmid J./Treptow R. (Hrsg.): Europa und seine Fremden. Die Gestaltung kultureller Vielfalt als Herausforderung. Bielefeld: transcript, S. 109–127.

Gage, N. L./Berliner, D. C. (1996): Pädagogische Psychologie. 5. Auflage. Weinheim: Beltz.

Gehring, T. M. (1998): Familiensystemtest (FAST). 2. erweiterte Auflage. Göttingen: Beltz Test GmbH.

Geißler, G. (2002): Leistung zwischen Selektion und Integration. In: Die Deutsche Schule 94, S. 176–191.

Genner, S./Süss, D. (2014): Stress und Stressbewältigung durch neue Medien. In: P & G Prävention & Gesundheitsförderung im Kanton Zürich. Institut für Sozial- und Präventivmedizin der Universität Zürich. 35, August 2014, S. 4–5.

Genner, S./Süss, D./Waller, G./Hipeli, E. (2013): Entwicklungs- und Nutzungstrends im Bereich der digitalen Medien und damit verbundene Herausforderungen für den Jugendmedienschutz. Teilbericht I. Bern: Bundesamt für Sozialversicherungen.

Genner, S./Suter, L./Süss, D. (2012): Neue Medien – neue Generationenbeziehungen? Eine Studie gestützt auf das Projekt CompiSternli. Zürich: ZHAW Angewandte Psychologie.

Gerstenmaier, J. (1999): Situiertes Lernen. In: Perleth, Ch./Ziegler, A. (Hrsg.): Pädagogische Psychologie. Grundlagen und Anwendungsfelder. Bern: Huber, S. 236–246.

Gesundheitsförderung Schweiz (o. J.): Compagnion. Psychische Gesundheit bei Jugendlichen im betrieblichen Umfeld. Bern: Gesundheitsförderung Schweiz (www.gesundheitsfoerderung.ch/compagnion [Abruf 06.02.2015].

Gifford, R. (2014): Environmental Psychology Matters. In : Annual Review of Psychology 65, S. 541–79

Gildemeister, R. (2008): Soziale Konstruktion von Geschlecht: »Doing gender«. In: Wilz S. M. (Hrsg.): Geschlechterdifferenzen – Geschlechterdifferenzierung: VS Verlag für Sozialwissenschaften, S. 167–198.

Gill, K. L./Calkins, S. D. (2003): Do aggressive/destructive toddlers lack concern for others? Behavioral and physiological indicators of empathic responding in 2-year-old children. In: Development and Psychopathology 15 (01), S. 55–71.

Gilligan, C. (1982): In a Different Voice: Psychological Theory and Women's Development. Cambridge: Harvard University Press.

Gilligan, C. (1984): Die andere Stimme. München: Piper.

Gilligan, C. (2011): Joining the resistance. 1. publ. Cambridge: Polity Press.

Glanz, K./Bishop, D.B. (2010): The Role of Behavioral Science Theory in Development and Implementation of Public Health Interventions. Annual Review of Public Health (31), S. 399–418.

Gollwitzer, P. M. (1987): Suchen, Finden und Festigen der eigenen Identität: Unstillbare Zielintentionen. In: Heckhausen, H./Gollwitzer, P. M./Weinert, F. E. (Hrsg.): Jenseits des Rubikon. Der Wille in den Humanwissenschaften. Berlin: Springer, S. 176–189.

Gollwitzer, P. M. (2012): Mindset theory of action phases. In: Lange, P.A.M./Kruglanski, A.W./Higgins, E.T. (Hrsg.): Handbook of theories of social psychology London: Sage, S. 526–545.

Gräsel, C. (1999): Behavioristische Lerntheorien. In: Perleth, C./Ziegler, A. (Hrsg.): Pädagogische Psychologie. Grundlagen und Anwendungsfelder. Bern: Huber, S. 216–226.

Grawe, K. (1998): Psychologische Therapie. Göttingen: Hogrefe.

große Deters, F./Mehl, M. R. (2012): Does Posting Facebook Status Updates Increase or Decrease Loneliness? An Online Social Networking Experiment. In: Social Psychology and Personality Science 4 (5), S. 579–586.

Greve, W./Wentura, D. (1991): Wissenschaftliche Beobachtung in der Psychologie. München: Quintessenz.

Greve, W./Wentura, D. (1997): Wissenschaftliche Beobachtung: eine Einführung. 2. Auflage. Weinheim: Beltz.

Grossman, J. B./Goldmith, J./Sheldon, J./Arbreton, A. J. A. (2009): Assessing after-school settings. In: New Directions for Youth Development 121, S. 89–108.
Gruber, H./Prenzel, M./Schiefele, H. (2001): Spielräume für Veränderung durch Erziehung. In: Krapp, A./ Weidenmann, B. (Hrsg.): Pädagogische Psychologie. Weinheim: Beltz, S. 99–135.
Gruber, H./Stamouli, E. (2015): Intelligenz und Vorwissen. In: Wild, E./Möller, J. (Hrsg.): Pädagogische Psychologie. Heidelberg: Springer, S. 25–44.
Gruen, A. (2005): Der Verlust des Mitgefühls. Über die Politik der Gleichgültigkeit. 6. Auflage. München: Deutscher Taschenbuch Verlag.
Gudjons, H. (2014): Handlungsorientiert lehren und lernen: Schüleraktivierung, Selbsttätigkeit, Projektarbeit. 4. aktualisierte Auflage. München: Julius Klinkhardt.
Guthke, J. (1999): Lerntestkonzepte. In: Perleth, C./Ziegler, A. (Hrsg.): Pädagogische Psychologie. Grundlagen und Anwendungsfelder. Bern: Huber, S. 299–308.
Haidt, J. (2001): The emotional dog and its rational tail: A social intuitionist approach to moral judgment. In: Psychological Review 108 (4), S. 814–834.
Haidt, J. (2008): Morality. In: Perspectives on Psychological Science 3 (1), S. 65–72.
Haidt, J./Bjorklund, F. (2008): Social intuitionists answer six questions about moral psychology. In: Sinnott-Armstrong, W. (Hrsg.): Moral psychology, Vol 2: The cognitive science of morality: Intuition and diversity. Cambridge: MIT Press, S. 181–217.
Hamlin, J. K./Wynn, K. (2011): Young infants prefer prosocial to antisocial others. In: Cognitive Development 26 (1), S. 30–39.
Hamlin, J. K./Wynn, K./Bloom, P. (2007): Social evaluation in preverbal infants. In: Nature 450 (7169), S. 557–559.
Hamlin, J. K./Wynn, K./Bloom, P. (2010): Three-month-olds show a negativity bias in their social evaluations. In: Developmental Science 13 (6), S. 923–929.
Hannover, B./Greve, W. (2012): Selbst und Persönlichkeit. In: Schneider, W./Lindenberger, U. (Hrsg.): Entwicklungspsychologie. Weinheim: Beltz, S. 543–561.
Hannover, B./Morf, C./Neuhaus, J./Rau, M./Wolfgramm, C./Zander, L. (2013): How immigrant adolescents' self-views in school and family context relate to academic success in Germany. In: Journal of Applied Social Psychology 43, S. 175 – 189.
Hay, D. F. (1994): Prosocial development. In: Journal of Child Psychology and Psychiatry and Allied Disciplines 35, S. 29–71.
Hecht, H./Desnizza, W. (2012): Psychologie als empirische Wissenschaft. Berlin und Heidelberg: Springer.
Heckhausen, H. (1977): Achievement motivation and ist constructs: A cognitive model. In: Motivation and Emotion 1, S. 283–329.
Heckhausen, H./Gollwitzer, P.M. (1987): Thought Contents and Cognitive Functioning in Motivational versus Volitional States of Mind. In: Motivation and Emotion 11 (2), S. 101–120.
Heckhausen, J./Heckhausen, H. (2006): Motivation und Handeln: Einführung und Überblick. In: Heckhausen J./Heckhausen, H. (Hrsg.): Motivation und Handeln. Berlin und Heidelberg: Springer, S. 1–9.
Heckhausen, J./Mayr, U. (1998): Entwicklungsregulation und Kontrolle im Erwachsenenalter und Alter: Lebenslaufpsychologische Perspektiven. In: Keller, H. (Hrsg.): Lehrbuch Entwicklungspsychologie. Bern: Huber, S. 399 – 442.
Heller, K. A./Perleth, C./Lim, T. K. (2005): The Munich model of giftedness designed to identify and promote gifted students. In: Conceptions of giftedness 2, S. 147–170.
Heller, K.A. (2012): Different research paradigms concerning giftedness and gifted education: shall ever they meet? In: High Ability Studies 23, 73–75.
Helmke, A./Schrader, F.-W. (2001): Hochschuldidaktik. In: Rost, D.H. (Hrsg.): Handwörterbuch Pädagogische Psychologie. Weinheim: Beltz, S. 249–254.
Henningsen, B./Schlaeger, J./Tenorth, H.-E. (Hrsg.) (2013): Humboldt´s Model. The Future of Universities in the World of Research. Berlin: Berliner Wissenschafts-Verlag.
Hermida, M. (2013): EU Kids Online: Schweiz. Schweizer Kinder und Jugendliche im Internet: Risikoer-

fahrungen und Umgang mit Risiken. Zürich: IPMZ Universität Zürich. Online verfügbar unter: www.eukidsonline.ch [Abruf 11.02.2016].

Hermida, M./Signer, S. (2013): Wie Eltern ihre Kinder im Internet begleiten. Regulierung der Internetnutzung durch Eltern. Erstellt im Auftrag des nationalen Programms Jugend und Medien. Zürich: IPMZ Universität Zürich. Online verfügbar unter: www.eukidsonline.ch [Abruf 11.02.2016].

Herrmann, Th. (1976): Lehrbuch der empirischen Persönlichkeitsforschung. 3. Auflage. Göttingen: Hogrefe.

Herrmann, U. (2009): Gehirnforschung und die neurodidaktische Revision des schulisch organisierten Lehrens und Lernens. In: Herrmann, U. (Hrsg.): Neurodidaktik. Grundlagen und Vorschläge für gehirngerechtes Lehren und Lernen. 2. erweiterte Auflage. Weinheim/Basel, S. 148–181.

Hillmert, S. (2013): Links between immigration and social inequality in education: A comparison among five European countries. In: Social mobility and inequality in the life course: Exploring the relevance of context 32 (0), S. 7–23.

Hinsch, R./Pfingsten, U. (2007): Das Gruppentraining sozialer Kompetenzen (GSK). Grundlagen, Durchführung, Materialien. 5. Auflage. Weinheim: Beltz.

Hoekman, J./Miedema, A./Otten, B./Gielen, J. (2012): Skala zur Einschätzung des Sozial- Emotionalen Entwicklungsniveaus (SEN). Leiden: PITS.

Hoffman, M. L. (1975): Moral internalization, parental power, and the nature of parent-child interaction. In: Developmental Psychology 11 (2), S. 228–239.

Hoffman, M. L. (2000): Empathy and moral development: Implications for caring and justice. New York, NY: Cambridge University Press.

Hoffman, M. L. (2008): Empathy and prosocial behavior. In: Haviland-Jones, J. M./Barrett, L. F./Lewis, M. (Hrsg.): Handbook of emotions. 3. Auflage. New York: Guilford Press, S. 440–455.

Hoppe-Graff, S. (2014): Kognitive Entwicklung aus dem Blickwinkel des strukturgenetischen Konstruktivismus. In: Ahnert, L. (Hrsg.): Theorien in der Entwicklungspsychologie, München: Spektrum Akademischer Verlag, S. 148–173

Horstmann, G./Dreisbach, G. (2012): Allgemeine Psychologie 2. Weinheim: Beltz

Hubbard,K.L./Bandini, L.G./Folta,S.C./Wansink, B./Must,A. (2014): The Adaptation of a School-based Health Promotion Programme for Youth with Intellectual and Developmental Disabilities: A Community-Engaged Research Process. In: Journal of Applied Research in Intellectual Disabilities 2014, 27, 576–590.

Hurrelmann, K. (1995): Einführung in die Sozialisationstheorie. 5. Auflage. Weinheim, Basel: Beltz.

Hurrelmann, K. (2002): Einführung in die Sozialisationstheorie. 8., vollständig überarbeitete Auflage. Weinheim: Beltz.

Hurrelmann, K./Nordlohne, E. (1989): Sozialisation. In: Endruweit, G./Trommsdorff, G. (Hrsg.): Wörterbuch der Soziologie. Stuttgart: Enke, S. 604–611.

Jaffee, S./Hyde, J. S. (2000): Gender differences in moral orientation: A meta-analysis. In: Psychological Bulletin 126 (5), S. 703–726.

Jansen, E./Bruns, M./Greib, A./Herbertz-Floßdorf, M. (2014): Regenbogenfamilien – Alltäglich und doch anders. Beratungsführer für lesbische Mütter, schwule Väter und familienbezogene Fachkräfte. 2. komplett überarbeitete Auflage. Köln: Familien- und Sozialverein des LSVD.

Jenkins, A./Healey, M. (2005): Insitutional strategies to link teaching and research. Heslington: The Higher Education Academy.

Jensen, K./Vaish, A./Schmidt, M. F. H. (2014): The emergence of human prosociality: Aligning with others through feelings, concerns, and norms. In: Frontiers in Psychology 5, S. 822.

Johler, R. (2007): Europa und seine Fremden. Die Gestaltung kultureller Vielfalt als Herausforderung. Bielefeld: transcript-Verlag (Kultur und soziale Praxis).

Jordan, J. V. (2006): Relational resilience in girls. In: Goldstein, S./Brooks, R.B. (Hrsg.): Handbook of resilience in children. New York: Springer, S. 79 – 90.

Jugert, G./Rehder, A./Notz, P./Petermann, F. (2011): Fit for Life – Module und Arbeitsblätter zum Training sozialer Kompetenz für Jugendliche. 9. überarbeitete und erweiterte Auflage. Weinheim: Juventa.

Jünger, R. (2010): PFADE. Programm zur Förderung Alternativer Denkstrategien. Mittelstufen Ordner (Klasse 4–6). Eine Adaptation des PATHS-Curriculum von Carol A Kusché und Mark T. Greenberg. Zürich: Institut für Erziehungswissenschaften.

Kagan, J./Reznick, J. S./Snidman, N. (1999): Biological basis of Childhood Shyness. In: Slater, A./Muir, D. (Hrsg.): The Blackwell reader in Developmental Psychology. Malden: Blackwell Publishing, S. 65–78)

Kaiser, A. (2012): Re-Conceptualizing «Sex« and «Gender« in the Human Brain. In: Zeitschrift für Psychologie 220 (2), S. 130–136.

Kaminski, G. (1970): Verhaltenstheorie und Verhaltensmodifikation. Stuttgart: Klett

Kant-Schaps, M. (2013): Schule: Schutzfaktor und Übungsraum. In: Steinebach, C./Gharabaghi, K. (Hrsg.): Resilienzförderung im Jugendalter. Berlin: Springer, S. 83–92.

Kashima, Y. (2000): Maintaining Cultural Stereotypes in the Serial Reproduction of Narratives. In: PSPB 26 (5), S. 594–604.

Kastner-Koller, U./Deimann, P. (2012): Der Wiener Entwicklungstest (WET). 3. Auflage. Göttingen: Hogrefe.

Kessels, U./Heyder, A./Latsch, M./Hannover, B (2014): How gender differences in academic engagement relate to students' gender identity. In: Educational Research 56 (2), S. 219–228.

Kiegelmann, M. (1999): Weibliche Identitäten. In: Katechetische Blätter, 124, S. 385–388.

Kiegelmann, M. (2000): Qualitative-psychological research using the Voice-Approach [20 paragraphs]. Forum Qualitative Sozialforschung/Forum: Qualitative Social Research, 1(2), Art. 13, http://nbn-resolving.de/urn:nbn:de:0114-fqs0002136 [Abruf 11.02.2016].

Kiegelmann, M. (2007): Analyzing identity using a voice approach. In: Watzlawik M./Born A. (Hrsg.), Capturing identity: Quantitative and qualitative methods. Lanham, MD: University Press of America, S. 71–84.

Kienbaum, J. (1993): Empathisches Mitgefühl und prosoziales Verhalten deutscher und sowjetischer Kindergartenkinder. Regensburg: Roderer.

Kienbaum, J. (1995): Sozialisation von Mitgefühl und prosozialem Verhalten. Ein Vergleich deutscher und sowjetischer Kindergartenkinder. In: Trommsdorff, D. (Hrsg.): Kindheit und Jugend in verschiedenen Kulturen. Weinheim: Juventa, S. 83–109.

Kienbaum, J. (2001): The socialization of compassionate behavior by child care teachers. In: Early Education & Development 12 (1), S. 139–153.

Kienbaum, J. (2003): Entwicklungsbedingungen prosozialer Responsivität in der Kindheit. Lengerich: Pabst Science Publishers.

Kienbaum, J. (2008): Förderung von Mitgefühl im schulischen Kontext. In: Gasteiger-Klicpera, B./Julius, H. (Hrsg.): Sonderpädagogik der sozialen und emotionalen Entwicklung. Göttingen: Hogrefe, S. 876–886.

Kienbaum, J. (2012): Wertvolles Mitgefühl. In: Forum Schule heute 26, S. 8–9.

Kienbaum, J. (2013): Intuitive Aufteilungsentscheidungen in Grund- und Hauptschule sowie Gymnasium: Allgemeine oder differenzielle Entwicklung? In: Zeitschrift für Entwicklungspsychologie und Pädagogische Psychologie 45 (4), S. 207–215.

Kienbaum, J. (2014a): The development of sympathy from 5 to 7 years: Increase, decline, or stability? A longitudinal study. In: Frontiers in Psychology 5. 10.3389/fpsyg.2014.00468.

Kienbaum, J. (2014b): Entwicklungsbedingungen von Mitgefühl in der Kindheit. In: Gestalt Theory 36 (2), S. 117–128.

Kienbaum, J. (2015): Entwicklungsbedingungen von kindlichem Mitgefühl. In: Malti, T./Perren, S. (Hrsg.): Soziale Kompetenz bei Kindern und Jugendlichen: Entwicklungsprozesse und Förderungsmöglichkeiten. Stuttgart: Kohlhammer, S. 36–52.

Kienbaum, J./Bauer, A. (2013): Intuitive Aufteilungsentscheidungen von Viertklässlern und ihren Eltern. Vortrag auf der 21. Tagung der Fachgruppe Entwicklungspsychologie. Saarbrücken, September 2013.

Kienbaum, J./Wilkening, F. (2009): Childern's and adolescents' intuitive judgements about distributive justice: Integrating need, effort and luck. In: European Journal of Developmental Psychology 6, S. 481–498.

Kiss, G. (1990): Grundzüge und Entwicklung der Luhmannschen Systemtheorie. 2. Auflage. Stuttgart: Enke.

Kleist, J. O. (2015): Newsletter Netzwerk Flüchtlingsforschung Nr. 13, http://us7.campaign-archive1.com/?u=3a7556e1d369ad1d39029d1a2&id=a776baf7a8 [Abruf 11.11.2015]

Klieme, E./Hartig, J. (2007): Kompetenzkonzepte in den Sozialwissenschaften und im erziehungswissenschaftlichen Diskus. In: Zeitschrift für Erziehungswissenschaften 8, S. 11–29.

Knafo, A./Zahn-Waxler, C./van Hulle, C./Robinson, J. L./Rhee, S. H. (2008): The developmental origins of a disposition toward empathy: Genetic and environmental contributions. In: Emotion 8 (6), S. 737–752.

Kohlberg, L. (1995): Moralstufen und Moralerwerb: Der kognitiv-entwicklungstheoretische Ansatz. In: Althof, W./Noam, G./Oser, F. (Hrsg.): Die Psychologie der Moralentwicklung. Frankfurt a.M: Suhrkamp Verlag, S. 123–174.

König, A. (2011): Lernumwelt Kindergarten: ErzieherIn-Kind-Interaktion im Fokus. Ergebnisse einer Videostudie. In: DFG-Graduiertenkolleg »Jugendhilfe im Wandel« (Hrsg.): Jugendhilfe im Wandel. Beiträge zur Kinder- und Jugendhilfeforschung. Wiesbaden VS. Verlag für Sozialwissenschaften.

Kösler, E. (2003): Lebensbegleitendes Lernen Erwachsenen mit geistiger Behinderung im Spannungsfeld individueller Bedürfnisse und gesellschaftlicher Erfordernisse. In: Pielmaier, H./Steinebach, C. (Hrsg.): Gesichter der Heilpädagogik: Freiburger Perspektiven. Heidelberg: Universitätsverlag C. Winter, S. 55–78.

Kokko S./Kannas,L./Villberg,L./Ormshaw, M. (2011): Health promotion guidance activity of youth sports clubs. In: Health Education 111 (6), S. 452–463.

Kornmann, R. (1999): Förderdiagnostik. In: Perleth, C./Ziegler, A. (Hrsg.): Pädagogische Psychologie. Grundlagen und Anwendungsfelder. Bern: Huber, S. 290–298.

Krampen, G. (1991): Fragebogen zu Kompetenz- und Kontrollüberzeugungen (FKK). Göttingen: Hogrefe.

Krampen, G. (1996): Kreativitätstest für Vorschul- und Schulkinder (KVS-P). Göttingen: Hogrefe

Krampen, G. (2000): Psychologiedidaktik und Evaluation in Deutschland gegen Ende des 20. Jahrhunderts. In: Krampen, G./Zeyer, H. (Hrsg.): Psychologiedidaktik und Evaluation II: Neue Medien, Psychologiedidaktik und Evaluation in der Haupt- und Nebenfachausbildung. Bonn: Deutscher Psychologen Verlag, S. 7–17.

Krapp, A./Prenzel, M./Weidenmann, B. (2001): Geschichte, Gegenstandsbereich und Aufgaben der Pädagogischen Psychologie. In: Krapp, A./Weidenmann, B. (Hrsg.): Pädagogische Psychologie. Weinheim: Beltz, S. 1–29.

Krappmann, L. (1989): Interaktion. In: Endruweit, G./Trommsdorff, G. (Hrsg.): Wörterbuch der Soziologie. Stuttgart: Enke, S. 310.

Krevans, J./Gibbs, J.C. (1996): Parents' use of inductive discipline: Relations to children's empathy and prosocial behavior. In: Child Development 67 (6), S. 3263–3277.

Kron, F.W. (1994): Grundwissen Pädagogik. München: Reinhardt.

Kron, F.W. (2009): Grundwissen Pädagogik. 7. Auflage. München: Reinhardt

Kubinger, K. D. (1995): Einführung in die Psychologische Diagnostik. Weinheim: Beltz.

Kühl, St. (2009): Forschendes Lernen und Wissenschaftsbetrieb. Zur Erfahrung mit einem soziologischen Lehrforschungsprojekt. In: Huber, L./Hellmer, J./Schneider, F. (Hrsg.): Forschendes Lernen im Studium. Bielefeld: Universitätsverlag Webler, S. 99–113.

Kumanyika, S.K./Page,J.B./Castro, F.G. (2012): Forum on culture, health promotion, and healthy equity: Current issues and future direktions. Preventive Medicine 55, S. 581–582.

Kusché, C. A./Greenberg, M. T. (1994): The PATHS curriculum. Seattle: Developmental Research and Programs.

Lang, F. R./Scheel, J. (2012): Modelle der erfolgreichen Entwicklung. In: Steinebach, C./Jungo, D./Zihlmann, R. (Hrsg.): Positive Psychologie in der Praxis: Anwendung in Psychotherapie, Beratung und Coaching. Weinheim: Beltz Verlag. S. 27–34.

Leitner, S./Ostner, I./Schratzenstaller, M. (2004): Was kommt nach dem Ernährermodell? Sozialpolitik zwischen Re-Kommodifizierung und Re-Familialisierung. In: Jahrbuch für Europa- und Nordamerikastudien. Wiesbaden: VS Verl. für Sozialwiss, S. 9–27.

Lenk, H. (1978): Handlung als Interpretationskonstrukt. Entwurf einer konstituenten- und beschreibungstheoretischen Handlungsphilosophie. In: Lenk, H. (Hrsg.): Handlungstheorien – interdisziplinär, Band 2,1. München: Fink, S. 279–350.

Lerner, R. M./Almerigi, J.B./Theokas, C./Lerner, J.V. (2005): Positive youth psychology. A view of the issues. In: Journal of early adolescence 25(1), S. 10–16.

Lim, U. (2014): Blended Learning. Klausur des Ressorts Lehre der ZHAW Zürcher Hochschule für Angewandte Wissenschaften, Vortrag vom 10.11.2014

Lind, G. (2009): Moral ist lehrbar. Handbuch zur Theorie und Praxis moralischer und demokratischer Bildung. München: Oldenbourg.

Lindenberger, U./Smith, J./Mayer, K.U./Baltes, P.B. (Hrsg.) (2010): Die Berliner Altersstudie. 3. erweiterte Auflage. Berlin: Akademie Verlag.

Lindenberger, U./Staudinger, U. (2012): Höheres Erwachsenenalter. In: Schneider, W./Lindenberger, U. (Hrsg.): Entwicklungspsychologie. Weinheim: Beltz, S. 283–309

Lingel, K./Götz, L./Artelt, C./Schneider, W. (2014): Mathematisches Strategiewissen für 5. und 6. Klassen (MAESTRA 5–6 +). Göttingen: Hogrefe.

Logel, C./Peach, J./Spencer, S. J. (2012): Threatening gender and race: Different manifestations of stereotype threat. In: Inzlicht M./Schmader T./. Inzlicht M./Schmader T. (Hrsg.): Stereotype threat: Theory, process, and application. New York, NY, US: Oxford University Press, S. 159–172.

Lohaus, A./Vierhaus, M./Maass, A. (2010): Entwicklungspsychologie des Kindes- und Jugendalters. Berlin, Heidelberg: Springer.

Lohbeck, A./Petermann, F. (2015): Ressourcendiagnostik. In: Schär, M./Steinebach, C. (Hrsg.): Resilienzfördernde Psychotherapie für Kinder und Jugendliche. Weinheim: Beltz, S. 212–223

Luhmann, N. (1984): Soziale Systeme. Frankfurt a. M.: Suhrkamp.

Luhmann, N. (1987): Sozialisation und Erziehung. In: Rotthaus, W. (Hrsg.): Erziehung und Therapie in systemischer Sicht. Dortmund: Modernes Lernen, S. 77–86.

Lund, B./Rheinberg, F./Gladasch, U. (2001): Ein Elterntraining zum motivationsförderlichen Erziehungsverhalten in Leistungskontexten. In: Zeitschrift für Pädagogische Psychologie 15 (3/4), S. 130–143.

Maccoby, E. E. (1988): Gender as a social category. In: Developmental Psychology 24, S. 755–765.

Maccoby, E. E./Jacklin, C. N. (1974): The psychology of sex differences,. Palo Alto, CA: Stanford University Press.

MacEvoy, J./Leff, S. (2012): Children's Sympathy for Peers Who Are the Targets of Peer Aggression. In: Journal of Abnormal Child Psychology 40 (7), S. 1137–1148.

Malti, T. (2010): Moralische Emotionen und Moralerziehung in der Kindheit. In: Latzko, B./Malti, T. (Hrsg.): Moralische Entwicklung und Erziehung in Kindheit und Adoleszenz: Hogrefe, S. 181–198.

Malti, T./Eisenberg, N./Kim, H./Buchmann, M. (2013): Developmental Trajectories of Sympathy, Moral Emotion Attributions, and Moral Reasoning: The Role of Parental Support. In: Social Development 22 (4), S. 773–793.

Malti, T./Perren, S. (Hrsg.) (2015): Soziale Kompetenz bei Kindern und Jugendlichen. Entwicklungsprozesse und Förderungsmöglichkeiten. 2. Auflage. Stuttgart: Kohlhammer.

Manns, M./Schultze, J. (2004): Soziale Kompetenz und Prävention: Berliner Präventionsprogramm für Haupt- und Gesamtschüler. Frankfurt a. M.: Lang.

Manteufel, A./Schiepek, G. (1995): Das Problem der Nutzung moderner Systemtheorien in der klinischen Praxis. In: Zeitschrift für klinische Psychologie und Psychotherapie 43, S. 325–347.

Marcia, J. E. (1989): Identity and intervention. In: Journal of Adolescence 12 (4), S. 401–410.

Marcia, J. E. (2007): Theory and measure: The identity status interview. In: Watzlawik M./Born A. (Hrsg.): Capturing identity: Quantitative and qualitative methods. Lanham, MD: University Press of America, S. 1–14.

Maslow, A. H. (1977): A theory of metamotivation: The biological rooting of the value-life. In: Chiang, H.-M./Maslow, A. H. (Hrsg.): The healthy personality. New York: van Nostrand, S. 28–48.

May, S. (2014): Contesting public monolingualism and diglossia: rethinking political theory and language policy for a multilingual world. In: Lang Policy 13 (4), S. 371–393.

Mayer, D./Beckh K./Berkic J./Becker-Stoll F. (2013): Erzieherin-Kind-Beziehungen und kindliche Entwicklung: Der Einfluss von Geschlecht und Migrationshintergund. In: Zeitschrift für Pädagogik (6), S. 803–816.

Meckel, M. (2007): Das Glück der Unerreichbarkeit. Wege aus der Kommunikationsfalle. Murmann.

Merriam, S.B./Caffarella, R.S./Baumgartner, L:M. (2012): Learning in adulthood: A comprehensive guide. San Francisco: Jossey-Bass.

Merrill, M. D. (2008): Reflections on a four decade search for effective, efficient and engaging instruction. In: Allen, M.W. (Hrsg.): Michael Allen's 2008 e-Learning Annual, Vol. 1, San Francisco: Wiley Pfieffer, S. 141–167.

MH-Stiftung: http://mh-stiftung.de/ueber-die-stiftung [Abruf 05.11.2015].

Miklikowska, M./Duriez, B./Soenens, B. (2011): Family roots of empathy-related characteristics: The role of perceived maternal and paternal need support in adolescence. In: Developmental Psychology 47 (5), S. 1342–1352.

Miller, G.A./Galanter, E./Pibram, K. (1960): Plans and the structure of behavior. New York: Holt.

Mittelstraß, J. (1989): Der Flug der Eule. Von der Vernunft der Wissenschaft und der Aufgabe der Philosophie. Frankfurt a. M.

Ministerium für Kultus, Jugend und Sport (2014): Verwaltungsvorschrift (Baden-Württemberg).| Verwaltungsvorschrift des Kultusministeriums über Zuwendungen zur Sprachförderung in allen Tageseinrichtungen für Kinder mit Zusatzbedarf (SPATZ-Richtlinie) i. d. F. v. 27.10.2014.

Möhling, R. (1993): Konzentrationstest für 3. und 4. Klassen (KT 3–4). 2. unveränderte Auflage. Weinheim: Beltz.

Mönks, F.J. (1999): Begabte Schüler erkennen und fördern. In: Perleth, Ch./Ziegler, A. (Hrsg.): Pädagogische Psychologie: Grundlagen und Anwendungsfelder, Bern: Huber, S. 63–72.

Montada, L. (2008): Moralische Entwicklung und Sozialisation. In: Oerter, R./Montada, L. (Hrsg.): Entwicklungspsychologie. 6. Auflage. Weinheim: Beltz Verlag, S. 572–606.

Moser, F./Hannover, B./Becker, J. (2013): Subtile und direkte Mechanismen der sozialen Konstruktion von Geschlecht in Schulbüchern. Vorstellung eines Kategoriensystems zur Analyse der Geschlechter(un) gerechtigkeit von Texten und Bildern, In: Gender 3, S. 77–93.

Müller, C. (2012): ICT in Problem-based Learning aus instruktionspsychologischer Sicht. In: Mair, M./ Brezowar, G./Olsowski, G./Zumbach, J. (Hrsg.): Problem-based Learning im Dialog. Wien: Facultas, S. 297–311.

Nakamura, Y. (2012): Achtsamkeit. In: Steinebach, C./Jungo, D./Zihlmann, R. (Hrsg.): Positive Psychologie in der Praxis: Anwendung in Psychotherapie, Beratung und Coaching. Weinheim: Beltz, S. 60–66.

Neber, H. (1999): Entdeckendes Lernen. In: Perleth, C./Ziegler, A. (Hrsg.): Pädagogische Psychologie. Grundlagen und Anwendungsfelder. Bern: Huber, S. 227–235.

Nell, V./Bretz, H.-J./Sniehotta, F.F. (2004): Konzentrationstest für 3. und 4. Klassen (Revision) (KT 3–4 R). Weinheim: Beltz.

Nentwich, J. C. (2003): Gender differences as relational processes–reflecting reality constructions in interviews. In: Kiegelmann, M./Gürtler, L. (Hrsg.) Research questions and matching methods of analysis, Tübingen: Ingeborg Huber Verlag, S. 157–170.

Nentwich, J. C. (2009): Zwischen Provokation und Anpassung: Handlungsmächtigkeit als diskursive Positionierung [43 Absätze]. In: Forum Qualitative Sozialforschung/Forum: Qualitative Social Research 10 (3), Art. 8, http://nbn-resolving.de/urn:nbn:de:0114-fqs090381 [Abruf 11.02.2016].

Nentwich, J. C. (2014): Towards a Topology of 'Doing Gender': An Analysis of Empirical Research and Its Challenges. In: Gender, Work & Organization 21 (2), S. 121–134.

Netzwerk LSBTTIQ: www.netzwerk-lsbttiq.net [Abruf 05.11.2015].

Nolting, H. P./Paulus, P. (1999): Psychologie lernen: eine Einführung und Anleitung. Vollständig überarbeitete Neuausgabe, 2. Auflage. Weinheim, Basel: Beltz

Nunner-Winkler, G. (2005): Zum Verständnis von Moral – Entwicklungen in der Kindheit. In: Horster, D./Oelkers, J. (Hrsg.): Pädagogik und Ethik. Wiesbaden: Verlag für Sozialwissenschaften, S. 173–192.

Nunner-Winkler, G./Sodian, B. (1988): Children's understanding of moral emotions. In: Child Development 59 (5), S. 1323–1338.
O'Connor, E./McCartney, K. (2006): Testing Associations Between Young Children's Relationships With Mothers and Teachers. In: Journal of educational psychology 98 (1), S. 87–98.
OECD (2014): PISA 2012 Results: What Students Know and Can Do – Student Performance in Mathematics, Reading and Science (Volume I, Revised edition, February 2014), Pisa: OECD Publishing. http://www.oecd-ilibrary.org/education/pisa-2012-results-what-students-know-and-can-do-volume-i-revised-edition-february-2014_9789264208780-en [Abruf 11.02.2016].
OECD: www.oecd.org/pisa/keyfindings/PISA2012_Gender_Ch3_Fig_ENG.xlsx [Abruf 05.11.2015].
Oishi, S. (2014): Socioecological Psychology. Annual Review Psychology 65, S. 581–609
Oser, F./Althof, W. (2001a): Die gerechte Schulgemeinschaft: Lernen durch Gestaltung des Schullebens. In: Edelstein, W./Oser, F./Schuster, P. (Hrsg.): Moralische Erziehung in der Schule. Weinheim: Beltz, S. 233–268.
Oser, F.; Althof, W. (2001b): Moralische Selbstbestimmung. Modelle der Entwicklung und Erziehung im Wertebereich; ein Lehrbuch. 4. Auflage. Stuttgart: Klett-Cotta.
Ostner, I./Schumann, E. (2011): Steuerung der Familie durch Recht? In: Zeitschrift für Familienforschung. Sonderheft 8. Pluralisierung von Elternschaft und Kindschaft. Familienrecht, -soziologie und -psychologie im Dialog. S. 289–315.
Palfrey, J./Gasser, U. (2008): Generation Internet. Die Digital Natives: Wie sie leben, was sie denken, wie sie arbeiten. München: Carl Hanser.
Pawlik, K. (1982a): Modell- und Praxisdimensionen psychologischer Diagnostik. In: Pawlik, K. (Hrsg.): Diagnose der Diagnostik. Stuttgart: Klett-Cotta, S. 13–43.
Pawlik, K. (1982b): Diagnose der Diagnostik. Stuttgart: Klett-Cotta.
Peiser, W. (1996): Die Fernsehgeneration. Eine empirische Untersuchung ihrer Mediennutzung und Medienbewertung. Opladen: Westdeutscher Verlag.
Perleth, C. (1999): Intelligenz. In: Perleth, C./Ziegler, A. (Hrsg.): Pädagogische Psychologie. Grundlagen und Anwendungsfelder. Bern: Huber, S. 73–82.
Perlow, L.A. (2012): Sleeping with Your Smartphone. How to Break the 24-7 Habit and Change the Way you Work. Cambridge MA: Harvard Business Review Press.
Perren, S./Gutzwiller-Helfenfinger, E. (2012): Cyberbullying and traditional bullying in adolescence: Differential roles of moral disengagement, moral emotions, and moral values. European Journal of Developmental Psychology, 9 (2), S. 195–209.
Petermann, F./Lohbeck, A. (2013): Diagnostik: Stärken sehen lernen. In: Steinebach, C./Gharabaghi, K. (Hrsg.): Resilienzförderung im Jugendalter. Praxis und Perspektiven. Berlin und Heidelberg: Springer, S. 33–49.
Petermann, F./Petermann, U. (2010): Training mit Jugendlichen. 9., überarbeitete und erweiterte Auflage. Göttingen: Hogrefe.
Petermann, F./Petermann, U. (2011): Wechsler Intelligence Scale for Children – Fourth Edition. Frankfurt a. Main: Pearson Assessment.
Petermann, F./Schmidt, M. H./Suing, M. (2012): Kompetenzanalyseverfahren (KANN). Göttingen: Hogrefe.
Petermann, U./Schultheiß, J. (2013): Übergänge: Beruf als Zukunft. In: Steinebach, C./Gharabaghi, K. (Hrsg.): Resiliemnzförderung im Jugendalter. Praxis und Perspektiven. Heidelberg: Springer, S. 147–163.
Phinney, J. S. (1992): The Multigroup Ethnic Identity Measure: A New Scale for Use with Diverse Groups. In: Journal of Adolescent Research 7, S. 156–176.
Phinney, J. S./Berry, J. W./Vedder, P.,/Liebkind, K. (2006): The acculturation experience: Attitudes, identities, and behaviors of immigrant youth. In: Berry, J.W./Phinney, J.S./Sam, D.L./Vedder, P. (Hrsg.): Immigrant youth in cultural transition: Acculturation, identity and adaptation across national contexts London: Lawrence Erlbaum, S. 328. S. 71–116.
Phinney, J./Ong S./Anthony D. (2007): Conceptualization and measurement of ethnic identity: Current status and future directions. In: Journal of Counseling Psychology 54 (3), S. 271–281.

Piaget, J. (1932/1983): Das moralische Urteil beim Kinde. Stuttgart: Klett-Cotta.

Pinto, N./Moleiro, C. (2015): Gender trajectories: Transsexual people coming to terms with their gender identities. In: Professional Psychology: Research And Practice 46 (1), S. 12–20.

Postman, N. (1985): Wir amüsieren uns zu Tode. Urteilsbildung im Zeitalter der Unterhaltungsindustrie. 2. Auflage. Frankfurt a. M.: S. Fischer.

Postman, N. (1994): Das Verschwinden der Kindheit. Frankfurt a. M.: S. Fischer.

Prensky, M. (2001a): Digital Natives, Digital Immigrants. In: On the Horizon, MCB University Press, Vol. 9, No. 5, S. 1–6.

Prensky, M. (2001b): Digital Natives, Digital Immigrants, Part II: Do They Really *Think* Differently? In: On the Horizon, MCB University Press, Vol. 9, No. 6, S. 1–9.

Quaiser-Pohl, C. (2011): Psychologische Unterschiede zwischen Frauen und Männern – Fakten, Irrtümer, Erklärungsansätze. In: Fink H./Rosenzweig R. (Hrsg.): Mann, Frau, Gehirn. Geschlechterdifferenz und Neurowissenschaft. Paderborn: mentis. S. 113–135

Reinert, G. (1979): Pädagogische Psychologie im Kontext der menschlichen Lebensspanne. In: Brandtstädter, J./Reinert, G./Schneewind, K.A. (Hrsg.): Pädagogische Psychologie: Probleme und Perspektiven. Stuttgart: Klett-Cotta, S. 467–496.

Reinmann, G. (2014): Den Anforderungen an eine Professur nicht gewachsen. http://gabi-reinmann.de/?p=4689&cpage=1#comment-36400 [Abruf 25.11.2014].

Reinmann-Rothmeier, G./Mandl, H. (1997): Lehren im Erwachsenenalter. Auffassungen vom Lehren und Lernen, Prinzipien und Methoden. In: Weinert, F. E./Mandl, H. (Hrsg.): Psychologie der Erwachsenenbildung. Göttingen: Hogrefe, S. 355–403.

Reinecker, H. (1994): Forschungsprobleme in der klinischen Psychologie. In: Reinecker, H. (Hrsg.): Lehrbuch der Klinischen Psychologie. Göttingen: Hogrefe, S. 25–44.

Renkl, A. (1999): Lernen aus Lösungsbeispielen. In: Perleth, C./Ziegler, A. (Hrsg.): Pädagogische Psychologie. Grundlagen und Anwendungsfelder. Bern: Huber, S. 247–256.

Renkl, A. (2009): Wissenserwerb. Pädagogische Psychologie. Springer Berlin Heidelberg. S. 3–26.

Renn, O. (2000): Gesellschaft im Wandel. Von der Risikogesellschaft zur Chancengesellschaft. Landes-symposium der Caritas in Baden-Württemberg. Den Herausforderungen der Zukunft begegnen. Stuttgart:. Vortrag, (26.10.2000).

Renn, O./Deuschle, J./Jäger, A./Weimer-Jehle, W. (2007): Leitbild Nachhaltigkeit. Eine normativ-funktionale Konzeption und ihre Umsetzung. Wiesbaden: VS Verlag für Sozialwissenschaften.

Rentzsch, K./Schütz, A. (2009): Psychologische Diagnostik: Grundlagen und Anwendungsperspektiven (Vol. 16). Stuttgart: Kohlhammer.

Resnick, L.B./Perret-Clermont, A.-N. (2004): Prospects for Youth in Postindustrial Societies. In: Perret-Clermont, A.-N./Pontecorvo, C./Resnick, L.B./Zittoun, T./Burge, B. (Hrsg.): Joining Society. Social Interaction and Learning in Adolescence and Youth. Cambridge: Cambridge University Press, S. 11–25.

Resnick, M.D. (2007): Challenges and prospects for community-partnered research. In: Journal of Adolescent Health, S. 487–488.

Richter-Appelt, H. (2013): Intersexualität nicht Transsexualität. In: Bundesgesundheitsblatt 56 (2), S. 240–249.

Riegel, C. (2013): Intersektionalität als Analyseperspektive für die Übergangsforschung. In: Böhnisch, L./Lenz, K./Schröer, W./Stauber, B./Walther, A. (Hrsg.): Handbuch Übergänge. Weinheim, München: Juventa, S. 1072–1090.

Robertz, F.J./Wickenhäuser, R. (Hrsg.) (2010): Orte der Wirklichkeit. Über Gefahren in medialen Lebenswelten Jugendlicher. Heidelberg: Springer.

Rosa, H. (2005): Beschleunigung. Zur Veränderung der Zeitstrukturen in der Moderne. Frankfurt a. M.: Suhrkamp.

Rosa, H. (2011): Herausforderung der Zukunft: Grenzenlose Beschleunigung? Dreiländertagung Betriebliche Gesundheitsförderung. St. Gallen: Vortrag, (25.03.2011).

Roth-Hanania, R./Davidov, M./Zahn-Waxler, C. (2011): Empathy development from 8 to 16 months: Early signs of concern for others. In: Infant Behavior & Development 34 (3), S. 447–458.

Roux, S. (2002): Wie sehen Kinder ihren Kindergarten? Weinheim: Juventa.

Ryan, R. M./Deci, E. L. (2000): Self-determination theory and the facilitation of intrinsic motivation, social development, and well-being. In: American Psychologist 55, S. 68–78.

Ryff, C. D.; Keyes, C. L. (1995): The Structure of Psychological Well-Being Revisited. In: Journal of Personality and Social Psychology 69, S. 719–727.

Saxer, U. (2012): Mediengesellschaft. Eine kommunikationssoziologische Perspektive. Wiesbaden: Springer VS.

Schaper, N. (2009): (Arbeits-)Psychologische Kompetenzforschung. In: Fischer, M./Spöttl, G. (Hrsg.): Forschungsperspektiven in Facharbeit und Berufsbildung. Strategien und Methoden der Berufsbildungsforschung. Frankfurt a. M.: Peter Lang, S. 91–115

Scharnhorst, J. (2008): Resilienz – Neue Arbeitsbedingungen erfordern neue Fähigkeiten. In: http://www.bdp-verband.org/aktuell/2008/bericht/BDP-Bericht-2008_Gesundheit-am-Arbeitsplatz.pdf [Abruf 11.02.2016].

Schauder, T. (2011): Aussagen-Liste zum Selbstwertgefühl für Kinder und Jugendliche (ALS). 2. Auflage. Göttingen: Hogrefe.

Scheiner, J. (2013): Mobilitäten und Immobilitäten. Menschen, Ideen, Dinge, Kulturen, Kapital. Essen: Klartext Verl. (Dortmunder Beiträge zur Raumplanung : Blaue Reihe, 142).

Scheithauer H./Bondü R./Mayer H. (2008): Förderung sozial-emotionaler Kompetenzen im Vorschulalter: Ergebnisse der Augsburger Längsschnittstudie zur Evaluation des primärpräventiven Programms Papilio® (ALEPP). In: Malti, T./Perren, S. (Hrsg.): Soziale Kompetenz bei Kindern und Jugendlichen: Entwicklungsprozesse und Förderungsmöglichkeiten. Stuttgart: Kohlhammer, S. 145–164.

Scheu, U. (1977): Wir werden nicht als Mädchen geboren, wir werden dazu gemacht. Zur frühkindlichen Erziehung in unserer Gesellschaft. Orig.-Ausg. Frankfurt a. M.: Fischer-Taschenbuch-Verlag.

Schick, A./Cierpka, M. (2003): Faustlos: Evaluation eines Curriculums zur Förderung sozial-emotionaler Kompetenzen und zur Gewaltprävention in der Grundschule. In: Kindheit und Entwicklung 12, S. 100–110.

Schick, A./Cierpka, M. (2010): Förderung sozial-emotionaler Kompetenzen mit Faustlos: Konzeption und Evaluation der Faustlos-Curricula. In: Bildung und Erziehung 63 (3), S. 277–292.

Schier, M. (2014): Multilokalität von Familie in Deutschland. In: Geographische Rundschau, 66 (11), S. 10–17.

Schipper, J. C. de/Tavecchio, L. W. C./van IJzendoorn, M. H. (2008): Children's Attachment Relationships with Day Care Caregivers: Associations with Positive Caregiving and the Child's Temperament. In: Social Development 17 (3), S. 454–470.

Schmidt-Denter, U. (2005): Soziale Beziehungen im Lebenslauf. Weinheim: Beltz PVU.

Schmitz, B. (2001): Neue Trainingsansätze in der Pädagogischen Psychologie: Schwerpunkt Motivation. Zeitschrift für Pädagogische Psychologie 15(3/4), S. 127–129.

Schmugge, B. (2012): Mit Herz und Verstand: stärkenorientierte Beratung im Alter. In: Steinebach, C./Jungo, D./Zihlmann, R. (Hrsg.): Positive Psychologie in der Praxis. Anwendung in Psychotherapie, Beratung und Coaching. Beltz, Weinheim, S. 178–185.

Schneewind, K. A. (1982): Persönlichkeitstheorien I. Alltagspsychologie und mechanistische Ansätze. Darmstadt: Wissenschaftliche Buchgesellschaft.

Schneider, W. (1999): Expertise. In: Perleth, C./Ziegler, A. (Hrsg.): Pädagogische Psychologie. Grundlagen und Anwendungsfelder. Bern: Huber, S. 83–93.

Schuster, P. (2001): Von der Theorie zur Praxis – Wege zur unterrichtspraktischen Umsetzung des Ansatzes von Kohlberg. In: Edelstein, W./Oser, F./Schuster, P. (Hrsg.): Moralische Erziehung in der Schule. Weinheim: Beltz, S. 177–212.

Schwarzer, R. (2008): Modeling Health Behavior Change: How to Predict and Modify the Adoption and Maintenance of Health Behaviors. In: Applied Psychology 57 (1), 1–29.

Schwarzer, R. (2011): The Health Action Process Approach: HAPA figures to copy and paste Retrieved 19 September 2012, from http://userpage.fu-berlin.de/~health/hapa.htm [Abruf 11.02.2016].

Seel, N. M. (2000): Psychologie des Lernens. München: Reinhardt.

Seel, N. M. (2003): Psychologie des Lernens. 2., aktualisierte und erweiterte Auflage. München: Reinhardt.

Seidel, T./Prenzel, M./Krapp, A. (2014): Grundlagen der Pädagogischen Psychologie. In: Seidel, T./Krapp, A. (Hrsg.): Pädagogische Psychologie. 6., vollständig überarbeitete Auflage. Weinheim: Beltz, S. 21–36.

Seligman, M.E.P. (1975): Helplessness. On Depression, Development and Death. San Francisco: Freeman and Comp.

Seligman, M. E. P. (2008): Positive health. In: Applied Psychology 57, S. 3–18.

Shields, S. A./Dicicco E. C. (2011): The Social Psychology of Sex and Gender: From Gender Differences to Doing Gender. In: Psychology of Women Quarterly 35, S. 491–499.

Singer, T. (2006): The neuronal basis and ontogeny of empathy and mind reading: Review of literature and implications for future research. In: Methodological and Conceptual Advances in the Study of Brain-Behavior Dynamics: A Multivariate Lifespan Perspective 30 (6), S. 855–863.

Six, B. (1989): Soziale Beziehungen. In: Endruweit, G./Trommsdorff, G. (Hrsg.): Wörterbuch der Soziologie. Stuttgart: Enke, S. 84–88.

Skatsche, R./Buchegger, M./Schulter, G./Papousek, I. (2013): Strukturiertes Interview zur Erfassung der Kind-Eltern-Interaktion (SKEI). Bern: Huber.

Smedslund, J. (1972): Becoming a Psychologist. Oslo: Universitetsforlaget,

Sodian, B. (2012): Denken. In: Schneider, W./Lindenberger, U. (Hrsg.): Entwicklungspsychologie. Weinheim: Beltz, S. 385–411.

Spinath, B./Seifried, E./Eckert, C. (2014): Forschendes Lehren: Ein Ansatz zur kontinuierlichen Verbesserung von Hochschullehre. In: Journal Hochschuldidaktik, S. 14–16.

Spitzer, M. (2012): Digitale Demenz. Wie wir uns und unsere Kinder um den Verstand bringen. München: Droemer.

Springer Gabler Verlag (Hrsg.): Gabler Wirtschaftslexikon, Stichwort: Migration, online im Internet: http://wirtschaftslexikon.gabler.de/Archiv/440/migration-v12.html [Abruf 11.02.2016].

Stanat, P./Christensen, G. (2006): Where immigrant students succeed–a comparative review of performance and engagement in PISA 2003. Paris: OECD.

Starkman, N./Scales, P.C./Roberts, C. (2006): Great Places to Learn. 2. Auflage. Minneapolis: Search Institute.

Statistisches Bundesamt, Fachserie 1, Reihe 2.2, 2013/2015

Stegie, E. (1988): Schulische Rehabilitation. In: Koch, U./Lucius-Hoene, G./Stegie, R. (Hrsg.): Handbuch der Rehabilitationspsychologie. Berlin u. a.: Springer, S. 168–185.

Steinberg, L. (2008): A social neuroscience perspective on adolescent risk-taking. In: Developmental Review 28, S. 78–106.

Steinberg, L. (2009): Should the science of adolescent brain development inform public policy? In: American Psychologist 64 (8), S. 739–750.

Steinebach, C. (1988): Wege zu einem integrativen Modell interdisziplinärer Frühförderung. In: Frühförderung interdisziplinär 7 (3), S. 417–425

Steinebach, C. (2000): Entwicklungspsychologie. Stuttgart: Klett-Cotta

Steinebach, C. (2003): Pädagogische Psychologie. Stuttgart: Klett-Cotta.

Steinebach, C (2005): Neue Theorie – neue Praxis? Perspektiven der Hochschuldidaktik aus psychologischer Sicht. In: Steinebach, C. (Hrsg.): Psychologie Lehren und Lernen. Beiträge zur Hochschuldidaktik. Heidelberg: Universitätsverlag Winter, S. 13–22.

Steinebach, C. (2006a): Beratung und Entwicklung. In: Steinebach, C. (Hrsg.): Handbuch Psychologische Beratung. Stuttgart: Klett-Cotta, S. 37–56.

Steinebach, C. (2006b): Pädagogische Psychologie. Stuttgart: Klett-Cotta

Steinebach, C. (2012): Resilienz. In: Steinebach, C./Jungo, D./Zihlmann, R. (Hrsg.): Positive Psychologie in der Praxis. Anwendung in Psychotherapie, Beratung und Coaching. Beltz, Weinheim, S. 95–101.

Steinebach, C. (2013): Beratung. Stärkenorientierte Gespräche. In: Steinebach, C./Gharabahi, K. (Hrsg.): Resilienzförderung im Jugendalter. Praxis und Perspektiven. Heidelberg: Springer, S. 51–68.

Steinebach, C. (2015): Überblick: Resilienz- und Ressourcenförderung in der Kinder- und Jugendtherapie. In: Schär, M./Steinebach, C. (Hrsg.): Resilienzfördernde Psychotherapie für Kinder und Jugendliche. Weinheim: Beltz, S. 98–121

Steinebach, C. (2015): Resilience. In: Wright, J. D. (Hrsg.): International Encyclopedia of the Social and Behavioral Sciences. Vol. 20. 2. Auflage. Oxford: Elsevier, S. 555–560.

Steinebach, C./Eberhardt, D./Kotrubczik, H./Majkovic, A./Zinsli, M. (2014): Reflexion persönlicher Kompetenzentwicklung. Die Auseinandersetzung mit dem eigenen Potenzial als Sozialisationsprozess und Grundlage für Gesundheit und Wohlbefinden. In: Sieber-Suter, B. (Hrsg.): Kompetenzmanagement. Erfahrungen und Perspektiven zur beruflichen Entwicklung von Lehrenden in Schule und Weiterbildung. Bern: hep-Verlag, S. 20–31.

Steinebach, C./Gharabaghi, K./Steinebach, U. (2013): Teams. Positive Umwelten schaffen. In: Steinebach, C./Gharabahi, K. (Hrsg.): Resilienzförderung im Jugendalter. Praxis und Perspektiven. Heidelberg: Springer, S. 183–196

Steinebach, C./Steinebach, U. (2009): Positive Peer Culture with German Youth. Reclaiming Children and Youth, 18(2), S. 27 – 33.

Steinebach, C./Steinebach, U. (2010): Resilienzförderung im Jugendalter. Die Stärken der Peerbeziehungen nutzen. In: Hackauf, H./Ohlbrecht, H. (Hrsg.): Jugend und Gesundheit. München: Juventa, S. 304 – 320.

Steinebach, C./Steinebach, U. (2013): Gleichaltrige. Peers als Ressource In: Steinebach, C./Gharabahi, K. (Hrsg.): Resilienzförderung im Jugendalter. Praxis und Perspektiven. Heidelberg: Springer, S. 93–109.

Steinebach, C./Steinebach, U./Brendtro, L.K. (2012): Peerbeziehungen und Gesundheit im Jugendalter. In: Steinebach, C./Jungo, D./Zihlmann, R. (Hrsg.) (2012): Positive Psychologie in der Praxis. Anwendung in Psychotherapie, Beratung und Coaching. Weinheim: Beltz, S. 153 – 161.

Steiner, G. (1988): Lernen. 20 Szenarien aus dem Alltag. Bern: Huber.

Steiner, G. (2007): Lernen. 20 Szenarien aus dem Alltag. 4., unveränderte Auflage. Bern: Huber.

Stemmler, G. (2009): Der Emotionsprozess. In: Stemmler, G. (Hrsg.): Psychologie der Emotion. Göttingen: Hogrefe, S. 1–19.

Stemmler, G./Hagemann, D./Amelang, M./Bartussek, D. (2011): Differentielle Psychologie und Persönlichkeitsforschung. 7. Auflage. Stuttgart: Kohlhammer.

Stern, W. (1916): Psychologische Begabungsforschung und Begabungsdiagnose. In: Petersen, P. (Hrsg.): Der Aufstieg der Begabten. Leipzig: Teubner, S. 105–120.

Sternberg, R. J./Spear-Swerling, L., (1998): Personal navigation. In: Ferrari, M./Sternberg, R.J. (Hrsg.): Self-awareness: Its nature and development. Guilford Press: New York, S. 219–245.

Stott S. (2008): Do SMS appointment reminders facilitate access to health services for all young people? A time-series study with marginalized young people. In: 2008 General Practice and Primary Health Care Research Conference: Program & Abstracts. Primary Health Care Research and Information Service, Australia. www.phcris.org.au/conference/browse.php?id=6170 [Abruf 11.02.2016].

Strano, M. M./Wattai Queen, J.(2012) : Covering Your Face on Facebook. Suppression as Identity Management. In : Journal of Media Psychology, 24 (4), S. 166–180.

Sünderhauf, H. (2013): Wechselmodell: Psychologie – Recht – Praxis. Abwechselnde Kinderbetreuung durch Eltern nach Trennung und Scheidung. Wiesbaden: Imprint: Springer VS (SpringerLink: Bücher).

Sünderhauf, H./Rixe, G. (2014): Alles wird gut! Wird alles gut? Rechtssystematische Verortung und verfassungsrechtliche Bezüge der gerichtlichen Anordnung des paritätischen Wechselmodells (Teil 2). In: Familien-Rechtsberater (FamRB), S. 469–474.

Süss, D. (2004): Mediensozialisation von Heranwachsenden. Dimensionen – Konstanten – Wandel. Wiesbaden: VS.

Süss, D. (2012): Positiver Medienumgang und Medienkompetenz. In: Steinebach, C./Jungo, D./Zihlmann, R. (Hrsg.): Positive Psychologie in der Praxis. Anwendung in Psychotherapie, Beratung und Coaching. Weinheim: Beltz, S. 220–227.

Süss, D./Lampert, C./Wijnen, C.W. (2013): Medienpädagogik. Ein Studienbuch zur Einführung. 2., überarbeitete und aktualisierte Auflage. Wiesbaden: Springer VS.

Sweeney, L.G. (2012): Education. In: L'Abate, L. (Hrsg.): Paradgms in Theory Construction. London: Springer, S. 125–145.
Terhart, E. (2005): Über Traditionen und Innovationen oder: Wie geht es weiter mit der Allgemeinen Didaktik? In: Zeitschrift für Pädagogik 51(1), S. 1–13.
Thürmer-Rohr, C. (2008): Mittäterschaft von Frauen: Die Komplizenschaft mit der Unterdrückung. In: Becker, R./Kortendiek, B. (Hrsg.): Handbuch Frauen- und Geschlechterforschung: VS Verlag für Sozialwissenschaften, S. 88–93.
Tietze, W./Becker-Stoll, F./Bensel, J./Eckhardt, A./Haug-Schnabel, G./Kalicki, B./Keller, H./Leyendecker, B. (Hrsg.) (2013): Nationale Untersuchung zur Bildung, Betreuung und Erziehung in der frühen Kindheit (NUBBEK). Verlag Das Netz: Weimar, Berlin.
Trautner, H. M. (1997): Lehrbuch der Entwicklungspsycholgie: Theorien und Befunde. Göttingen: Hogrefe.
Treibel, A. (1999): Migration in modernen Gesellschaften: soziale Folgen von Einwanderung, Gastarbeit und Flucht. Weinheim [u. a.]: Juventa-Verlag
Treibel, A. (2011):Migration in modernen Gesellschaften. Soziale Folgen von Einwanderung, Gastarbeit und Flucht. 5. Auflage. Weinheim und München.
Tremp, P./Hildbrand, Th. (2012): Forschungsorientiertes Studium – universitäre Lehre: Das »Zürcher Framework« zur Verknüpfung von Lehre und Forschung. In: Brinker, T./Tremp, P. (Hrsg.): Einführung in die Studiengangentwicklung. (= Blickpunkt Hochschuldidaktik 122): Bielefeld: Bertelsmann, S. 101–116.
Trommsdorff, G./Dasen, P. (2001): Cross-cultural study of education. In: Smelser, N. J./Baltes, P. B. (Hrsg.): International encyclopedia of the social and behavioral sciences. Oxford: Elsevier, S. 3003–3007.
Trommsdorff, G./Friedlmeier, W./Mayer, B. (2007): Sympathy, distress, and prosocial behavior of preschool children in four cultures. In: International Journal of Behavioral Development 31 (3), S. 284–293.
Turiel, E. (1983): The development of social knowledge: Morality and convention. Cambridge, UK: Cambridge University Press.
Ungar, M./Lerner, R.M. (2008): Introduction to a Special Issue of Research in Human Development: Resilience and Positive Development across the Life Span: A View of the Issues. In: Research in Human Development 5(3), S. 135 – 138.
UNO: //www.uno-fluechtlingshilfe.de/fluechtlinge/zahlen-fakten.html [Abruf 5.7.2015].
van der Mark, I. L./van IJzendoorn, M. H./Bakermans-Kranenburg, M. J. (2002): Development of Empathy in Girls During the Second Year of Life: Associations with Parenting, Attachment, and Temperament. In: Social Development 11 (4), S. 451–468.
Vereinte Nationen (2002): A world fit for children. Resolution adopted by the General Assembly. http://www.unicef.org/specialsession/docs_new/documents/A-RES-S27-2E.pdf [Abruf 31.1.2015].
Verneau, M./van der Kamp, J./Savelsbergh/Geert J. P./de Looze, M. P. (2014): Age and time effects on implicit and explicit learning. In: Experimental Aging Research 40 (4), S. 477–511.
Vervecken, D./Hannover, B. (2015): Yes I can! Effects of gender fair job descriptions on children's perceptions of job status, job difficulty, and vocational self-efficacy. In Social Psychology, 46, S. 76–92.
Volland, C./Ulich, D./Fischer, A. (2004): Wer verdient Hilfe? Zum altersabhängigen Einfluss von Empfängermerkmalen auf die Prosozialität von Kindern. In: Zeitschrift für Entwicklungspsychologie und Pädagogische Psychologie 36 (2), S. 69–73.
von Wyl, A. (2015): Resilienz- und Ressourcenförderung bei Kleinkindern. In: Schär, M./Steinebach, C. (Hrsg.): Resilienzfördernde Psychotherapie für Kinder und Jugendliche. Weinheim: Beltz, S. 122–135
von Wyl,A./Gharabaghi, K./Steinebach, C. (2014): Youth in Transition: Building Resilience in apprenticeship and child care services. Paris: International Congress of Applied Psychology, 8.–13.07.2014.
von Wyl, A./Perrotta Hare, O./Lehmann Niederhäuser, K./Steinebach, C. (2012): Innovation in der Gesundheitsförderung. Zürich: Zürcher Hochschule für Angewandte Wissenschaften.
Vorrath, H./Brendtro, L. (2007): Positive Peer Culture (2nd. Ed.). New York: Aldine.
Wahl, H.W./Schilling, O. (2012): Hohes Alter. In: Schneider, W./Lindenberger, U. (Hrsg.): Entwicklungspsychologie. Weinheim: Beltz, S. 311–334.

Walper, S./Wild, El. (2014): Lernumwelten in der Familie. In: Seidel, T./Krapp, A. (Hrsg.): Pädagogische psychologie, 6. vollständig überarbeitete Auflage. Weinheim: Beltz, S. 359–405.

Walter, D./Döpfner, M. (2007): SELBST – Therapieprogramm für Jugendliche mit Selbstwert-, Leistungs- und Beziehungsstörungen. Bd. 1: Grundlagen der Selbstmanagementtherapie bei Jugendlichen. Göttingen: Hogrefe.

Waters, E./Sroufe, L.A. (1983): Social competence as a developmental construct. In: Developmental Review 3, S. 79–97.

Watson, J. B./Rayner, R. (1920): Conditioned emotional reactions. Journal of experimental psychology. 3, S. 1–14.

Weick, K.E. (1995): Der Prozess des Organisierens. Frankfurt a. M.: Suhrkamp.

Weick, K.E. (2002): Essai. Real-time reflexivity. Prods to reflection. Organization studies 23(6), S. 893–898.

Weinert, F. E. (1996): Für und wider die »neuen Lerntheorien« als Grundlagen pädagogisch-psychologischer Forschung. In: Zeitschrift für Pädagogische Psychologie 10(1), S. 1–12.

Weinert, F. E. (1981): Fähigkeits- und Kenntnisunterschiede zwischen Schülern. In: Weinert, F. E./Graumann, C. F./Heckhausen, H./Hofer, M. (Hrsg.): Funk-Kolleg Pädagogische Psychologie. Frankfurt a. M.: Fischer Taschenbuch Verlag, S. 765–793.

Werbik, H. (1978): Handlungstheorien. Stuttgart: Kohlhammer.

Wigfield, A./Cambria, J./Eccles, J.S. (2012) Motivation in Education. In: Ryan, R.M. (Hrsg.): The Oxford Handbook of Human Motivation. New York: Oxford University Press, S. 463–478.

Wild, K.-P./Krapp, A. (2001): Pädagogisch-psychologische Diagnostik. In: Krapp, A./Wild, K.-P. (Hrsg.): Pädagogische Psychologie. Weinheim: Beltz, S. 513–563.

Wilhelm, O./Kunina, D. P. O. (2009): Pädagogisch-psychologische Diagnostik. In: Pädagogische Psychologie. Berlin, Heidelberg: Springer, S. 307–331.

Willemse, I./Waller, G.,/Süss, D. (2010): JAMES – Jugend, Aktivitäten, Medien – Erhebung Schweiz. Züich: Zürcher Hochschule für Angewandte Wissenschaften.

Willke, H. (1995): Das intelligente Unternehmen – Wissensmanagement der Organisation. In: Beratergruppe Neuwaldegg (Hrsg.): Intelligente Unternehmen – Herausforderung Wissensmanagement. Wien: Service Fachverlag, S. 47–70.

Wilson, E.O. (1998): Consilience: the Unity of Knowledge. New York: Alfred A. Knopf.

Wolf, G. (2014): Psychopathologisierungsprozesse von LSBT*I-Lebensweisen in DSM-5 und ICD 10, Kapitel F. In: Bundesstiftung Magnus Hirschfeld; LSBTI*-Wissenschaftskongress Gleich-Geschlechtliche Erfahrungswelten; Forschung im Queerformat. Aktuelle Beiträge der LSBTI*-, Queer- und Geschlechterforschung. Bielefeld: transcript-Verl (Queer studies, 6).

Wolter, I/Hannover, B. (2014): Kognitive und affektive Fähigkeitsselbstkonzepte zu Schulbeginn. Domänenspezifische Differenzierung und Geschlechtsunterschiede. In: Theurer, C./Siedenbiedel C./Budde J. (Hrsg.): Lernen und Geschlecht. Immenhausen: Prolog Verlag. S. 151–171.

Wong, N.T./Zimmerman, M.A./Parker, E.A. (2010): A typology of youth participation and empowerment for child and adolescent health promotion. American Journal of Community Psychology 46, S. 100–114.

World Health Organization (1946): Verfassung der Weltgesundheitsorganisation. http://www.admin.ch/ch/d/sr/0_810_1/index.html [Abruf 10.09.2011]

World Health Organization (1986): Ottawa-Charta. http://www.euro.who.int/__data/assets/pdf_file/0004/129532/Ottawa_Charter.pdf [Abruf 10.09.2011]

World Health Organisation (1997): Promoting Health through School's. Report of a WHO Expert Committee on Comprehensive School Health Education and Promotion. Geneva: WHO Technical Report Series 870.

World Health Organization (2003): Strategic directions for improving the health and development of children and adolescents. Geneva: WHO.

World Health Organization. (2009): Milestones in health promotion: Statements from global conferences. Geneva: World Health Organization.

World Health Organization Regional Office for Europe. (2012): Measurement of and targetsetting for well-being: an initiative by the WHO Regional Office for Europe. Copenhagen: World Health Organization Regional Office for Europe.

Wössner, J. (1986): Soziologie. Einführung und Grundlegung. Köln: Böhlau.

Wu, Q./Lu, D./Kang, M. (2015): Social capital and the mental health of children in rural china with different experiences of parental migration. In: Social Science & Medicine 132, S. 270–277.

Wygotski, L.S. (1987): Ausgewählte Schriften. Arbeiten zur psychischen Entwicklung der Persönlichkeit, Band 2. Köln: Pahl-Rugenstein.

Young, S. K./Fox, N. A./Zahn-Waxler, C. (1999): The relations between temperament and empathy in 2-year-olds. In: Developmental Psychology 35 (5), S. 1189.

Zahn-Waxler, C./Radke-Yarrow, M./King, R. A. (1979): Child rearing and children's prosocial initiations toward victims of distress. In: Child Development 50, S. 319–330.

Zahn-Waxler, C./Schiro, K./Robinson, J. A. L./Emde, R. N./Schmitz, S. (2001): Empathy and prosocial patterns in young MZ and DZ twins. Development and genetic and environmental influences. In: Emde, R. N./Hawitt, J. K. (Hrsg.): Infancy to early childhood. Genetic and environmental influences on development change. Oxford: University Press, S. 141–162.

Zander, L./Hannover, B. (2013): Die Bedeutung der Identifikation mit der Herkunftskultur und mit der Aufnahmekultur Deutschland für die soziale Integration Jugendlicher mit Migrationshintergrund in ihrer Schulklasse. In: Zeitschrift für Entwicklungspsychologie und Pädagogische Psychologie 45 (3), 142–160.

Zhai, F./Cybele R. C./Jones, S.M. (2015): Social and Emotional Learning Services and Child Outcomes in Third Grade: Evidence from a Cohort of Head Start Participants. In: Children and Youth Services Review, S. 42–51

Ziegler, A. (1999): Motivation. In: Perleth, C./Ziegler, A. (Hrsg.): Pädagogische Psychologie. Grundlagen und Anwendungsfelder. Bern: Huber, S. 103–112.

Zielinski, W. (1998): Lernschwierigkeiten. 3. Auflage. Stuttgart: Kohlhammer

Zimmerman, B. J./Schunk, D. H. (Hrsg.) (2011): Handbook of self-regulation of learning and performance. Taylor & Francis.

Zinnecker, J./Behnken, I./Maschke, S./Stecher, J. (2002): Null zoff & voll busy. Die erste Jugendgeneration des neuen Jahrhunderts. Ein Selbstbild. Opladen: Leske + Budrich.

Zitzelsberger, O./Latorre, P. (2011): MigrantInnenselbstorganisationen und Soziale Arbeit. Was der Zusammenarbeit auf Augenhöhe im Wege steht. Engagierte Einwanderer. Chancen und Probleme der Partizipation von Migranten. In: Forschungsjournal Soziale Bewegungen 24 (2), S. 49–58.